ライブラリ 経営学コア・テキスト=2

コア・テキスト
経 営 管 理

第2版

高松朋史・具 承桓

新 世 社

編者のことば

　経営学は常識の学問である。経営学はいまや現代人にとっての基本的な
リテラシーの一部である。最新ニュースのほとんどに企業や組織がからみ，
この世のほとんどすべての問題は，経営の問題として読み解くことができ
る。経営学はまさに現代社会の常識なのである。

　経営学は常識の学問である。経営学は科学であり，個々の理論やモデル
が正しいかどうかはデータと事実が決める。しかもその検証作業は，一部
の研究者たちだけの占有ではない。広く一般の人々も日々の実践の中で検
証を繰り返し，その結果生き残った経営理論だけが，常識として広く世の
中に定着していく。

　経営学は常識の学問である。経営学は常識にもかかわらず，学問として
の体系をもっている。そこが普通の常識とは異なる。体系的に学び，体得
することができる。実際，現代ほど学問として体系的な経営学の教科書が
渇望されている時代はない。高校生から定年退職者に至るまで，実に多く
の人から「経営学の良い教科書はどれか」と質問される。

　それでは，良い教科書の条件とは何か。第一に，本当に教科書であるこ
と。予備知識のない普通の人が，順を追って読み進めば，体系的に理解可
能な本であること。第二に，学問的に確からしいことだけが書かれている
こと。もちろん学問には進歩があり，それまで正しいとされていたものが
否定されたり，新しい理論が登場したりすることはある。しかし，ただ目
新しくて流行っているというだけで根拠もなく取り上げるビジネス書とは
一線を画する。そして第三に，読者がさらに学習を進めるための「次」を
展望できること。すなわち，単体として良い本であるだけではなく，次の
一冊が体系的に紹介され，あるいは用意されていることが望ましい。

　そのために，このライブラリ「経営学コア・テキスト」が企画された。
経営学の「核となる知」を正しく容易に理解できるような「良い教科書」
群を体系的に集大成する試み。そのチャレンジに，いま21世紀を担う新
世代の経営学者たちが集う。

高橋　伸夫

第2版へのはしがき

　2009 年に本書の初版が刊行されてから，はや 10 年の時が過ぎました。本書は組織を管理する際に役に立つ経営管理の基本的な範囲と理論を知り，経営学の知識の土台を築くことができるように内容を構成しています。基本となる知識のため，10 年で内容が大幅に変わることはありません。それでも，データが古くなってしまったなどの気がかりに対し，内容をアップデートする機会をいただくことができました。これも読者の皆様のおかげであり，また出版社である新世社のご厚意のおかげです。皆様に深く感謝を申し上げたいと思います。

　もちろん，10 年の間にも，各専門分野でどんどん新しい知識は生まれています。とくに情報技術の発展は凄まじく，現代の組織管理者は，莫大な情報をネットワーク上で高速に処理することで，価値の創造や業務の効率化を図ることができるようになりました。そのような結果，組織を管理する際に役立つ知識の木は時間とともにどんどん大きくなっていくわけですが，木が大きくなるためには下側で支える幹がしっかりすることが大事です。本書を経て応用に進んだ後も，たまに本書を振り返って見ていただければ幸いです。

　2019 年 3 月

高松朋史・具　承桓

初版へのはしがき

　本書は，組織の管理者が組織を経営・管理する際に考慮しなければならない事柄について述べた，経営管理の入門テキストです。

　取り上げる内容をもっとも単純な形で考えてみましょう。自分が管理者で，そして部下が1人いるとします。そして自分には，この2人から成る組織の成果を最大限に引き出すことが求められています。そのためには，どのようなことを考え，何をすればよいのでしょうか。

　この問いは，友達と一緒に学園祭で出店する模擬店の責任者であっても，自分の部下数人から数十人を指揮する企業内の管理者であっても，あるいは企業全体の面倒を見なければならない経営者であっても，程度の差はあれ，共通して問われるものです。そして，その答えを探求するのが，経営管理論という学問なのです。

　経営管理はその歴史の中で，他分野の研究を取り込み，様々な研究を蓄積し，内容を分化していきました。ものづくりの現場を対象とするのであれば生産管理論，組織の構造や組織内ネットワークを対象とするのであれば組織論，企業全体が将来進む方向や他企業との関係を対象とするのであれば経営戦略論——これらの学問には，それぞれに分厚い教科書があります。

　その結果，経営管理論という学問の位置づけは難しくなっています。テキストの中には，初期の頃の古典的な経営管理理論を対象とし，多岐にわたる内容はそれぞれの専門分野に任せて扱わない書き方もあります。しかし本書では，近年多くの経営管理テキストで主流となっているように，「経営学に含まれるあらゆる分野の知識が経営管理には必要である」というスタンスに立ち，章の構成を行っています。

　本書は全部で4部構成です。第Ⅰ部「近代企業の誕生と経営管理の発展」

（第1・2章）では，なぜ経営管理が学問として生まれ，経営管理を学ぶことが重要なのかを知るために，経営管理論の歴史的・全体的な把握を行っています。そして組織の管理者が直面する基本的な問題について，組織の内部的な問題を第Ⅱ部「企業内部へのマネジメント」（第3〜7章）で，組織外部に関わる問題を第Ⅲ部「組織外部環境・資源へのマネジメント」（第8〜10章）で取り上げました。第Ⅳ部「新しい時代へのマネジメントの課題」（第11〜14章）では，視野を広げるために，多少応用的な内容を取り上げています。

　本書は，「ライブラリ 経営学コア・テキスト」の第2巻として企画されています。第1巻『コア・テキスト 経営学入門』は，目の前に広がる世界から自分の目線で経営について考えることを目的として執筆されています。第3巻以降は，幅広い経営学の各分野をそれぞれ担当し，より専門的に執筆されます。

　その間にある本書は，経営管理の基本的な範囲について，基本的な理論を知ることを重視して執筆されています。第1巻で経営的な見方を養い，本書で経営学の全体像をつかみ，自分が興味を持った分野について，第3巻以降でより専門的に学んでいく——これが，本書の位置づけとねらいです。

　また本書は，学生が経営学を学ぶ際の基本的知識を得るための教科書として，用いられることを意識しています。半期15回の講義に合わせる形で，章の数は14としました。執筆するにあたって，できるだけ平易な表現を用い，多岐にわたる内容を簡潔にまとめることを心がけています。その結果として若干内容があっさりとした傾向にあることは否めませんが，個々の理論の具体的な内容や含蓄などは，個別に調べるのもよいでしょうし，専門的なテキストでより深めていくのもよいでしょう。

　本書を読んで経営学に関する知識を自身の土台に築き，そして将来的にその上に大きな知識の木を育て，役立てていくことを願っています。

　2009年1月

　　　　　　　　　　　　　　　　　　　高松朋史・具　承桓

目　次

第Ⅰ部　近代企業の誕生と経営管理の発展

1

第1章　近代企業の誕生と経営管理

3

1.1　管理の必要性 ———————————————— *4*
1.2　組織と管理 ———————————————————— *8*
1.3　科学的な管理 ——————————————————— *12*
1.4　職能としての管理 ——————————————— *17*
　　●演習問題　*21*

第2章　経営管理の領域と発展

23

2.1　経営管理論の領域と発展 ——————————— *24*
2.2　人間を中心とする管理 ————————————— *29*
2.3　組織を主体とする管理 ————————————— *34*
2.4　環境を取り入れた管理 ————————————— *38*
　　●演習問題　*42*

第Ⅱ部　企業内部へのマネジメント：企業システムの階層へのマネジメント　*43*

第3章　モチベーション　*45*

3.1　人のやる気を引き出す仕組み ——————————————— *46*
3.2　欲求説 —————————————————————————————— *48*
3.3　過程説 —————————————————————————————— *53*
3.4　モチベーション管理 ————————————————————— *56*
　●演習問題　*62*

第4章　リーダーシップ　*63*

4.1　管理者とリーダーシップ ———————————————————— *64*
4.2　リーダーシップの種類 ————————————————————— *67*
4.3　リーダー像の変遷 ——————————————————————— *73*
　●演習問題　*79*

第5章　現場の管理　*81*

5.1　企業の現場管理の対象と領域 —————————————————— *82*
5.2　生産オペレーション・プロセス管理の目標と諸活動 ——— *84*
5.3　資源管理 ———————————————————————————— *92*
5.4　現場管理ツールと改善活動 —————————————————— *96*
　●演習問題　*105*

第6章　組織のデザインと変化　　107

6.1 システムとしての組織 ————————————— 108
6.2 組織デザインの基本原理と決定要因 ——————— 110
6.3 組織構造 ————————————————————— 117
6.4 環境変化と組織変革 —————————————— 124
　　●演習問題　125

第7章　組織のパフォーマンスと組織文化　　127

7.1 組織のパフォーマンス ————————————— 128
7.2 組織文化 ————————————————————— 133
7.3 組織文化の機能 ————————————————— 137
7.4 組織の中のコミュニケーション ————————— 142
　　●演習問題　146

第Ⅲ部　組織外部環境・資源へのマネジメント　　147

第8章　経営戦略　　149

8.1 経営戦略の形成プロセス ———————————— 150
8.2 企業戦略論の形成と進化 ———————————— 155
8.3 競争戦略論 ———————————————————— 162
8.4 資源ベース戦略論とプロセス型戦略論 ————— 169
　　●演習問題　173

第9章　市場戦略　　175

9.1　競争の意味 ————————————————— 176
9.2　市場志向 ——————————————————— 180
9.3　イノベーション ————————————————— 187
　　●演習問題　193

第10章　組織間関係と外部資源の管理　　195

10.1　組織間関係論の領域と視点 ———————————— 196
10.2　組織間関係のマネジメントと外部組織の活用 ————— 203
10.3　戦略的提携と M＆A，そして新しい動き ——————— 207
　　●演習問題　215

第Ⅳ部　新しい時代へのマネジメントの課題　　217

第11章　グローバル化と国際経営　　219

11.1　企業の成長と国際経営 ————————————— 220
11.2　多国籍企業と経営諸側面 ————————————— 228
11.3　多国籍企業の組織形態 —————————————— 232
11.4　日本企業の国際化の経過と現在 —————————— 238
　　●演習問題　240

第12章　情報技術とビジネスの進化　　241

12.1　情報化と情報産業の発展 ——————— 242
12.2　情報化とビジネスの進化 ——————— 247
12.3　情報技術の戦略的活用と企業活動の変化 ——— 251
12.4　情報技術と組織能力 ——————————— 262
　●演習問題　265

第13章　企業の社会活動とソーシャル・キャピタル　267

13.1　企業の社会的責任 ——————————— 268
13.2　企業統治 ——————————————— 273
13.3　組織と社会 ——————————————— 279
　●演習問題　282

第14章　日本企業の経営管理の仕組みと特徴　　283

14.1　異なる管理方法の存在 —————————— 284
14.2　日本企業の経営管理の仕組みと特徴 ———— 288
　●演習問題　293

参考文献 ——————————————————— 294
索引 ———————————————————— 303

本書に記載している製品名は各社の登録商標または商標です。
本書では®と ™ は明記しておりません。

第 I 部

近代企業の誕生と
経営管理の発展

第1章　近代企業の誕生と経営管理

第2章　経営管理の領域と発展

第 1 章

近代企業の誕生と経営管理

　班長，チームリーダー，サークル代表——組織の管理者になると，より組織の成果を高めようとすればするほど，何か良い管理方法がないかと考えることになります。現代企業は組織が大きいために，管理の巧拙が大きな差をもたらします。なぜ管理を学問として探求することが必要なのか，学問としての経営管理の成立背景と，その初期の研究を見て，考えましょう。

○*KEY WORDS* ○

管理，分業，組織，近代企業の誕生，
科学的管理法，管理過程，管理原則

1.1 管理の必要性

○ 管理とは何か

　人々が集まって何かを行うときには，それを管理する人が現れます。プロ野球チームには監督という名称のチームの管理者が存在しますが，では監督は何のために存在するのでしょうか。もし試合の勝敗が選手の力量だけで決まるのであれば，監督は誰でもよいということになります。名監督と呼ばれるのは，たまたまチームに優秀な選手が多かった人になります。

　選手が自らの状態を把握して自主申告し，もっとも能力が発揮される選手が試合に出て，必要に応じてバントし，疲労を自覚したら交代する。このような試合ができれば，監督は必要ないかもしれません。しかし実際にはそうではないために，プロ野球チームという組織を管理する人，つまり監督が必要になります。

　管理者の仕事は，自身が携わる組織の運営です。組織には組織が成り立った理由，あるいは組織に与えられた目的があるので，それを実現することが仕事になります。目的が勝敗を競うことであれば組織を運営してどのように相手に勝つか，目的が利益であれば組織を運営していかに売上を増やし費用を抑えるか，方策を考えて実行します。

　管理そのものは，人々が集団活動を始めてから古来行われてきました。国という統治組織の管理者として国王が存在し，統治機構を整備しました。中国では春秋時代（紀元前770〜403年）には，君主がどのように振る舞うべきかの記述がある老子や論語などの書物が存在しました。日本の戦国時代の大名である織田信長は，楽市楽座，兵農分離，人材の登用などの施策によって国力を高め，他の大名を倒し，天下統一に突き進みました。

　ただし，組織を管理するためのこのような先人の知恵は，自らが管理する

際の参考にはなりますが，唯一無二の解とは限りません。組織が過去とまったく同じ状況に置かれていることはなく，また結果には様々な要因が影響を与えているので，同じことをしても違う結果が生まれます。野球の名監督が築き上げた管理手法を学べば，ずっと野球の試合に勝ち続けることができるということにはなりません。

そのため，管理者の臨機応変な手腕が問われることになり，経営管理論を含めて，経営学はセンスが要求されるアート（art）と言われます。経営管理論が過去の知識を体系化し普遍的に利用できる学問として認知されるためには，管理を科学的に分析する作業が行われることが必要でした。

○ 分業と社会の発展

管理が必要となる背景には，分業（division of labor）による社会の発展があります。農家と医者の例を考えてみましょう。農家は作物の育て方を学び，医者は人の治療の仕方を学びます。そしてそれぞれの成果を交換したほうが，同じ人が作物の育て方と治療の知識を両方学ぶより，多くのものを手に入れることができます。人々がそれぞれの分野の技能に深く習熟することで，より専門的に仕事ができるためです。現代社会に存在する様々な製品やサービスは，分業して交換することで実現しています。

社会の中では社会的分業（職業の分業）が行われていて，自動車を製造する自動車会社，旅行サービスを提供する旅行会社，物品を輸送する物流会社など，様々な会社が存在します。総務省の日本標準産業分類（2013 年 10 月改訂）を見ると，大分類で 20，中分類で 99，小分類で 530，細分類になると 1460 もの項目数があります（表 1.1）。

そしてそれぞれの会社の中を見ると，ものを作る製造部門やそれを販売する営業部門，技術を研究する研究開発部門，企業の宣伝を行う広報部門，企業の様々な事務をとりまとめる総務部門，企業の資金管理を行う財務部門などに分かれ，職種の分業が行われています。同じ企業に属していても，どの

表 1.1　日本標準産業分類：大分類

A 農業，林業	B 漁業	C 鉱業，採石業，砂利採取業	D 建設業	E 製造業
F 電気・ガス・熱供給・水道業	G 情報通信業	H 運輸業，郵便業	I 卸売業，小売業	J 金融業，保険業
K 不動産業，物品賃貸業	L 学術研究，専門・技術サービス業	M 宿泊業，飲食サービス業	N 生活関連サービス業，娯楽業	O 教育，学習支援業
P 医療，福祉	Q 複合サービス事業	R サービス業	S 公務	T 分類不能の産業

（出所）　総務省ウェブページ
http://www.soumu.go.jp/toukei_toukatsu/index/seido/sangyo/H25index.htm

部門で働くかによって，身につける技能は異なってきます。さらに製造部門の中でも，機械を調整する人，検査をする人，組み立てる人，それぞれ仕事が異なります。

　イギリスの経済学者で古典派経済学を代表するアダム・スミス（Adam Smith）は，1776 年に *An Inquiry into the Nature and Causes of the Wealth of Nations*（邦訳『国富論』）において，ピン製造作業場を例として，1 人で針金を切る，研ぐなどの技能を身につけて作るのは手間がかかるが，それらの仕事を分割して担当者を分けることで生産性が飛躍的に向上し，それが国を豊かにすると述べています（Smith, 1776）。

　また 1832 年にイギリスの数学者バベッジ（C. Babbage）は，職種を分割し，適材適所を行い，単純な仕事にはコストの安い労働者を割り当てることで，より安く生産できると説明しています（Babbage, 1832）。

　このように集団における分業は有用であり，社会の発展とともに分業も進みましたが，単に分業すればよいわけではありません。フランスの社会学者デュルケーム（E. Durkheim）は，社会的分業は異なる役割を担う相手を尊

重することで成り立つが，現実には，分業している人々の間の利害対立や，身分の固定化による能力に応じない分業が起きていると述べています（Durkheim, 1893）。

社会的分業を調整するのは社会の管理者である政府ですが，企業内の分業を調整するのは企業内の管理者です。営利目的で事業を行う企業においては，利益を最大化するために，管理者は分業を効率的に管理するとともに，分業によってもたらされる問題が最小限になるように，留意する必要があります。

○ 近代企業の誕生と学問としての経営管理

最初に述べたように，組織を管理することは新しいことではありません。しかし企業を対象とした学問としての経営管理は，1900 年頃を始めとします。これは，18 世紀にイギリスで始まった機械や蒸気機関を用いた産業革命が，軽工業から重工業へと広がり，経済社会の発展に伴って企業規模が拡大したことが影響しています。

米国は当初は農業国でしたが，工業を基盤とする北部と農業を基盤とする南部が対立し，1861 年に南北戦争が起き，1865 年に北部が勝利しました。米国は工業経済化を進め，全土に鉄道が敷かれ，開拓されていきます。米国は国土が広大であったため，全国に広がった鉄道を運営するためには，地域間を調整する高度な管理能力が必要でした。米国の経営史学者チャンドラー（A. D. Chandler, Jr.）は，近代企業の誕生と呼べるのはこの鉄道会社であり，同時期に全国に広がった電信会社であるとしています（Chandler, 1977）。

鉄道の整備により大量に製品が流通するようになると，大量生産も促進されます。大量生産に伴って企業規模が拡大し，多くの仕事を企業内部に取り込むようになりました。1900 年頃には鉄鋼のカーネギー（A. Carnegie），石油のロックフェラー（J. D. Rockefeller）など，産業を独占的に支配する巨大企業を築き上げた経営者も現れました。

この大量生産を支えたのは，移民でした。米国にはヨーロッパから新天地

を求めて多くの人が移民してきました。移民は職を求めて，未熟練労働者として工場に雇われました。工場では機械化が進み，機械が人の生産活動を支援するのではなく，機械に人が合わせることが要求されました。軽金属，火器，時計，錠前などの産業分野で機械が導入され，機械の管理技師がつきましたが，彼らには機械の管理と同時に，人の管理も要求されました。1880年にアメリカ機械技師協会が設立され，工場管理の改善への取り組みが盛んになります。

このような流れで，組織の中では多くの労働者による作業の分割（水平的分業）の管理と，それらの複雑な管理を分担して行う管理の高度化（垂直的分業）が起こり，管理の重要性が増していきました。1900年頃には管理に関する本が出版されるようになり，管理職を養成するビジネススクールが誕生します。現在米国ではビジネススクールでMBA（Master of Business Administration）と呼ばれる経営学修士号を取得することが，管理者の資格として認められています。

1.2 組 織 と 管 理

○ 組 織 と は

ここで，組織の管理に関わる基本的な知識を整理しましょう。組織（organization）は人の集合であり，人は組織に所属して活動し，組織としての成果を生み出します。人は複数の組織に所属しています。大学生は大学の組織に属し，サークルの組織に属し，アルバイト先の組織に属しています。

人が組織で働くということは，組織に貢献し，給料や自己成長などの報酬を得ることです。組織に所属すると，定められた仕事を遂行する義務（職務）を与えられ，同時にその職務に応じてできること（権限）を与えられま

す。

　組織には公式組織と非公式組織が存在します。公式組織は目的を達成するために意図的に調整された組織で，企業が人々を集めて事業を行う場合に作るのは公式組織です。非公式組織は意図的に調整されず，自然発生的に生まれた人のつながりを指し，遊び仲間で構成される組織は，非公式な組織です。

　米国の経営学者バーナード（C. I. Barnard）は，公式組織を「2 人またはそれ以上の人々の，意識的に調整された諸活動または諸力のシステム」と定義しています（Barnard, 1938）。そして公式組織が成立する条件として，①相互に意思を伝達（コミュニケーション；communication）できる人々がおり，②それらの人々は行為を貢献しようとする意欲をもって，③共通目的の達成を目指すことを挙げています。

　組織には共通の目的があり，その達成を目指すために，意識的に諸活動が調整されているのです。その調整のために，組織の一部の参加者は，管理者となります。なお，一般に管理者による管理をアドミニストレーション（administration），組織の成果を高めるための手法や仕組みをマネジメント（management）と呼ぶ傾向があります。

　企業は主に営利目的で事業を行う組織体を指します。企業は生産者であり，利益を追求する存在であり，インプット（投入物）をアウトプット（産出物）に変換するプロセスを持った存在です。組織にはボランティアグループのように，公共のための非営利な団体もあります。

○ 法人としての組織

　会社経営は企業経営と同じ文脈で使われますが，会社と企業は異なる概念です。会社は法人の一分類であり，法人は，人間以外で，法律上の規定で人と同様の権利と義務を与えられた存在です。日本で会社を設立するのであれば役所（法務省法務局）に登録することで，法人が生まれます。法人には様々な区分けがありますが，営利を目的とした事業を行うのが営利法人で，

その中に株式会社が存在します。非営利の法人の例としては，特定非営利活動法人（NPO；第13章参照）や学校法人があります。

法人を設立せずに個人事業として事業を行うこともできますが，個人の人生と事業が同期してしまう問題があります。法人を設立することによって，組織は永遠に存続することが可能となります。この組織が存続するという前提を，ゴーイング・コンサーン（going-concern）と呼びます。

会社を設立する際に必要なものは，大きく分けて①会社の基本的事項を定めた定款，②会社を運営する上で必要となる資本金と，③会社の業務執行を担う取締役です。

会社は資本金を用いて活動を行うため，会社の所有者は資本金を提供した出資者です。会社における権利は資本金の出資額に応じて決まります。何かを協議して実行する場合には最終的に多数決で決めるので，過半数を超える出資をした出資者が，会社の実質的支配者となります。

株式会社の場合には，株式と引き替えに出資するので，株式を取得した株主が，株主総会の場で会社の基本方針を決定します。株式会社を支配するためには，発行済株式数に対して半分の株式を取得することになります。

所有者としての出資者に対して，会社を直接管理し，経営や業務の執行を出資者から委任されることになるのが取締役です。取締役を代表する人が代表取締役となります。取締役は出資とは関係ないので，まったく出資していなくても，取締役になることができます。

日本では社長や会長，専務，常務という職名がありますが，それらは組織が管理上つけている職名で，取締役と同じである必要はありません。しかし多くの場合，社長は代表取締役社長を名乗ります。

○ 専門経営者の台頭

経済学の分野でアダム・スミスは神の見えざる手（invisible hand）を提唱しました。これは，市場取引では，皆が自分のことだけを考えて利己的に

行動しても，全体としては良い結果となる，ということを表現した言葉です。しかし組織では，皆が自分のことだけを考えて行動すると，衝突が起き，動かなくなります。誰かが調整をしなければなりません。

　企業全体を管理する経営者には，多様な役割が求められます。その時々に発生する問題を解決したり，組織内にヒト，モノ，カネ，その他を分配し，それらが働くように調整したり，企業の方向性を決めたり，組織の中の価値観を変えたり，企業の中のルールづくりを行ったりします。

　そのため，経営者には幅広い視野と，知識と，思考能力と，自分なりの哲学，思いなど，経営者として優れた能力が必要です。しかし，企業に資金を提供する出資者が，このような能力を持っているとは限りません。その結果，経営の専門家（専門経営者）に企業を任せるようになります。このような専門経営者の台頭を，「所有と経営の分離」と呼びます。

　それは同時に，所有者と経営者の利害衝突の可能性を高めることになります。経営者の仕事が企業の成果に大きな影響を与えるために，経営者の責任はとても重く，同時に，経営者の権力も非常に大きなものとなります。所有者から見れば，経営者が巨大な権力で企業を私物化しないように，あるいは経営者が企業活動をきちんと行うように，管理しなければなりません。

　このような，企業を管理する仕組みをどのように構築するかを問うのがコーポレート・ガバナンス（corporate governance；企業統治）で，株主総会に委任されて取締役を監視する監査役を設置することや，取締役に社外の人物を入れることが行われています（第13章参照）。

　ただし現在では，株主が企業を管理することは困難です。これはバーリ＝ミーンズ（A. A. Berle & G. C. Means）が言う「所有と支配の分離」が進んだためです（Berle & Means, 1932）。株式をたくさん発行し，それを多くの人が購入した結果，株式の分散が起きました。これにより，個々の所有者が企業の意思決定に影響力を持たなくなります。バーリ＝ミーンズが研究を発表した1930年頃には，すでに多くの企業で専門経営者が自由に企業を管理していました。

1.3 科学的な管理

○ テイラーの科学的管理法

　経営管理論の初期の研究から，特定の管理手法が有効であることを確認しましょう。米国の技術者テイラー（F. W. Taylor；図 1.1）は，機械技師として管理の手法を体系化し，その後経営コンサルタントになってその手法を広めました。その手法は作業を科学的に分析して管理するもので，科学的管理法（scientific management）と呼ばれました。テイラーの研究は"*A Piece-Rate System*"（1895；邦訳「出来高払い制私案」），"*Shop Management*"（1903；邦訳『工場管理』），"*The Principles of Scientific Management*"（1911；邦訳『科学的管理法の原理』）として発表されています。

（出所）　ウインスロー・テイラー著／星野行則訳（1913）『學理的事業管理法』崇文館書店

図 1.1　フレデリック・ウインスロー・テイラー（1856-1915）

それまでの管理が管理者個人の資質に依存したのに対し，科学的管理法は管理に汎用的に使える手法でした。さらに科学的管理法を導入した工場では実際に業績が上昇したため多くの企業が採用しました。これによりテイラーの名前は不動のものとなり，科学的管理法の名とともに，経営管理論の礎に刻まれることになります。

　テイラーは1878年に鉄鋼会社ミッドベール・スチール社に入社し，機械工，旋盤作業の組長，職長と昇進していきました。1883年にスティーブンス工科大学で工学修士の学位を得て，1886年にアメリカ機械技師協会の会員になります。1890年には退職してコンサルタントになりました。

　テイラーが現場で見たものは，経営者と労働者の対立でした。当時，労働者の労働意欲を高めるために，仕事の成果に応じて報酬を支払う単純な出来高払い制度が導入されていました。しかし，労働者が奮起して全体の生産量が上がると，経営者は平均的な努力による生産量が上昇したと見なし，費用削減のために賃率を引き下げました。

　そのため，ひたすら働いても報われないばかりか，賃率を悪化させることになり，労働者は自分勝手にのんびりやろうという意思がなくても，意識的に労働を抑えることになりました。これを組織的怠業と呼びます。また，労働者は自分で好きなように働くことを好んだため，その働き方は無駄が多いものでした。

　テイラーは，この状態は，経営者が労働者についての適切な知識を持たないがゆえに，適切な賃率の水準を設定できていないことが問題であると考えました。経営者と労働者がお互いに合意する共通の尺度を持つことで，経営者はより低い費用で生産量を増やすことができ，労働者は高賃金を得て効率的に働くことができれば，双方が協力してそれを実現することは自然です。テイラーは，従来対立していた労使関係を科学的管理によって協調へと転換するという点で，科学的管理法を労使それぞれの考え方を変える精神革命論と位置づけています（上野，1969）。

○ ショベル作業の研究

　テイラーは前出の『科学的管理法の原理』の中で，科学的管理の事例としてショベル作業，煉瓦積み，自転車部品の検査，金属切削機械を取り上げています。具体的にショベル作業の例を見てみましょう。ショベル研究の対象となったのは，ショベルでの鉱石の運搬です。テイラーが改善に乗り出す前は，作業者は自分の好みのショベルを使って運搬していました。

　テイラーは優秀な労働者を1人選び，使用するショベルの大きさを段階的に変えて，21ポンドという運搬に最適な重量を割り出しました。そして運搬する物質の重さに応じて，重い物質には小さなショベル，軽い物質には大きなショベルという形で，ショベルの大きさを設定しました。さらに，ショベルの振り方と鉱石が飛ぶ距離を測定するなど，データの収集と分析を行い，効率的に作業する方法を見つけていきました。

　問題は，一般の労働者には，最適なショベルの大きさや，どのように運搬するかについて，個人で判断して適応できる力がなかったことです。そこでテイラーは，計画部を設置し，4つの仕事を振り分けました。第1のグループは作業の科学的研究に取り組み，第2のグループは一般労働者を指導し，第3のグループは工具を管理し，第4のグループは労働者の仕事を事前に計画し，成果を記録しました。

　一般労働者は，毎朝何をいつどのようにやるかの指示が書かれているカード（指図票）で指示を出され，その通りに行動することが求められました。一方で労働者は，もう一枚の紙で前日の成果を知らされ，どの程度賃金を得られるかを明らかにされ，やる気を引き出されました。

　このような仕組みで一般労働者を管理した結果，労働者約500人を140人に，1人の平均運搬量を16トンから59トンに，平均賃金を1.15ドルから1.88ドルに，1トン当たりの平均作業費用を0.072ドルから0.032ドルにすることができました。一般労働者は頭で考えることなく，生産性を向上することができたのです。

ここで注意したいのは，労働者数が半分以下に減ったことです。科学的な
データ分析によって与えられた仕事を達成できない労働者は，他の仕事をす
ることになりました。この点についてテイラーは，会社の中でその人に合っ
た別の仕事を同じように科学的管理法で行えば，より高賃金が得られるので
問題ないとしています。

○ 課 業 管 理

　テイラーの科学的管理法の基本となるのは，作業の科学的分析にもとづい
た課業（task）の管理です。テイラーは熟練工の作業研究を行い，その成果
を未熟練工に適用しました。作業研究とは，労働者の作業を観察し作業を改
善することで，主に時間研究（time study）と動作研究（motion study）に
分かれます。

　時間研究では，作業は要素作業という単位に分割されます。そしてストッ
プウォッチを用いて，労働者が所定の作業条件の下で，所定の要素作業を行
ったときに，使われた時間を記録します。熟練工が，無駄なく必要最低限の
余裕をもって仕事したときの所要時間を標準時間と定めます。

　また動作研究では，実際の作業を目視して動作を分析します。熟練工の無
駄のない動作を基本として，改善を加えていきます。動作分析に関してはテ
イラーと同時期に動作分析を行ったギルブレス（F. B. Gilbreth）のサーブリ
ッグ分析が有名で，基本動作を 18 のサーブリッグ（作業の最小単位を意味
するギルブレスを逆読みした造語）に分け，複雑な動作をサーブリッグで表
し，余分な動作をなくそうとします。

　テイラーの科学的管理では，これらのデータにより科学的に導かれた作業
を，定められた用具を用いて，定められた時間で行います。これによって作
業の標準化が行われ，労働者はデータをもとにその日の仕事を指図票によっ
て指示され，労働者の作業は個人の自由になる部分を失います。

　さらに，労働者に指示通りに作業をさせるために，テイラーは単純な出来

高払いではなく，率の異なる出来高払い制度を導入しました。これは，作業量に応じて賃金が上昇するのは単純な出来高払いと同じですが，課業を達成すると高い賃率を適用し，課業未達成だと低い賃率を適用する制度です。

　労働者にとって，データにもとづく，怠けるのが難しい一日の公正な仕事量が明確に設定され，指示通りにきちんと働けば高い給料が貰えるので，怠けようという気持ちがなくなります。そして労働者が最大限働くことで生産性が上がり，経営者は多くの利益を手にし，その一部を労働者に還元することができます。

○ テイラーの組織管理

　テイラーの科学的管理法は，組織の形を変えました。それまでの工場は，熟練工に依存する割合が大きく，経営者は多数の熟練工を管理することが困難でした。そのため職長（親方）を任命し，現場を任せる内部請負制が一般的でした。職長は労働者を自分の経験や勘で管理しました。職長の気分や能力で仕事の仕方や仕事量が変わるので，成り行き管理と呼ばれます。未熟練労働者は長い期間をかけて熟練工となることで，組織に貢献しました。

　テイラーは作業を科学的に分析した結果によって管理するために，計画部を設置し，それまで職長の中で一体であった執行職能と計画職能を分離しました。現場の監督を行う執行部職長を準備係，速度係，検査係，保全係に分け，組織の成果を科学的分析によって上昇させる計画部職長を仕事の手順係，指図票係，時間および原価係，監督係に分けました。未熟練労働者はそれぞれの職長の指示に従うことで，熟練工に近い成果を達成しました。

　このような管理の細分化によって，それまで曖昧だった管理の内容が明確になりました。組織において計画や仕事の割当を行う管理は重要な職能であり，その知識を持つ人が行うほうがよいという計画職能の分離は，後に現場業務とその支援業務を分けて組織を管理するライン・アンド・スタッフ組織へと発展します（第6章参照）。科学的管理法は，組織の新しい管理方法を

示したのです。

なお，テイラーの科学的管理法については批判もあります。生産性の向上も結局は労使対立をもたらしたこと，現場管理の話で管理一般の話ではないこと，労働者から考えることを奪い，労働者が機械のように働くと見なす人間性の欠如などが挙げられます。テイラーの科学的管理法に対する様々な批判は，その後の経営管理論の新しい研究分野を生み出す力になりました。

1.4 職能としての管理

○ ファヨールによる管理の重要性の指摘

テイラーが現場の管理を主に論じたのに対し，管理そのものについて論じたのがフランスの経営者ファヨール（H. Fayol；図1.2）です。ファヨールは1860年に鉱山学校を卒業後，鉱山会社に入社し，技師となりました。1872年には鉱山の経営を任され，1880年に総支配人となります。1888年には複数の鉱山を統合したコマンボール社社長となりました。

ファヨールは企業の古い体質を改革し，複数の企業の合併をうまくまとめ，経営者として大きな成功を収めました。そして自身の経営者としての経験から管理について論じ，1916年に*Administration industrielle et générale*（邦訳『産業ならびに一般の管理』）を雑誌に掲載し，1917年に出版しました（Fayol, 1917）。

ファヨールは，経営者の自己流の管理ではなく，管理を観察し，分析し，実験することで管理理論を作り，その成果を学ぶことで理論にもとづいた優れた管理ができるとしました。そのような管理論の体系づくりによって，テイラーと同様に，経営管理論の礎となりました。

ファヨールは企業の中で生まれる業務活動を，6つの項目に分類していま

(出所) 佐々木恒男（1984）『アンリ・ファヨール――その人と経営戦略，そして経営の理論』文眞堂

図1.2　アンリ・ファヨール（1841-1925）

す。経営とは利益の最大化に努めながら企業目的へ到達することであり，6つの業務活動は密接に結びついて，企業の成果を決定します。

①技術的業務（生産，製造）
②営業的業務（購買，販売，取引）
③財務的業務（資金の調達と運用）
④保全的業務（財と人間の保護）
⑤会計的業務（棚卸，貸借対照表，原価計算，統計）
⑥管理的業務（計画，組織化，命令，調整，統制）

ファヨールの管理論の特徴は，管理を他の業務活動と区別したことです。他の業務活動は企業においてその重要性が知られていて，様々な取り組みが行われていましたが，管理的業務を他の業務活動と同様に位置づけ，管理的業務の巧拙もまた，企業の成功に影響を及ぼすとしました。

ファヨールは，これらの業務の重要性は，部門と階層に応じて，相対的に

変わるとしています。現場の労働者にとっては技術的業務がもっとも重要ですが，課長になると技術的業務の重要性の割合は低下し，管理的業務，会計的業務の割合が増加します。取締役になると，管理的業務が一番重要になります。また企業規模が大きくなるほど，管理的業務の重要性が増していきます。

○ 管理過程論と管理原則論

ファヨールは管理的業務を①予測し計画すること，②組織化すること，③命令すること，④調整すること，⑤統制することに分けました。

①計画は将来を予測し，将来に備えることです。そのために，企業の現在の活動状況やその重要性を認識し，目指すべき目標や道筋，必要な方法を明らかにして，計画を立てます。計画は短期的計画から長期的計画まであり，それに対して予算が割り当てられることで，実行に移せます。

②組織化は原料，設備，資金，従業員など，活動に必要なものすべてを用意することです。③命令は用意したものが最大限に機能するように，従業員に指令を出すことです。

④調整は企業内に様々な活動がある中で，それぞれの活動が円滑に進むように調整することです。⑤統制はすべての活動が計画や命令に従っているかどうかを確かめることです。

このように管理を「予測と計画→組織化→命令→調整→統制」という過程で明確化したことにより，ファヨールの理論は管理過程論と呼ばれることになります。さらに，統制して終わりではなく，管理過程が一つ終わったあとは再び新たな計画を立てるという考えから，現在では管理サイクルという用語が使われています（第5章参照）。

他にもファヨールは様々なことを述べていますが，とくに有名となったのが，管理原則についての記述です。ファヨールは，経験などから管理を分析することで，様々な管理原則が生まれ，組織を管理する際にそれらの原則に

表1.2 ファヨールの管理原則

管理原則	内　容
①分　業	分業することでそれぞれが業務に習熟し，生産性が上昇する。ただし，それにも限界はあるので，どこまで分業できるかは見極める必要がある。
②権限と責任	管理者は命令を下す権限を持ち，賞罰を与える力と同時に責任を負わなければならない。権限と責任の程度設定が重要である。職位の権限や責任だけでなく，個人の権力や責任感も必要である。
③規　律	規律の遵守は，人々の姿勢を表す。組織によって規律は異なるが，良い組織では規律が遵守されている。明瞭で公正な協約を作り，それに関して有能な管理者が賞罰を適切に適用することが必要である。
④命令の一元性	一人の管理者から命令を受けなければならない。職務分担や権限の設定をきちんと行わないと，命令が複数から出るなどして混乱する。
⑤指揮の統一	トップは一人にする。目的を達成するためには行動の統一や様々な調整が必要であるが，それには一人の指揮者と一つの計画が必要である。
⑥個人的利益の一般的利益への従属	企業の利益は一従業員の利益より優先される。実際には人間の弱さから，守られないことも多い。これは順序であって，個人的利益も尊重すべきである。
⑦従業員の公正な報酬	報酬は公正に決め，仕事や努力に報い，過度の報酬にはしないことが望ましい。状況や管理者の能力によって，望ましい報酬制度は異なる。
⑧集　権　化	集権化は経営者の意思を組織に反映させやすく，分権化は部下の力を発揮させやすい。経営者の能力と組織が置かれている状況によってどちらが望ましいか異なるので，最大の成果を引き出すように決める。
⑨階　層	情報の伝達のために階層を持つ組織を作り情報の伝達経路を上下に設定するが，必要に応じて速度を追求し，横へ伝達経路のかけ橋を作る。その際は命令の一元性に反しないために，上司の許可を取る。
⑩秩　序	物や人は合理的に定められたところに置く。物は整理整頓，人は適材適所。
⑪公　平	従業員の意欲を高めるには，従業員を公正に，平等に扱うことが必要である。それを実現するためには，常識や経験，善意が必要である。
⑫従業員の安定	地位にふさわしい人を地位につけ，安定して仕事をさせる。人は成長し習熟するのに時間がかかるので，短期の異動や評価は，人を不安定にする。
⑬創　意　力	全員が考えて実行することが，やる気や力を高め，事業経営に大きな力となる。提案や実行を促す。
⑭従業員の団結	皆が一体となることが重要。部下の分割や，文書コミュニケーションの多用はこれを乱しやすい。

（出所）　Fayol, H.（1917）*Administration Industrielle et Générale*, Dunod. を参照して作成

反しないようにすることで，より良い管理を行うことができると考えました。

ファヨールは，経営者としての経験から得た主要な管理原則として，14の管理原則を挙げています（表1.2）。ファヨールが取り上げたこれらの管理原則は検証が不十分であったこともあり，その後様々な研究が行われることになります。そして，このような管理原則を探求する研究は，管理原則論と呼ばれました。

演 習 問 題

1.1　あなたがある店，たとえばファミリーレストランの店長になったと考えます。テイラーの科学的管理法の考え方を用いて，どのように店の成果を高めるか，考えてみましょう。

1.2　あなたが組織の管理者となったときに，普段どのようなことを心がけるか，自分なりの管理の原則を列挙してみましょう。

第 **2** 章

経営管理の領域と発展

　企業の成長と，それによって企業が直面する様々な課題に伴って，経営管理が扱う領域は大きく広がっていくことになります。本章では経営管理の発展の歴史を，大きな枠組みでまとめます。おおまかな全体像を知ることで，管理者が組織を管理する際に考えることの大枠を知ることができます。

○ *KEY WORDS* ○
フォーディズム，組織均衡論，意思決定論，
人の管理，組織の管理，環境の管理

2.1 経営管理論の領域と発展

○ フォーディズム

　テイラーの科学的管理法をさらに発展させたのは，米国3大自動車会社の一つであるフォード社の創業者，ヘンリー・フォード（H. Ford）です。フォードは機械技師となっていくつかの職を経験したあと，1891年に発明家エジソン（T. A. Edison）の会社エジソン・エレクトリック・イルミネーティング社の技師になりました。資金的余裕を得て自動車開発に取り組み，1896年に1号車を開発します。1899年に退職し2つの自動車会社を経て，1903年にフォード社を設立しました。

　フォードは自動車をA型からアルファベット順に名づけて開発していきました。自動車は当時非常に高価で，富裕層しか買えませんでした。フォードは一般大衆に自動車を普及させたいと考え，高級車だけでなく低価格の自動車も開発しましたが，値段相応で大量生産にも限界がありました。そして1908年に開発したのがT型（Model T）です。自動車としてのバランスが良く，かつ大量生産できることを目標に設計が行われました。T型フォードは1927年に生産停止になるまで，1500万台生産するヒット商品になりました。

　大量生産のためにフォードが築いた生産システムは，フォード生産システムと呼ばれます。部品のばらつきをなくして熟練工による調整の手間をなくす部品の標準化や，車種を一つに絞る製品の標準化，科学的管理法の特徴である作業研究と作業の標準化がその特徴です。

　一つの車種のためにすべきことは固定的で，作業研究の結果，製造工程はどんどん分割されました。そして作業の分割は，他の労働者と作業の同期化を行うことを要求しました。労働者が移動する従来の組立法に代わって，部

品が移動する移動組立法が考案され，労働者はベルト・コンベアの前に横並びで立ち，目の前を通る部品を加工するようになりました。その結果，労働者は単純な作業を繰返し行うようになりました。

　フォードは，労働者に当時としては破格の高賃金や1日8時間労働を設定し，生産性の向上に報いました。高給でないと単純な作業に耐えられないという面もありましたが，高給を得た労働者が豊かな消費市場を創造し，自動車がさらに売れるという思いがフォードにはありました。このように大量生産によって労働者と雇用者双方を満足させる考えは，フォーディズム（Fordism）と呼ばれます。

　フォード生産システムは，少品種多量生産を世界中に広め，生産性の向上に大きな影響を与えました。科学的管理法，フォード生産システムと発展した生産現場の管理は，生産管理やIE（Industrial Engineering）の分野で研究が進められます。そして後に，多品種少量生産を実現したトヨタ生産システム（第5章参照）が生まれることになります。

○ 人 間 関 係 論

　テイラーの科学的管理法に影響を受けて，労働者の生産性にどのような要素が影響を与えるかの分析が行われるようになります。作業環境の各要素の最適点を見つけ出せば，生産性が上がるはずです。

　1924年から1927年にかけて全米学術調査審議会（NRC）がシカゴにあるウエスタン・エレクトリック社のホーソン工場で行った照明実験は，照明の明るさを変えることで生産性が変わるという仮説で行われました。ところが，明るくしても暗くしても生産性が向上するなど，その関係を見出すことができませんでした。

　照明実験を受けて，1927年から1932年にかけてメイヨー（E. Mayo），レスリスバーガー（F. J. Roethlisberger）らハーバード大学のスタッフが中心となって調査を行いました（Mayo, 1933 ; Roethlisberger, 1942）。この照

明実験から始まる一連の実験を，ホーソン実験（Hawthorne experiments）と呼びます。

①リレー（継電器）組立作業実験（1927〜1932 年）
　賃金，休憩時間，軽食，部屋の温度や湿度を改善すると，生産性が向上した。しかし，条件を元に戻しても生産性の向上は見られた
②面接調査（1929〜1930 年）
　作業条件や監督方法についての不満を 21,126 人に聞き取り調査した結果，感情の要因が影響していた
③雲母はぎ作業実験（1928〜1930 年）
　ある作業者の生産性は，家庭の事情によって変化した
④バンク配線作業観察（1931〜1932 年）
　3 つの作業グループを観察した結果，非公式組織が存在し，その行動規範が各人の行動を制限した

　以上の実験から，非公式組織が人間の感情に影響し，それが生産性に影響を与える，ということが導き出されました。人と人の関係に着目したことから人間関係論（human relations）と呼ばれます。合理性を追求する科学的管理だけでなく，人間の感情に配慮した管理を考える必要が生まれ，このことが，人間の心理的側面や職場集団の研究を盛んにすることになります。

○ 組 織 均 衡 論

　管理を科学的に分析しようとしたテイラーやファヨールの業績は古典理論に，人間の心理に着目したレスリスバーガーやメイヨーの業績は新古典理論に位置づけられます。これに対し，組織を人とそのつながりと定義し，その管理を議論したのが，第 1 章でも取り上げたバーナードです。人，組織，管理を一体化したことで，バーナードの業績は近代理論に位置づけられることになります。

バーナードは 1906 年にハーバード大学に入学したものの，3 年後に中退し，AT & T 社勤務の後，1927 年からニュージャージー・ベル社社長を努めました。社長としての経験や思想をまとめて 1938 年に出版したのが，*"The Functions of the Executives"*（邦訳『経営者の役割』）です。

バーナードの議論の出発点は，人は個々で独立した存在であり，意志や感情を持ち，目的を設定し，選択し決定することで行動する存在と考えることでした。それを受けて，組織を「2 人またはそれ以上の人々の，意識的に調整された諸活動または諸力のシステム」と定義します。この定義により，組織は単なる組織（organization）ではなく，人々の協働システム（co-operative system）となります。管理者も組織を外部から管理する存在ではなく，組織の一員となります。

個人の協働システムとして組織を考えることで，バーナードは組織が成立するための条件を導き出します。それが第 1 章で説明した①コミュニケーション，②貢献意欲，③共通目的です。組織の目的は組織の中で役割に応じて細分化されて，個人はそれを受け入れます。貢献意欲は客観的な物品や主観的な説得など，組織が与える誘因によって引き出されます。コミュニケーションは情報の伝達を意味し，命令の伝達とその承諾を含みます。

以上のことから，組織を管理するということは，他人に当然のように仕事をさせることではなく，コミュニケーション・システムを整備し，目的を定めて他人を行為に導くことになります。そのためバーナードは，管理に必要な権限は，参加者にいかに受け入れられるかで成り立つと指摘しました。これを権限受容説と呼びます。

そしてさらに，バーナードは組織が維持されるための条件として，①有効性，②能率を挙げました。有効性は組織としての目的達成能力があることで，能率は組織の参加者の動機を満足させる程度です。これらは，外部環境の変化に応じて組織の成立条件を調整することで達成されます。

このことからバーナードは，管理者は外部環境に合わせて内部を調整する外的均衡，そして参加者に貢献を上回る誘因を与える内的均衡を行う必要が

あると指摘しました。この考えを組織均衡論と呼びます。

個人を行為に導く考えは，その後，意思決定論に発展しました。また外的均衡の考え方は，管理の対象をクローズド・システム（内部）からオープン・システム（内部と外部；第6章参照）へ広げ，経営戦略論（第8章参照）へとつながっていきました。

○ 経営管理論の系譜

ここまで古典理論，新古典理論，近代理論という経営管理論の代表的な理論を見てきました。これまでの内容から，管理に関するいくつかの関心を問題提起することができます（図2.1）。いずれも，その管理を行うことで，組織のパフォーマンスを向上させようとします。

①人への関心：人のやる気を出すことで，成果を上げられないか？
②現場（生産プロセス）への関心：現場の生産性を向上して成果を上げら

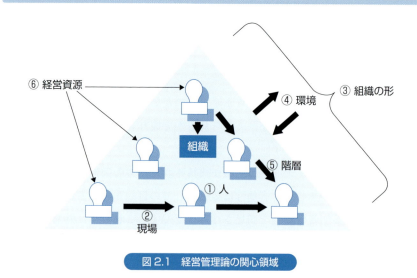

図2.1 経営管理論の関心領域

れないか？

③組織の形への関心：組織の形をうまく変えることで，成果を上げられないか？

④環境への関心：環境へうまく適応することで，成果を上げられないか？

⑤階層への関心：権限の委譲を適切にし，それぞれが地位にあった仕事をすることで，成果を上げられないか？

⑥経営資源への関心：良い経営資源（ヒト，モノ，カネ，情報）があれば成果を上げられないか？

また応用として，組織に特定の条件がある場合の管理について問題提起できます。

⑦日本だけでなく外国で活動する企業，非営利組織，中小企業の場合の管理は？

様々な研究があり，複雑に絡み合っているので整理は難しいのですが，以下では，人間を中心とする管理，組織を主体とする管理，環境を取り入れた管理に便宜上分けて，経営管理論の主要な研究を見ていきます（図 2.2）。

2.2　人間を中心とする管理

◯ グループ・ダイナミクス

ここでは人間を中心とした管理論の系譜を見ていきます。人間の心理の科学的分析は，1800 年代に心理学の分野で先行して行われていました。内容は多岐に渡り，たとえば物理的な脳や神経の研究，ある条件が与えられたときにどのように反応するかの研究，なぜそのように考えて行動するのかを探

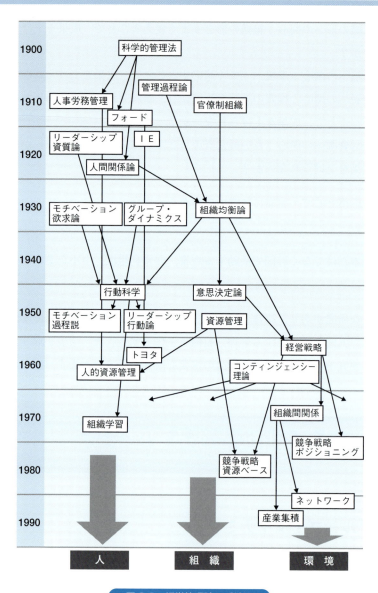

図 2.2　経営管理論の系統図

索する研究などが挙げられます。

　心理学では個人を分析することが中心でしたが，人が集まった集団が個人の行動にどのような影響を及ぼすのか，という問題提起を行ったのが，ドイツから米国へ渡った心理学者，レヴィン（K. Lewin）です。レヴィンは1936 年にグループ・ダイナミクス（group dynamics；集団力学）という言葉を用いて，一つの研究分野を作り出しました。

　レヴィンは「行動＝f（人格, 環境）」という式を作りました。集団には個人が集まってできた心理的な場があり，個人の人格だけでなく，環境として場が個人の行動に影響を与えるという式です。この考えを場の理論と呼びます。

　グループ・ダイナミクスの分野では，集団に属する魅力を表す集団凝集性，集団に形成された規範とそれに同調させる集団圧力，集団意思決定や集団構造，集団目標，リーダーシップなどが研究の対象になっています。

○ 行 動 科 学

　行動科学（behavioral science）は，人の行動に影響を与える要因を科学的に分析しようとする研究です。1946 年に米国の心理学者ミラー（J. G. Miller）を中心とするシカゴ大学のグループが用語を使い始めました。行動科学は，医学や生物学などの自然科学，社会学や経済学などの社会科学の垣根を超えた学際的研究であり，分析のためにあらゆる学問を動員しようとしたことが特徴です。

　行動科学の基本的な枠組みは，「刺激→人間（欲求）→行動→結果」です。人間の行動は，他人や状況などの何らかの刺激が，個々の人間が持っている欲求と組み合わさって生み出されます。行動は結果をもたらし，その結果は他人や状況に影響を与えるので，新たな刺激となって人間に影響を与えます。この枠組みによれば，人間の欲求を分析し，どのような刺激がどのような行動を引き起こすかを明らかにすることができれば，管理者にとって望ましい

結果をもたらすことが可能になります。

　行動科学における一つの考え方に，人にやる気を出させることができれば，組織の成果に良い結果をもたらすということがあります。そのために人間の欲求についての研究や，刺激がどのように人間の欲求と組み合わさってやる気と結びつくかの研究が行われました。これをモチベーション理論と呼びます（第3章参照）。

　また刺激として管理者，人を従わせる存在として呼ぶならばリーダーを考えて，リーダーが人間の欲求や行動，結果にどのような影響をもたらすかを研究し，組織の成果を高めるためにどのようにリーダーシップを発揮すればよいかを考えたのが，リーダーシップ理論です（第4章参照）。

　そして1970年代に行動科学のモデルに個人の学習と成長という視点を組み入れたのが，米国の組織心理学者アージリス（C. Argyris）とショーン（D. A. Schön）です。人は学習する存在であり，学習によって成長し，行動が変わっていきます。そして個人の学習の総体として組織が学習し，進化することで，組織の成果を高めることができます（Argyris & Schön, 1978）。これを組織学習論と呼びます（第7章参照）。

　なお，行動科学は心理学の影響が強い用語です。経営学の分野では，組織に属する人間の行動を分析する学問に，組織行動論の名称を用いています。また，組織全体をマクロ，個人をミクロという分け方をして，ミクロ組織論という名称も使われています。

○　人的資源管理論

　テイラーの科学的管理法は企業で働く労働者を実際にどのように管理するかという問題を生み，さらに，人事管理論，労務管理論として研究が行われてきました。日本では工場で働くブルーカラーの管理を労務管理，オフィスで働くホワイトカラーの管理を人事管理と呼ぶ傾向がありますが，厳密なものではなく，人事労務管理論とまとめることもあります。

人事労務管理論の特徴は，企業の施策や制度と密接に関連していることです。企業には人事部のような人事一般を担当する部署が存在して，人に関する様々なことを管理します。

①どのような人物を採用し，どの部署に配置し，どのように昇進させるか（採用管理，人事管理）
②労働者を戦力にするためにどのような教育訓練をすべきか（教育訓練管理）
③労働者の健康維持や休養，満足度向上のためにどのような福利厚生を行うべきか（福利厚生管理）
④労働組合とはどのような関係を築くか（労使関係管理）
⑤職場内の人間関係を円滑にする方法は何か（人間関係管理）
⑥給与体系をどのように構築するか（賃金管理）

1日8時間労働や有給休暇を設けることを定めた労働基準法，最低賃金を定めた最低賃金法のように，労働者に関して企業として最低限守らなければならないことは法律が定めています。法律や経営学での研究成果を取り入れながら，人を管理することになります。

なお，近年は人事労務管理論ではなく，人的資源管理論（Human Resource Management；HRM）の名称を用いることが多くなりました。1965年にマイルズ（R. E. Miles）は行動科学の影響を受けて人間関係と人的資源を区別し，人間関係論の立場では労働者は自分が企業内の意思決定に参加できることで満足度が高まるが，人的資源管理論の立場では労働者が意思決定に参加することで意思決定の質が高まるとしました（Miles, 1965）。

その後人的資源管理論は人事労務管理論や組織行動論，行動科学を統合するものと位置づけられました。1980年代には戦略的人的資源管理という用語が生まれ，人的資源は企業の競争力を高めるために積極的に活用するものとなり，その中で人を育てるという発想が強くなっていきました。

2.3 組織を主体とする管理

○ 官 僚 制 組 織

　人の集まりとしての社会についての研究は，19世紀前半に生まれた社会学の分野で行われてきました。1839年にsociologieという用語が用いられています。その中で，様々な組織に適用できる管理構造として，ドイツの社会学者ウェーバー（M.Weber）が示したのが，官僚制組織です（Weber, 1921–1922）。

　ウェーバーは組織を伝統によって秩序づける伝統的支配，人によって秩序づけるカリスマ的支配，規則によって秩序づける合法的支配に分けました。さらに合法的支配を，強制的な古い官僚制と，自由契約によって作られる近代の官僚制に分けています。

　人に影響される組織は不確実，不安定です。人々の行動が予測できないために，組織がもたらす結果も予測できません。組織が能率や合理性を追求するのであれば，規則や手続きによって決まった結果をもたらすことが予測される組織，人を取り替えても問題なく管理できる組織が望ましくなります。官僚制組織では，その要求に応えるために，以下のような特徴を持ちます。

　①集権化：重要な意思決定は組織の上位階層で行われる
　②公式化：職務の遂行は明確な規則や手続きに従って行われる
　③没人格性：人間関係は希薄化される

　ウェーバーは官僚制組織の利点として，的確であり，迅速であり，持続性があり，統一性があり，摩擦がなく，物的・人的費用が削減されることなどを挙げています。そしてそれらの利点があるために，巨大化する企業は官僚制組織になるとしています。

人間性を希薄化し，人を機械と同様に扱えるようにすることで組織の成果を高めようとする考えは，科学的管理法や管理過程論といった当時の管理理論にも当てはまります。部下の仕事や責任，上下関係などを規則で縛ることで組織の自由度を低め，それにより機械を管理するかのようにトップが集中管理する組織を機械的組織と呼び，柔軟性を持って変化する組織，有機的組織と対比することがあります。

ところで，官僚制という言葉に良いイメージがあるでしょうか。米国の社会学者マートン（R. Merton）は，良い機能を求めて知恵を絞っても，意図したことと逆の機能が働くことを指摘し，その例として官僚制を取り上げています。官僚制組織と聞いたときに浮かぶ非効率な組織のイメージは，この官僚制の逆機能が原因です。

①訓練された無能：応用がきかない
②最低許容行動：最小限のことしかしない
③顧客の不満足：顧客の要望に適応できない
④目標置換：組織の目標が本来の目的から組織の維持に変わる
⑤個人的成長の否定：個人が成長することは必要ない
⑥革新の阻害：新しいことを否定する

ウェーバーの議論は社会組織一般を対象とし，直接的には経営管理論ではありませんが，伝統的な管理理論と同じ視点で，望ましい組織構造を示した点が評価されます。

○ 意 思 決 定 論

管理とは他人を行為に導くこと，というバーナードの理論を 1947 年に出版した"*Administrative behavior*"（邦訳『経営行動』）やその後の著作で拡張したのが，米国の学者サイモン（H. A. Simon）です。そのため近代理論というときには，バーナードとサイモンの理論を合わせて指します。

サイモンは人間を意思決定者と見なしました。意思決定（decision making）とは次の手順で問題解決（problem solving）することです。

①情報活動：周りから情報を集め，客観的な事実と主観的な価値から問題が発見される
②設計活動：問題解決のために実行できる案（代替案）の構築を行う
③選択活動：複数の代替案を評価し，最善のものを実行する
④検討活動：選択した結果について検討を行い，次の意思決定に反映する

　経済学では人はすべての代替案と結果がわかり，客観的合理性を基準に行動すると仮定することで，最適な代替案を選択できます。しかしサイモンは，人間はそれをできないため一連の意思決定活動は限定されたものであり，限定された合理性（bounded rationality）が達成されるとしました。
　意思決定論における管理とは，組織の目的に適合するように，個人の意思決定に影響を与えることになります。以下のような管理が考えられます。

①特定の職務を割り当てることで，情報活動や設計活動の範囲を限定する
②規則等により標準的な手続きを確立することで，探索活動を省略して実行できる
③組織階層と権限を設定することで，組織の階層を通じて意思決定が行われるようになる
④コミュニケーションの経路を設定し，意思決定に使われる情報を流す
⑤意思決定の教育訓練を行う
⑥報酬システムによって結果を変え，意思決定に影響を与える

　意思決定論はその後，企業を情報処理システムと見なす研究を生みます。最初は時間のかかる非定型の意思決定も，経験や慣習によって瞬時に行われる定型化された（programmed）意思決定となります。情報技術の発達は，非定型の意思決定を支援することや，定型化された意思決定をコンピュータで置き換えることを可能にしました。このことは経営情報論とつながります。

また意思決定は管理という面では人を行為に導くことですが，企業のトップにとっては，企業がどのような目的を持つかを設定することであり，外部環境から情報収集を行い，企業全体の意思決定を行うことです。これが経営戦略論へとつながります。

○ 資 源 管 理

　企業が何から構成されているかを集約すると，ヒト・モノ・カネ・情報の4つになります。企業の経営者はこれらの経営資源（managerial resources）を活用して，企業活動を行います。

①人的資源：経営者，管理者，作業者，技術者など

②物的資源：物理的に存在するもの。工場，設備，土地建物，製品など

③財務的資源：他の資源を，市場を通じて購入するために必要。現金（キャッシュ），株券など

④情報的資源：知的資源とも。技術，特許，ノウハウ，ブランドイメージなど

　イギリスの経済学者ペンローズ（E. T. Penrose）は，企業の中には未利用の経営資源があり，それを活用しようとすることが企業成長の原動力となると述べています（Penrose, 1959）。企業の中にどのような未利用資源があるのか把握することが，管理の一つの仕事になります。

　どのような経営資源を持っているかは，企業によって異なります。そして企業の業績の差は，経営資源の差と見ることができます。ワーナーフェルト（B. Wernerfelt）はこの視点に立つ資源ベース論（Resource-Based View；RBV）というアプローチを提唱し，一つの研究の流れを作りました（Wernerfelt, 1984；第8章参照）。

　注意したいのは，経営資源という存在そのものと，経営資源をどのように評価するかは異なり，存在としての経営資源は把握しやすいが，評価は難し

いということです。同じ人を雇っても，ある企業では評価が高く，別の企業では評価が低いということが起きます。

とくに情報的資源は無形資源であり，見えざる資源のため，存在自体を把握することも難しくなります。しかし情報は①同時多重利用が可能，②複製ができ減らない，③情報が結合して新しい情報を生むといった特徴があり，情報的経営資源は価値を大きく高めることが可能です。

そのため，近年は経営における情報的資源の重要性が高まり，その流れでナレッジ・マネジメント（knowledge management）が要求されています。1995年に野中郁次郎と竹内弘高は"*The knowledge-creating company*"（邦訳『知識創造企業』）で，人々が頭の中に持っている知識（暗黙知；tacit knowledge）と，文字や絵によって文書化された知識（形式知；explicit knowledge）をうまく管理することが，企業が成功する要因となるとしています（Nonaka & Takeuchi, 1995）。

2.4 環境を取り入れた管理

◯ コンティンジェンシー理論

管理を外部環境に内部を適応させることととらえたときに，問題が生じます。異なる外部環境に対して同じ管理で対応できるかということです。基本的に学問としての経営管理論の探求は，不特定多数の管理者が使える普遍的な管理法を導き出すことでした。しかし，外部環境は業界や企業によって異なり，常に変化するものであるために，Aのような環境ではX，Bのような環境ではYが望ましいという分析が生まれます。

特定の条件によって最適な管理法が異なるという研究をコンティンジェンシー理論（contingency theory）と呼びます。コンティンジェンシーという

用語は，条件に応じて望ましいリーダーシップが異なることを示したフィードラー（F. E. Fiedler）が 1964 年に用いましたが，ローレンス゠ローシュ（P. R. Lawrence & J. W. Lorsch）が 1967 年に出版した*"Organization and Environment"*（邦訳『組織の条件適応理論』）によって広まりました。

ローレンス゠ローシュは例として，バーンズ゠ストーカー（T. Burns & G. M. Stalker）がエレクトロニクス産業を調査して「技術革新の激しい業界では有機的組織が，安定的業界では機械的組織が望ましい」とした研究，ウッドワード（J. Woodward）がイギリスのサウスエセックスの企業を調査して「大量生産では機械的組織が望ましく単品生産や装置生産では有機的組織が望ましい」とした研究を挙げています（Lawrence & Lorsch, 1967）。条件が異なれば，産業だけでなく，同じ企業内でも部門によって最適な管理方法が異なることになります。

コンティンジェンシー理論で注意すべきは，条件の妥当性です。条件がどのような意味や理由を持つのか，条件によって個別に適した管理法はわかっても他の組織には適用できなくならないか，複数の条件が矛盾した管理を要求しないか，ということです。またコンティンジェンシー理論は外部環境に組織が影響を受けるモデルのため，受け身という批判がありました。実際には企業は環境に働きかけて，環境を変化させることもできます。

このようにコンティンジェンシー理論は問題もありますが，管理者が外部環境に適応する管理を行う以上，あるいは企業が他の企業と異なる以上，重要な分析枠組みになります。実際に経営戦略論や企業文化論，リーダーシップ論などで，コンティンジェンシー論の枠組みで分析が行われています。

○ 経 営 戦 略

バーナードは均衡という概念で，外部に合わせて内部を調整する管理の必要性を指摘していますが，企業の成長と組み合わせ，経営戦略の概念を広めたのは，チャンドラーです。彼は 1962 年に出版した*"Strategy and structure"*

（邦訳『経営戦略と組織』）の中で，経営戦略（strategic management）を「企業の長期の目標や目的を決定し，それを達成する手順を決定し，諸資源を割り当てること」と定義し，経営戦略の決定も，組織構造の変更も，環境の変化に適応するために必要であるとしました。

　チャンドラーは大企業がどのように発展してきたのかを歴史的に調べました。その結果，成長を目的として，営業地域を拡大したり，資源や部品の調達元の事業（川上）や出荷した先の事業（川下）を取り込んだり，新しい分野に進出する多角化を行ったりしたことと，そのような成長戦略に伴って従来の組織構造は外部環境に適応できなくなり，それぞれ新しい組織構造を生み出したことが示されました。このことから，チャンドラーは有名な命題「組織（構造）は戦略に従う」を導き出します（第8章参照）。

　それに対して，「戦略は組織に従う」ということを示唆したのがアンゾフ（H. I. Ansoff）です。戦略は企業の目標を達成する手段であり，事業活動の指針や意思決定ルールを提供するものであること，戦略的意思決定は組織の管理的意思決定や日常的な業務的意思決定とは異なり外部，とくに市場と製品に関するものであること，そして，良い戦略を立てても，組織の抵抗や組織の能力不足で実行できないことを述べています（Ansoff, 1965；第8章参照）。

　経営戦略論の議論を拡張したのが，ポーター（M. E. Porter）です。ポーターは外部環境の中でも，他企業の存在を重視しました。競争が激しくなると企業の利益は減少します。企業が利益を出すためには競争に勝つための戦略，競争戦略論が必要であると述べています（Porter, 1980；1985；第8章参照）。

　経営戦略は定義からして多様であり，様々なアプローチで研究が行われています。企業全体に関わる企業（全社）戦略や事業部に関わる事業戦略，研究開発戦略や人事戦略などの機能別戦略のように，組織のそれぞれの領域で戦略があります。既知のことだけであればその知識を用いて管理すればよいのですが，外部環境は絶え間なく変化するので未知の部分が大きく，それゆ

えに，組織の管理者にとって戦略が重要になります。

　なお機能別に関して，市場と直に接する営業部門や販売部門が企業に誕生
した頃から，製品の販売に必要な市場とのコミュニケーション，市場と製品
を交換するプロセスの研究が行われてきました。それがマーケティング論で，
市場の分析手法などを独自に発展させてきています。戦略論とは内容が重な
る部分もありますが，独立した研究分野となっています。

○ 企業を超えた管理

　競争戦略論では他企業との競争に勝つことが議論されますが，他企業は争
うだけの存在ではなく，普通に取引を行う企業，協力して活動する企業も存
在します。取引相手との関係をどのような状態にするか，それに伴って内部
をどのように調整するかといった，組織間関係によって生じる管理問題を考
えるのが組織間関係論です（第 10 章参照）。

　企業が何かをするには，経営資源の投入が必要であり，それにはコストが
かかります。諸費用を含めても他企業からそれより安く調達できるのであれ
ば，外部からの購入を選択します。また，企業が経営資源を他企業に依存し
ている場合，依存関係をうまく管理し，場合によっては関係が解消されても
大丈夫なように対策を取ることが必要です。

　組織間関係は自企業と相手企業との関係が基本ですが，相手企業もさらに
別の企業と関係を結んでいます。そのため，広く関係をとらえる立場として，
ネットワーク論があります。さらに，関係を持った企業が密集する効果を研
究する産業集積論やクラスター論へもつながります。

　経営管理は通常，企業組織の管理を指しますが，企業と組織は異なる概念
です。企業は法律により外部と内部の境界を設定しますが，組織は①コミュ
ニケーション，②貢献意欲，③共通目的という組織の成立条件が成り立つ範
囲で境界が設定されます。

　よって，他企業も特定の領域では同じ組織と見ることができます。それぞ

2.4

環境を取り入れた管理

41

れの企業に管理者がいるので，別の企業の管理をイメージすることは難しいですが，わかりやすい例では，大企業に製品を納入する下請け企業は，大企業の権限をある程度受け入れて，大企業に管理されています。

このことから，企業にとっての外部環境の中に広がる組織が存在し，組織の管理者は企業を超えた管理を行うことが必要となります。近年のサプライチェーン・マネジメントの流行は，材料を製品に加工し，消費者の手元に届けるまでを一つのプロセスとして，その全体を管理することですが，これも企業間の協力を超えた，プロセス全体を扱う組織の管理と見なすことができます（第12章参照）。

演 習 問 題

2.1　経営管理の広い領域の中で，どの分野に興味を持ったか，それはなぜなのかを考えてみましょう。

2.2　自分があるスーパーマーケットの管理者であるとしたときに，人間，組織，環境をそれぞれ中心としてどのように管理するかを考えてみましょう。

第 II 部

企業内部へのマネジメント：企業システムの階層へのマネジメント

第 3 章　モチベーション

第 4 章　リーダーシップ

第 5 章　現場の管理

第 6 章　組織のデザインと変化

第 7 章　組織のパフォーマンスと組織文化

第 3 章

モチベーション

　組織の管理が難しい理由の一つには，「人」を管理することがあります。人の心は目に見えず，たった一人でも動かすことが難しいのに，企業では多くの人を管理し，組織の成果を高めなければなりません。そのために，人とはどのような存在なのか，という分析をすることで，組織を管理する方法を考えることになります。

○ *KEY WORDS* ○
モチベーション，インセンティブ，欲求理論，
過程理論，内発的動機づけ，目標管理

3.1 人のやる気を引き出す仕組み

○ モチベーションとは

　人が何かをするには，「やる気」が必要です。「気力十分，今日一日仕事を頑張ろう」と張り切っている人と，「仕事が嫌になって何もする気が起きない」人とを考えてみましょう。単純作業だけであれば，やる気がほとんどなくても遂行できるかもしれません。しかし，やる気を出している人のほうが，自発的で積極的な行動や学習を生み，仕事の成果が高まると考えられます。

　組織は個人が集まってできています。そのため組織の成果を高めるには，組織に属する個人が，それぞれやる気を出せばよいということになります。個人の行動が組織の成果に関係ない場合や，マイナスの影響を及ぼしてしまうこともあるので，組織の管理者から見れば，「組織の目的を達成することに寄与する」やる気という限定が必要になりますが，それは別に考えるとして，ひとまず個人のやる気をどのように引き出すかを考えます。

　人のやる気について議論するとき，やる気という言葉でなく，モチベーションという用語を使用します。モチベーション（motivation），日本語で「動機づけ」は，何かによって生じた特定の行動をしようとする気持ちです。モチベーションという用語を使用することで，なんとなく何かしたい気分になった，という目的も理由もなく気まぐれに変動する単なるやる気と区別します。

　人は心の中に特定の行動を喚起するプロセスやメカニズムを持ち，それを経由して行動するかどうかを決定します。この心に形成されたメカニズムは，短期的には固定されていて，一定のやる気を供給します。仕事に対するモチベーションが高い人は，この心のメカニズムを経由して，仕事に関連する行動を積極的に行うほどに，持続的にやる気が出ている人です。

　仕事の成果は本人の能力だけでなく，モチベーションに依存します。優れ

た能力を持つ人であっても，モチベーションが低ければ成果は出ません。同じ人でも，モチベーションが高まれば，それだけ成果が増すのです。

○ インセンティブ

　ある仕事に対して，自分のモチベーションは高いか低いか，モチベーションを高めるためにはどうしたらよいか，考えてください。これは個人の性格，考え方といった個人の内面的な問題に依存する部分でもあり，たとえどんなにつまらない仕事であっても，一生懸命に取り組む人もいれば，すぐに投げ出してしまう人もいます。同じ人でも時と場合によって，モチベーションは変化します。この個人的な内面要因については，直接変えることは容易ではありません。

　それに対して，外部から個人のやる気に対して影響を与えることができます。たとえば，1日仕事をする対価として5百円を提示してもやる気は起きないでしょうが，5万円を提示すれば，やりたいと思う人は多くなります。この外部から与えられるものを，インセンティブ（incentive）と呼びます。

　個人にやる気を出させる基本的な手段は，インセンティブを提示することです。人はインセンティブを高く評価すれば，行動します。別の言い方をすると，人は投入する努力よりも得られるものが大きいと思ったときに行動するので，インセンティブが大きければ，それだけ努力してもよいと思います。よって自分のやる気を高めるために，「この仕事が終わったら旅行に行く」という褒美をインセンティブとして追加する，ということが行われます。

　インセンティブには褒美のようなプラスのものだけでなく，ペナルティ（罰）という，それをしないことによるマイナスのインセンティブもあり，ペナルティによって強制的にやる気を出させるということも可能です。一定の成果基準を超えなかった場合に減給する制度を作れば，減給されたくないためにやる気になります。仕事の締め切り直前にやる気が高まるのは，締め切りを破ってしまうと何らかのペナルティがあるためです。人を動かすには

「アメとムチ」と言いますが，このプラスとマイナスのインセンティブが，個人のやる気を引き出す基本的手段となります。

○ 欲求説と過程説

　モチベーション理論は，大きく欲求説と過程説の2つに分類されます。「馬の目の前にニンジンをぶら下げる」という言葉があります。馬はニンジンが大好物なので，馬の目の前にニンジンをつり下げれば，それを食べようとして前に進む，つまり仕事をするという話です。

　これは，馬が何を欲しいかがわかっているために，成り立つ格言です。もしニンジンが嫌いな馬がそれなりにいるならば，この格言は作られなかったでしょう。欲求説は，人はどのような欲求を持つか，という問いです。欲求がわかれば，それに合わせてモチベーションを高める方法を考えることができます。馬には食欲があり，その中でもニンジンが好物なので，馬にインセンティブとしてニンジンを与えることが有効なのです。

　それに対し過程説は，人のやる気がどのようにして決まるか，という問いです。馬はニンジンをどのように認識し，走るという行動につなげるのでしょうか。目で判断するのだとしたら，ニンジンの絵でも十分かも知れません。過程説ではモチベーションが決まるプロセスを分析し，適切なモチベーション管理法を考えます。

3.2　欲　求　説

○ マズローの欲求段階説

　人は何を欲しているのでしょうか。今何が欲しいと聞かれたら，お金と答

える人が多いかもしれません。実際に働くときに示される条件は，給料という名称の金銭です。実際に，貰える金銭が多ければ，それだけモチベーションは高まります。しかし金銭は，何かに交換できるから，いざというときに自分を守ることができるから，あるいは自分の労働の評価基準であるから，欲しいのです。欲求は別にあって，金銭はそれを満たすための一つの手段です。

マレー（H. A. Murray）は 1938 年に欲求（needs）をリストアップしました。欲求は肉体に由来する生理的欲求と心に由来する心理的欲求に分かれます。心理的欲求は全部で 27 項目あり，その中には，人を支配したい欲求もあれば，人に支配されたい欲求もあります（Murray, 1938）。

マレーが欲求を列挙したのに対し，基本的な欲求を集約し，有名となったのがマズロー（A. H. Maslow）の欲求段階説です。マズローは人間には以下の 5 つの欲求があるとします（Maslow, 1954）。

①生理的欲求（physiological）：食事や睡眠など，生物としての存在が要求する欲求
②安全欲求（safety and security）：自分の安全を確保したい欲求
③愛情欲求（親和欲求；love and belonging）：集団の一員でありたい欲求
④尊敬欲求（自我欲求；esteem）：周りに認められたいという欲求
⑤自己実現欲求（self-actualization）：自分の成長を望む欲求

さらに，マズローはこの 5 つの欲求が，積み重なっていると考えます。生理的欲求が満たされることで安全欲求が生まれ，安全欲求が満たされることで愛情欲求が生まれます。低次の欲求が満たされることでより高次の欲求が生まれ，逆に高次の欲求が起きるためには，低次の欲求が満たされていることが条件となります。

マズローの欲求段階説は一つのモデルであり，実際に成り立つということを証明できた理論ではありませんが，組織の管理に示唆を与えます。欲求段階別管理として，生活のための金銭が欲しいという欲求を最初に満たし，会

社の中で身分的な安定を与え，組織の一員として受け入れられるような人間関係の仕組みを作ります。さらに，組織のメンバーから尊敬されるようにスキルを蓄積させて昇進させ，最後に自己実現によって自ら成長することを期待します。

　マズローの欲求段階説を改善し，マズローよりも確からしいことが示された理論として，アルダファ（C. P. Alderfer）のERG理論があります。マズローの5つの欲求を生存（Existence），関係（Relatedness），成長（Growth）の3つの欲求に集約し，生存より関係，関係より成長が高位であるとします（Alderfer, 1969）。マズローと比較すると，同時並行的に欲求が存在することもあるとしている点が柔軟です。

○ マクレランドの達成動機理論

　マクレランド（D. C. McClelland）は何かを達成したいという欲求を中心に調べました。マクレランドの達成動機理論では3つの欲求が重要です（McClelland, 1961）。

①達成欲求：何かを達成したい
②権力欲求：他者をコントロールしたい
③親和欲求：他者との関係を持ちたい

　達成欲求が強い人は，何でも自分でやりたがり，結果をすぐに知りたがる傾向があります。権力欲求の強い人は，責任がある仕事，他人との競争，高い地位を好み，仕事の成果よりも名誉を好む傾向があります。親和欲求が高い人は，他者から好かれたい，一人でいたくないと考える傾向があります。

　組織の管理者は，それぞれの欲求を持っていますが，どの欲求が強いかということは，人によって異なります。マクレランドは管理者に関して，次のことを示しました。

（1）　**達成欲求が強すぎると管理に支障が出る**：達成欲求の強い管理者は

表 3.1　欲求説のまとめ

●欲求説：人の欲求を分析し，それを満たすことでモチベーション向上

提唱者	主　張	
マレー（1938）	欲求を列挙	
マズロー（1954）	5 つの欲求が段階的に現れる	欲求段階説
マクレランド（1961）	達成欲求と管理の関係	達成動機理論
アルダファ（1969）	生存・関係・成長の欲求へ集約	ERG 理論

様々な仕事を自分でやろうとするので，部下が何かをすることを好まないということになり，一人で仕事を抱え込んでしまいます。また結果をすぐに求めることは，部下にも同じことを要求し，部下の行動にストレスを感じたり，逆に部下に強いストレスを与えたりします。

(2)　**親和欲求の強い人は管理者に向かない**：管理者が他者から好かれたいと思う場合，特定の人と仲良くしたり，様々な人の要求を受け入れて妥協したりしてしまい，組織の公正な秩序が保てなくなります。

(3)　**権力欲求は管理者に必要である**：権力欲求には大きく分けて，単に自分しか見ていない個人的な権力欲求と，部下をコントロールし組織の成果を上げることで権力を発揮したい権力欲求があり，ここで重要となるのは後者の権力欲求です。他の人を動かそうと思わない人は，管理者には向きません。

○ 人間観と管理

人の欲求を考えると，ほとんどの人が強く持つと思われる欲求もある一方で，個別に強弱が分かれる欲求があり，どの欲求が高いかは人によって異なります。昔は食べること，生活を守ることがもっとも重要であり，そのために生存欲求を満たす金銭のインセンティブがモチベーションに大きな役割を

果たしました。現在は豊かになり，このインセンティブの重要性は他のインセンティブに比べて相対的に低下しています。

　管理者の人間観の違いによって，どのインセンティブを重視するかが変わります。科学的管理法では，成果を出せばその分報酬が得られる出来高給に，一定の成果水準を超えると高賃金が得られる仕組みを導入しました。これは賃金が高ければ労働者のモチベーションは高くなるという考えが背景にあり，人間は生存欲求を満たす金銭によって，機械と同様にコントロールできる存在と見なしています。このような古典理論の人間観は，「合理的経済人」と呼ばれます。

　古典理論に対して問題提起を行った人間関係論は，人的な要因に重きを置きました。人間関係を改善し満足度を高めることでモチベーションが高くなると考えましたが，これは人が関係欲求を強く持つと見なしています。そのために生存欲求を満たすインセンティブよりも，関係欲求を満たすインセンティブを用いることで人をコントロールできると考えます。この新古典理論の人間観は，「社会人」と呼ばれます。

　それに対して，近代理論の人間観は，「自己実現人」と呼ばれます。意思決定者，問題解決者としての人間は，意思決定や問題解決の能力を高めようとします。それは，人は成長欲求に重きを置くと見なすことです。よって人をコントロールしようとするときに，知識蓄積やスキルの獲得などの，成長欲求を満たすインセンティブを考える必要があります。

　シャイン（E. H. Schein）はこれらの分類は典型的なものであり，実際の人は様々な欲求を持ち，状況によって異なるので，管理者は人を「複雑人」と見なし，個々に合わせて適切に対応することが望ましいとしています（Schein, 1979）。

3.3 過程説

○ 公平理論と強化理論

　過程説は，人の欲求そのものだけでなく，どのようにして人のやる気が決まるか，ということを考えます。アダムス（J. S. Adams）は，人は他人と自分とを相対化し，公平と感じるかどうかでやる気が変化すると考えました。これを公平理論（equity theory）と呼びます。

　人は何かを投入して，成果を得ます。自分が一定の努力をして給料を貰っているときに，他の人も同じ努力，同じ給料であれば，公平だと思います。しかし自分より少ない努力で同じ評価であったり，自分と同じ努力しかしていないのに他の人だけが褒められたりすれば，不公平と感じ，やる気が減少します（Adams, 1963）。

　公平理論では誰を評価対象とするか，自分と他人の努力や成果について評価するのが自分であることから，不公平と感じるかどうかは人それぞれです。そのため管理者としては，客観的な基準で評価し，報酬を与える制度を作り，その客観性を人々と共有することができるかどうかが重要になります。

　次にスキナー（B. F. Skinner）の強化理論（reinforcement theory）ですが，これは行動するプロセスが結果に影響を受けて強化されることを，動物実験で確かめたことから人に応用された理論です。ある行動をしたときに良い成果を得られれば，よりその行動を行うようになり，良くない成果を得れば，その行動をしなくなります（Skinner, 1938）。

　管理者としては，よりある行動をさせる，あるいは行動させないために，次のようなことをします。

　①行動させる：これは褒美によってその行動を増やす正の強化と，叱責や

脅しによってその行動を増やす負の強化がある

②行動させない：これはその行動を無視することで必要でないと思わせる
消去と，罰を与えることがある

管理者はこの枠組みを利用して，人の行動を増やしたり減らしたりします。
その際に，連続して強化するよりも，断続的に強化するほうが，効果が高く
なることがあります。

○ 期 待 理 論

将来が不確実なとき，人は起こりうる結果とそれが起きる確率をもとに考
えます。たとえばコインの表が出たら相手から100円貰えて，コインの裏が
出たら相手に200円与えるコインゲームを考えたときに，やりたいと思う人
は少ないでしょう。コインの表裏はそれぞれ半分の確率で出るので，1回の
ゲームの期待値を計算すると100円の半分のプラスと200円の半分のマイナ
スの合計となり，マイナス50円が期待されるゲームとなるためです。

この期待という概念をモチベーション理論に用いたのが期待理論（expec-
tancy theory）です。ヴルーム（V. H. Vroom）は，人の行動を導くプロセス
を，3つの要因に分けました（Vroom, 1964）。

①期待（expectancy）：投入した努力がどのような結果をもたらすかの期
待
②誘意性（valence）：どのような報酬・罰があるかの列挙
③道具性（instrumentality）：結果がどのような誘意性に結びつくか

誘意性として，たとえば給料と名声，仲間からの嫉妬を考えます。そして
実際に起こりうる結果，たとえば取引を1件成功させたとき，3件成功させ
たとき，5件成功させたときに，それぞれ誘意性がどの程度得られるかを考
えます。誘意性×道具性により，頭の中に自分の努力の結果がもたらす報

酬・罰についての全体像ができます。

　そして自分がある程度努力したときに，1件成功する，あるいは3件成功するという将来への期待があります。これを合わせた期待×誘意性×道具性が，行動する力，モチベーションの高さとなります。

　これをより整理すると，努力した結果とその結果によって得られる報酬について，それぞれ期待があるということになります。管理者としては，努力すれば成果が上がるという自信を植えつけることや，実際に努力が成果に結びつく仕組みを作ることによって結果に対する期待を高めると同時に，報酬が得られるという確信を与えることで報酬に対する期待を高めることが，モチベーションを高めることにつながります。いくら報酬が高くてもそれに必要な成果が実現不可能に近い場合や，成果に対して報酬が低いと思われていれば，モチベーションが低下するので，注意が必要です。

○ 内発的動機づけ理論

　これまでの理論は，何かを外部から与える外発的な要因によって，人の行動に影響を与えると考えています。しかし，外から与えられるものとは関係なしに，モチベーションが変化することがあります。この考えを提示したのがデシ（E. L. Deci）で，外発的な要因ではなく，心の中に生まれる内発的な要因による動機づけなので，内発的動機づけ理論（intrinsic motivation theory）と呼ばれます。

　デシはパズルを用いて，学生の意欲を確かめる実験を行いました（Deci, 1975）。2つのグループに分けて，片方にはパズルが解けたときに報酬を支払い，もう片方には無報酬でした。デシは隠れて，学生がパズルを解き終わった後に与えた休憩時間で，パズルをさらに解くかどうかを観察しました。その結果，報酬を得たグループよりも，無報酬のグループのほうが，パズルをさらに解いていました。パズルを解くという仕事に関して，無報酬のほうが，モチベーションが維持されたのです。

他の実験では，片方のグループには時間内に解けるパズルが，もう片方の
グループには時間内には解けないパズルが与えられました。すると，時間内
に解けるパズルを与えられたグループで，パズルをさらに解く時間が増えま
した。解けないパズルは，自分の能力不足を感じさせ，モチベーションが低
下したのです。

　このような実験から，自身の有能性を意識させるような，①職務を効率的
に遂行する，②環境に変化を起こす，③自己決定するといったことが，内発
的な動機づけを行うことがわかりました。また，外から与えられたインセン
ティブによって外発的動機づけと置き換えられてしまい，結果として仕事に
関するモチベーションが下がる効果があることもわかりました。

　他に内発的な動機づけを行う要因としては，仕事に対する誇り，会社に対
する誇りが挙げられます。内発的な動機づけは外から与えるものではないた
めに，管理者が直接的に利用することは難しいものの，外発的動機づけが内
発的動機づけを妨げないようにすることや，成功体験を積ませて内発的動機
づけを高めることなどが求められます。

3.4　モチベーション管理

○ モチベーション管理の複雑性

　他にも過程説には様々な理論があります。アトキンソン（J. W. Atkin-
son）の達成動機づけ理論（achievement motivation theory）では，何かを達
成しようとする気持ちは，達成する内容（達成要求）とその成功確率，難度
（失敗率）の積で算出できます（Atkinson, 1957）。達成しようとする気持ち
があっても，失敗をしたら嫌だという気持ちが上回れば，行動できません。

　フェスティンガー（L. Festinger）の認知的不協和理論（cognitive disso-

nance theory）では，自分の態度や行動に関する矛盾（不協和）を認知する
と，それを解消する心理的圧力が発生すると考えます（Festinger, 1957）。
たとえば単調で報酬が少ない仕事を割り当てられた人は，それは嫌だなと思
う人にとって，心の中に不協和を生じさせます。このとき，その仕事を拒否
して心理的圧力を解消できない場合には，価値のある仕事だと思いこむよう
に認知を変えることで，その仕事に対するモチベーションをアップさせます。

　高橋伸夫の未来傾斜原理の考え方では，現在の様々なモチベーション要因
がたとえ満足できないものであったとしても，改善される未来を見通せるな
らば，それが実現する期待によってモチベーションが高まると考えます（高
橋，1996）。この考え方に立てば，短期的な視点でインセンティブを与える
必要はなくなります。いつどのようになるのかという期待をどのように形成
するか，という視点に立つ管理になります。

　欲求は人によって異なりますが，動機づけの過程も，それぞれに成り立つ
理由があり，それぞれで管理の仕方が異なってきます。この多様性ゆえに，
モチベーションの管理は複雑になります。たとえば，報酬は高いが単調な仕
事，報酬は低いが経験が積める仕事の2つをある人に提示したら，どちらを

表3.2　過程説のまとめ

●過程説：心のメカニズムを解明し，適切なモチベーション向上策を考える

提唱者	主　張	
スキナー（1938）	過去の行動結果が心を縛る	強化理論
アトキンソン（1957）	人は失敗を恐れる	達成動機づけ理論
フェスティンガー（1957）	心に矛盾があると自分を正当化する	認知的不協和理論
アダムス（1963）	他人と自分を比較する	公平理論
ヴルーム（1964）	行動した結果と報酬を予測して行動する	期待理論
デシ（1975）	個人の心の中で生まれるやる気がある	内発的動機づけ理論
高橋伸夫（1996）	人は現在よりも未来を重く見る	未来傾斜原理

選択するでしょうか。

　経験を積んでも将来役に立たないと思う人や，今現金が欲しい人は前者を選び，転職を考えている人や新しい知識を学ぶことが好きな人は，後者を選ぶ可能性が高いでしょう。どのような欲求を持つ人がどのような過程でどちらを選ぶのか，それを頭に思い描けるようになると，モチベーション管理の複雑さを整理する一歩となります。

○ インセンティブのバランス

　欲求や過程を理解した上で，管理者は，どのインセンティブをどのように使うかを決める必要があります。金銭のような物質的インセンティブは簡単に使えますが，数に限りがあります。誉めるという評価のインセンティブは費用をかけずにモチベーションを高めることができますが，使うタイミングは限られます。企業の社会的使命を企業理念として定め，その理念をインセンティブとして用いることもできますが，効果は限定的です。スキルアップのための研修など自己実現的インセンティブを用意しても，モチベーションが向上する人もいれば，まったく反応しない人もいます。

　インセンティブは同時に複数与えることができます。また何回も同じインセンティブを与えると効果がなくなったり，ある人にインセンティブを与えることで他の人のモチベーションに変化を与えたりします。よって管理者は，インセンティブのバランスをうまくとることが必要となります。

　その際に一つ参考となるのが，ハーズバーグ（F. Herzberg）の動機づけ衛生理論（motivation-hygiene theory）です。職務満足と不満足の要因を分析した結果，職務満足は，達成や承認，仕事そのもの，責任，昇進から得られることがわかり，これを動機づけ要因と名づけました。職務不満足は，会社の方針，管理，給与，対人関係，作業条件から発生することがわかり，これを衛生（環境）要因と名づけました（Herzberg et al., 1959）。

　満足要因は改善されればそれだけ満足しますが，不満足要因の改善は，不

満を解消することはできても満足はしません。よって衛生要因に関しては不満が発生しないように一定の水準まで改善し，後はモチベーションを高めるために動機づけ要因を検討する必要があります。

そして仕事そのものについては，ハックマン゠オルダム（J. R. Hackman & G. R. Oldham）の職務充実理論（job enrichment theory）によれば，3つの実感を持たせることができれば，モチベーションを高めることができます（Hackman & Oldham, 1976）。

①意義実感：仕事に価値を見出すかどうか
②責任実感：仕事に責任感を感じるかどうか
③成果実感：仕事の成果に実感を持てるかどうか

JTBモチベーションズ研究・開発チームは『やる気を科学する』（1998）で，モチベーションに影響を与える要因を，11項目にまとめました。モチベーションに影響を与える要因を総合的にとらえようとする一例として，紹介します（表3.3）。

表3.3　モチベーションに影響を与える要因

① 適職（自分に相応しい職についているか，好きな仕事か）
② プライベート（家族などに理解されているか）
③ 自己表現（自分のアイディアを生かせるか）
④ 環境適応（困難や障害に立ち向かう）
⑤ 環境整備（仕事をする環境が整っているか）
⑥ 人間関係　　⑦ 業務遂行　　⑧ 期待・評価
⑨ 職務管理（職務内容の理解度や知識）
⑩ 報酬　　⑪ 昇進昇級

（出所）　JTBモチベーションズ研究・開発チーム（1998）『やる気を科学する──意欲を引き出す「MSQ法」の理論と実戦』河出書房新社より作成

◯ 企業の制度とモチベーション

　管理者は企業の目的を達成するために，企業の組織デザインや制度設計を通じて，労働者のモチベーションに影響を与えます。その際に，モチベーションという点だけを見ても，それぞれの制度が正負の影響を与えることを考慮する必要があります。

　権限委譲を進めることは，個人の自己決定権を増してモチベーションを高めますが，組織としての管理不行き届きや，個人のばらばらな行動が組織の一体感をなくし，モチベーションが低下する可能性があります。ウェーバーの官僚制組織のように権限を固定化し自由度を低めると，自分を成長させるようなモチベーションは働きません。

　勤務制度として，一定の期間内の労働時間だけが定められていて，自由に働く時間を変えられるフレックスタイム制を採用すれば，自分で変更できるということがモチベーションを高めますが，他の人と労働時間がずれることで，人間関係面でのモチベーションが低下するかもしれません。労働時間を定めず，仕事の結果をもって労働したと見なす裁量労働制は，同じ労働を短い時間ですませようとするモチベーションが働く一方で，一定の仕事をしたら遊んでしまうようなモチベーションも生まれます。

　情報通信技術を活用すると，外出先でのモバイルワークや在宅勤務など，場所や時間にとらわれずに柔軟に働くテレワークが実現可能です。これにより，通勤時間の削減，育児や介護にあてる時間の柔軟な調整が見込まれ，ワーク・ライフ・バランス（仕事と生活の調和）の観点からのモチベーション向上が期待できます。一方で，職場との距離が離れることは，職場とのコミュニケーション低下を招き，情報不足による疎外感やすれ違いが原因となって，モチベーションが下がる可能性があります。

　職歴（キャリア）制度の設計は成長欲求に影響し，事前にキャリアプランを立てることで，将来の見通しが明らかになります。しかし，先が見えすぎてしまうことによるモチベーションの低下や，決められた資格の取得や決め

られたスキルしか身につけないモチベーションが生まれます。人が足りない部署が公募を出し，それに希望者が応募できる社内公募制度は，希望者のモチベーションを高めますが，出ていかれたほうのモチベーションは下がるかもしれません。

昇進や給料制度に関しては，年齢や職歴の高い人ほど偉いとする年功序列制や年功賃金制と，実績や能力によって評価して反映する成果主義が対比できます。成果主義はモチベーションという点では，個人が努力などの過程の公平性よりも，結果の公平性を欲求するようになったこと，個人の目標を達成するという欲求を賃金制度と連動させて強めることが挙げられます。しかし，個人の成果だけを考えて周りを考えないようになり，人間関係面でモチベーションを低下させる問題や，個人と組織で目標の設定水準や評価の妥当性が一致せず，それがモチベーションを低下させる問題が起きています。

○ 目標管理

モチベーションを高めるために組織に導入する制度に，目標管理制度があります。初期に目標管理を提唱したドラッカー（P. F. Drucker）は，*The Practice of Management*"（邦訳『現代の経営』）で MBO（Management by Objectives through Self Control）という用語を用いています（Drucker, 1954）。労働者は管理者に管理されるのではなく，自己管理によって働くべきで，そのために自発的な目標を設定すること，そしてその目標を組織目標と一致させることで，個人のモチベーション向上と同時に，組織の成果が達成されるとしました。

管理者が目標管理を用いるかどうかは，管理者の人間観に影響されます。マクレガー（D. McGregor）の X 理論・Y 理論では，管理者の人間観は，大きく 2 つの方向性があるとしました（McGregor, 1960）。一つは，人間は生来仕事が嫌いで，命令や処罰無しには十分な努力をせず，できるだけ責任を回避しようとするという見方であり，性悪説的な考えです。この人間観を X

理論と呼び，この考え方に立つ管理者は，権限行使と命令統制で人を管理し，アメとムチを重視します。

もう一つは，人間は生来仕事が好きで，自分から積極的に行動し，重い責任を引き受け，自己管理ができるという性善説的な見方です。人間は自分の目標であれば，達成するために努力します。この人間観を Y 理論と呼び，この考え方に立つ管理者は，従業員が自己管理をし，自主的な目標設定を行い，自己評価をするので，管理者はそれをサポートし，企業の目標と，労働者の目標を合わせるように管理しようとします。マクレガーは，Y 理論にもとづく管理が望ましいとしました。

目標設定について分析したのが目標設定理論（goal setting theory）で，ロック（E. A. Locke）はモチベーションを高め，成果を上げる目標は，具体的な行動や手順がわかるように明瞭であり，本人が合意する範囲でより高い目標であるとしています（Locke, 1968）。また労働者本人が目標を自分のものとして受容すること，管理者が定期的に達成状況をフィードバックし，目標達成への支援を行うことが，労働者のモチベーションを高めるとしています（Locke & Latham, 1984）。

労働者を成果で評価する成果主義の導入に際しては，とくに販売数などの直接的実績データを利用できないホワイトカラー労働者に，この目標管理制度を導入して，評価制度や賃金制度と連動させることが行われます。しかし，目標管理自体は労働者に強制して組織の成果を高める手段ではなく，自己管理によるモチベーションアップを目指していることに注意が必要です。

演 習 問 題

3.1　自分自身のやる気がどのようにして決まるかを考え，それを踏まえて自分の成果を最大にするための方策を検討してみましょう。

3.2　部下が 2 人いて，片方は積極的に仕事に取り組む人，もう片方は仕事に消極的で仕方なく働いている人だとします。このとき，どのようにモチベーションを管理するか，具体的に検討してみましょう。

第4章

リーダーシップ

　組織の成果を高めることができるかどうかは，メンバー個人の力だけでなく，管理者にも依存します。組織をまとめる管理者の人柄や考え方，行動が，組織のメンバーに何らかの影響を与えるのです。
　では，どのような人が名経営者と言えるのでしょうか。また，管理者として普段どのような姿勢で人を管理すればよいのでしょうか。このようなことを考えるのが，本章で扱うリーダーシップ論です。

○ *KEY WORDS* ○
リーダーシップ，偉人，資質論，行動論，
変革型リーダーシップ

4.1 管理者とリーダーシップ

◯ 管理者と組織のメンバー

　あるチームに参加したときに，チームリーダーという肩書きを持つ管理者に会ったら，この人の下で働くのだ，この人に従わなければ，という気持ちが生まれるでしょう。これは，リーダーという肩書きが持つ効果です。

　そしてリーダーは，チームの目的を説明し，どのように仕事をするか指示したので，それに従って仕事をします。チームにとって必要な仕事とわかれば，張り切って仕事をしようという気持ちになります。

　しかしそのリーダーが，自分が苦労しているときに，嫌みを言うだけだったらどうでしょうか。叱咤激励してくれるリーダーや，適宜相談に乗ってくれるリーダーだったらよかったのに，と思い，モチベーションも下がりがちになるでしょう。

　組織の成果を高めるためには，組織のメンバーが高いモチベーションを持って行動することが必要ですが，このとき管理者そのものが，組織のメンバーに影響を与え，組織の成果を左右します。

　管理者が変わるたびに組織の成果が変わるような，人に依存する組織は，組織運営の視点からは，問題かもしれません。管理者が行動させなくても，組織の規則，組織構造，給料体系，評価体系など，人のモチベーションに影響を与える様々な要因を動かすことで，メンバーが自分から行動する仕組みを作ることができます。しかし管理者が組織のメンバーと密接に結びついている以上，管理者そのものを問うことが必要になるのです。

　初期の管理者は，労働者を上から押さえつける存在と見なされていました。バーナードと同時期に，組織を人と人とのつながりと考えたことで知られるフォレット（M. P. Follett）は，管理者と労働者には対立（conflict）がある

と述べています（Follett, 1940）。このとき，管理者が昔ながらの力による抑圧を行うと，労働者に不満を生み，組織に悪い影響をもたらします。

　だからといって，逆に管理者が労働者の要求に安易に妥協すると，労働者は満足するかもしれませんが，組織全体の活動は停滞します。よってフォレットは，両者が満足する新しい方法を創造する統合を行うべきだとしています。組織のメンバーを管理する際に，管理者には考えることが要求されるのです。

○ リーダーとリーダーシップ

　組織のメンバーのモチベーションはとくに考えずに，仕事の管理だけをすればよい管理者もいます。そのため，時代の変化に立ち向かい，新しいことを生み出すために組織の人々を率いていくような人については，リーダー（leader）という言葉を用います。管理者，あるいはマネジャーと呼ぶ場合は人の配置や組織の能率，秩序の構築を重視し，リーダーと呼ぶ場合は人の方向づけや組織の成果，変化を重視する傾向があります。

　リーダーがどの程度人を動かすことができるかは，人によって差があります。リーダーが人を動かす力をリーダーシップ（leadership）と呼びます。どの程度のリーダーシップがあるかを量る方法として，リーダーに影響を受ける人がどの程度いるかを見ることができます。そのリーダーに従う人を，フォロワー（follower）と呼びます。

　管理職になって多くの部下がいたとしても，リーダーシップがあるかどうかは別の問題になります。皆が従っているように見えても，肩書きや組織の決まりに従っているだけで，本人にはリーダーシップがない場合があります。投票によって選出されたリーダーであれば，投票した人には支持されています。組織に自然発生的に生まれたリーダーが，本人のリーダーシップをよく表します。

　リーダーがフォロワーに選ばれるとすると，リーダーとなろうとすること

は，フォロワーに合わせることでもあります。しかし，人々はリーダーに関してそれぞれ異なる基準を持つので，理想のリーダー像があって，それに近づけば良いリーダーになれる，とはなりません。組織の中に複数のリーダーが生まれて，組織の方向性がばらばらになることもあります。

クーゼス（J. M. Kouzes）とポズナー（B. Z. Posner）は，野心的，心が広い，大切に思ってくれる，有能な，協力的な，勇気がある，頼りがいがある，断固たる，公正な心を持った，前向きの，正直な，想像力のある，独立心のある，鼓舞する，知的，高貴な，成熟している，自己管理している，率直な，応援してくれる，という項目の中からどれをリーダーに望むかということについて，調査しました。その結果，「正直な（honest）」「前向きの」「鼓舞する」「有能な」という順を得ました（Kouzes & Posner, 1993）。

これによって，正直なリーダーを望む人が多いとしても，メンバーあるいは組織がどのようなリーダーを望むかは，異なることが考えらます。よって，組織の人々に向き合って，考える必要があります。

○ リーダー論

理想のリーダーを考える上で参考になるのが，リーダーとして成功した人の考え方や方法を知ることです。古くは君主の心得を説いた孔子の論語や老荘思想などの思想書，既存の概念にとらわれずに行動し日本を統一する力を見せた戦国武将の織田信長，江戸時代中期に財政難の藩を立て直し名君と呼ばれた上杉鷹山，そして現在成功している企業を率いた本田宗一郎や松下幸之助などの偉人（great man）について書かれた本は，多くの人に読まれています。

たとえば1981年に米国の総合電機企業ゼネラル・エレクトリック（GE）社のCEO（最高経営責任者）に就いたウェルチ（J.（John Francis）Welch）は，組織改革を推し進めた名経営者として知られていますが，リーダーに必要なのは以下の4つの「E」であるとしています。

①自ら活力に満ちあふれていること（Energy）

②目標に向かって周りの人間の活力を引き出すこと（Energize）

③難しい問題に関しても是非を決断する力を持つこと（Edge）

④常に言ったことを実行する力があること（Execute）

　松下電器産業（現パナソニック）の創業者である松下幸之助は，自著『指導者の条件』の中で，リーダーに望まれる102の条件を取り上げています。いくつか抜き出すと，志を持つ，人間観を持つ，私心を捨てる，自分を知る，使命感を持つ，正しい信念，権威の活用，公平である，先見力，説得力，感謝する，権限の委譲，衆知を集める，率先垂範，信頼する，人を育てる，目標を与える，覚悟を決める，即決する，見方をかえる，などです。（松下，1975）。

　リーダーに関連する本といっても直接はリーダーとは何かを述べず，自叙伝を記すだけの場合もありますが，その中からも様々なことを学べます。ただし，これらリーダー本の内容をすべて実践するのが良いリーダーではありません。多くのリーダーが言っていることを自分なりに解釈し，必要かどうかを考え，自分なりのリーダーシップを発揮していくことが求められるでしょう。

4.2　リーダーシップの種類

○　資質としてのリーダーシップ

　自分があるサークルに所属していると考えてください。そのサークルが一つにまとまって運営されるためには，リーダーが必要となります。リーダーとして3人が立候補したので，投票をすることになりました。仲が良いなど

の個人的な事情がなければ，誰がリーダーとしてふさわしいかについて考えることになりますが，そこで考える内容は何でしょうか。

どのような人がリーダーとなるのか，どのような人がリーダーとしてふさわしいかについては様々な研究がありますが，大きく分類すると，リーダーとしてふさわしい資質があると考える資質論（特性論）と，リーダーとしてふさわしい行動があると考える行動論に分けることができます。

資質論は，リーダーとしてふさわしい資質があり，それによってリーダーとしての能力が決まっていると考えます。資質は，人が生まれ持ったもので，後からは変えることができない先天的な資質と，人が成長する中で獲得した後天的な資質に分けることができます。たとえばリーダーにふさわしい血液型があると考えれば，それは先天的な資質論に該当します。

①先天的な資質：体格，性別，家柄，婚姻関係など
②後天的な資質：人格（勇気，責任感，忍耐力，決断力，判断力など），
　　知性（学歴，専門知識，洞察力，常識など），蓄積（技能，経験，経歴
　　など），その他（体重，風貌など）

リーダーシップと資質に関する研究は1920年代から行われましたが，リーダーシップにある程度資質が影響することはわかっても，決定的に関係する資質を見つけることはできませんでした。

その後1977年にハウス（R. J. House）が人を惹きつける資質としてカリスマ性（charisma）を取り上げると，1980年代からカリスマ議論が盛んになります（House, 1977）。実際にカリスマ経営者やカリスマ美容師などの言葉がありますが，カリスマ性とは何か，ということは，よく考える必要があります。実際に，カリスマ性を資質と見なさない研究も多く出ています。

資質論の特徴は，資質そのものが，その人に蓄積されたものだということです。先天的な資質は生まれた時点で決定されている部分が多く，変えることができません。後天的な資質も何十年と蓄積されて身につけたものであり，変えるのは容易ではありません。

このことは，リーダーシップについて，一つの問いを生みます。それは，誰もがリーダーとなることができるか，ということです。もしリーダーとしてふさわしい資質がわかるのであれば，人々の資質を調べて，必要な資質がある人だけをリーダーにすればよいということになります。資質は幼少期の教育や経験に依存するため，リーダーシップのある人材の育成とは，資質のある人に適切な研修を行うことになります。

○ 行動としてのリーダーシップ

資質論に対し，リーダーとしてふさわしい行動があると考える行動論は，誰でも行うことができる行動にもとづくため，多くの人に受け入れやすくなります。ただし，なぜそのような行動をするかは，その人の性格や経験に影響を受けることがあり，資質はまったく関係ないと言うことはできません。

レヴィンに代表される集団研究のグループ・ダイナミクスでは，リーダーシップを専制型，民主型，放任型に分類することが行われました。専制型はリーダーが仕事の指示を出し，従わせます。民主型はメンバーの意見を尊重し，まとめる形でリーダーが指示を出します。放任型はリーダーが指示を出さず，メンバーに自由に行動させます。

このとき，同じグループに異なるタイプのリーダーを配置して観察したところ，民主型は一体化度やメンバーの積極性，満足度，成果とも優れ，専制型は成果の面では民主型と同程度だがその他が低く，放任型はすべての面で他の型より低いという結果が出ました（Lewin et al., 1939）。

この分類を拡張したのが，ミシガン大学のリッカート（R. Likert）です。ミシガン大学の一連のリーダーシップ研究はミシガン研究と呼ばれますが，とくにリッカートの研究はリーダーシップを4つの管理システムと位置づけたことから，システム4とも呼ばれます。

その分類は，強い専制である独善的専制型，弱い専制である温情的専制型，弱い民主的な相談型，強い民主的な集団参画型です。成果との関係を調べる

と，独善的専制型がもっとも生産性や従業員満足が低く，集団参画型は生産性，従業員満足とも高くなりました（Likert, 1961）。

リーダーシップ研究においてミシガン大学と並び立ったのが，シャートル（C. L. Shartle）らのオハイオ大学で，一連の研究はオハイオ研究と呼ばれます。リーダーの行動を代表，対立的要請の調整，不確実性への耐性，説得力，構造づくり，自由の許容，役割の堅持，配慮，業績の強調，先見性，統合，上方志向に集約し，とくにその中でも，構造づくり（initiating structure）と配慮（consideration）の2つが大きな割合を占めていることを示しました（Shartle, 1956）。

構造づくりはメンバーの仕事に関心を持ち，目標達成のための構造づくりを行うことで，配慮はメンバーに人間的な関心を持って接し，メンバーの個人的欲求を満足させようとすることです。2つの要因に着目することから，リーダーシップの2要因理論と呼ばれます。

この理論を拡張した研究としては，ブレーク=ムートン（R. Blake & J. Mouton）のマネジリアル・グリッド（managerial grid；図4.1）や，三隅二不二のPM理論（図4.2）があります。いずれも2つの要因の両方を重視して行動するリーダーが望ましいと考えます。

○ リーダーシップのコンティンジェンシー理論

これまで取り上げた理論はリーダーにふさわしい資質や行動は何かを探求するものでしたが，状況によってそれは変わるのではないかという研究が行われました。条件に応じて適切な管理は異なるという考えは，第2章で述べたように，コンティンジェンシー理論と呼ばれます。

資質理論を考えると，たとえば，大企業とベンチャー企業において，経営者に必要な資質は異なる可能性があります。ベンチャー企業においては，リスクを好み，成功への執念を持ち，未来志向である経営者が望ましいとされますが，大企業の場合に過度にリスクを好む経営者が良いかどうかは疑問で

(出所) Blake, R., & Mouton, J.（1964）*The managerial grid: Key orientations for achieving production through people*. Gulf Publishing, Houston, Tex, p.10 をもとに作成

図4.1　マネジリアル・グリッドのリーダータイプ

4.2 リーダーシップの種類

	M (高い)	pM (人間重視)	PM (両方に優れる)
	m (低い)	pm (両方に劣る)	Pm (仕事重視)
		p (低い)	P (高い)

集団維持機能 maintenance

課題達成機能 performance

(出所) 三隅二不二（1966）『新しいリーダーシップ――集団指導の行動科学』ダイヤモンド社，p.128 をもとに作成

図4.2　PM 理論のリーダータイプ

す。

　あるいはチームリーダーについても，高度な決断をしなければならないチームでは知的能力や決断力を持ったリーダーが必要ですが，そうでないチームであれば，忍耐力など，別の資質が必要となるかもしれません。

　これは，行動理論についても同様で，フィードラーは，過去もっとも一緒に仕事したくない人についての好意度を測り（LPC 法；Least Preferred Co-worker scale），好意度の高い人を関係動機づけリーダー，好意度の低い人をタスク動機づけリーダーと分類して調べた結果，メンバーへの配慮が必要な状況と，メンバーの参加が必要な状況であれば関係動機づけリーダーが，それ以外であればタスク動機づけリーダーのほうがよいことを示しました（Fiedler, 1967）。

　またハーシー=ブランチャード（P. Hersey & K. Blanchard）のリーダーシップの状況理論（SL 理論；Situational Leadership model）では，部下の目標達成意欲，責任負担の意思と能力，集団における経験といった部下の成熟度によって，ふさわしいリーダーの行動は変わるとしています（図4.3）。部下の成熟度が高いときは，リーダーは協労的行動と指示的行動が低いスタイル，つまり委任が望ましくなります。

　さらに，リーダーシップはメンバーの目標（ゴール）を達成する道筋（パ

協労的行動 高		参加的	説得的	
協労的行動 低	委任的			教示的
	指示的行動 低		指示的行動 高	
	部下の成熟 高	部下の成熟 中	部下の成熟 中	部下の成熟 低

（出所）　Hersey, P., & Blanchard, K. (1977) *Management of organizational behavior: Utilizing human resources*. 3rd ed. Prentice-Hall, Englewood Cliffs, NJ, p. 170 をもとに作成

図4.3　部下の成熟度に応じた望ましいリーダー行動

ス）を示すことであると考えるハウスの**パス・ゴール理論**（path-goal theory）では，部下の要因に加えて，業務の内容，現在の状況などの環境要因が影響を与えるとしています。

　具体的には，①繰返しの定型業務では，メンバーの感情に配慮する支援型のリーダーシップ，②部下が成熟し，かつ時間的余裕があるならば，リーダーとメンバーが一緒になって考える参加型のリーダーシップ，③非定型業務で時間的余裕がなければ，明確に指示を出す指示型のリーダーシップ，④難易度の高い業務では，高い目標にメンバーを向かわせる達成志向型のリーダーシップが適切であるとします（House, 1971）。

　このことから，どのようなリーダーがよいのかを考える際には，組織のメンバーと向き合い，組織がどのような状況にあるかを考慮することが必要となります。

4.3　リーダー像の変遷

○ 交流型のリーダーシップ

　リーダーシップ研究は資質や行動面で，様々な要因が取り上げられていきます。資質面では情熱を持つこと，高潔であること，リスクをとること，好奇心を持つこと，度量があること，人を信頼すること，前向きなこと，なかにはユーモアがあることなども指摘されています。行動面では，率先して行動すること，何事からも学習すること，バランスをとること，自己改革に努めること，人間関係に流されないことなどが指摘されています。

　それらに加えて，1970年代から着目されるようになったのが，フォロワーとの関係です。リーダーは部下への敬意を持つ，部下との良好な関係を確立する，周囲へ存在感を与えるなど，フォロワーとの関係を考慮する必要が

あるという指摘が行われます。このようなリーダーとフォロワーの関係にもとづくリーダーシップは，交流型のリーダーシップと呼ばれます。

　リーダーシップは，リーダーがフォロワーをどう扱うかで決まるということからさらに一歩進んで，フォロワーがリーダーとどのような関係にあり，フォロワーがリーダーをどのように認知するかによって決まると指摘したのが，リーダーシップの帰属理論です（Calder, 1977）。

　信頼蓄積理論では，組織の中で実績を積み上げるなどをした人に対して，周りの人が信頼を蓄積していくに従って，フォロワーがその人をリーダーとして認めるようになると考えました（Hollander, 1978）。

　グリーンリーフ（R. K. Greenleaf）のサーバント・リーダーシップ論では，フォロワーはリーダーに仕えるのではなく，リーダーが自分たちに奉仕すると思ったら従うと考えます。そのためサーバント・リーダーに必要な条件は執事としての役割です。人の言うことをよく聞き，人に共感し，悩んでいる人を癒し，説得し，尽くすことで人の成長を促すことが要求されます（Greenleaf, 1977）。

　EQ リーダーシップ論では，仕事の内容などにより適切なリーダーシップのスタイルは異なるが，自分の感情をコントロールし，他人の感情を読み取る情動面の能力 EQ（Emotional Intelligence Quotient）をリーダーが持つことによって，各種調整を行うことができるかが重要であると考えます（Goleman et al., 2002）。

　注意したいのは，フォロワーによる理想の上司と，組織にとっての理想の上司は異なるということです。毎年春頃に，有名人が上司となるとしたら，誰が理想かという調査が行われます。そこでは戦国武将や芸能人の名前と，楽しそうだから，問題が起きたときに守ってくれそうだから，明確な指示を出してくれそうだから，という理由が挙がります。

　しかし，組織の観点からは，時には部下に対して非情になることが必要かもしれません。部下が手取り足取り教えてほしいと思っても，上司の仕事を見て勉強しろ，と突き放すことがあります。自分で考える力をつけるために

は，試行錯誤し，時には挫折する経験を味わうことも必要だからです。フォロワーによってリーダーシップが決まるとしても，フォロワーのご機嫌をとることではなく，組織のことを考え，その中でフォロワーに受け入れられるリーダーシップを発揮することが重要です。

○ トップの創造と変革型のリーダーシップ

　同じリーダーであっても，組織の経営者（トップ）と中間管理職（ミドル）では，影響の範囲が異なるため，求められるリーダーシップが異なってきます。トップは組織全体を管理するため，組織全体を動かさなければなりません。一方ミドルは，自分の部下を動かしますが，それは組織全体の一部であることを考慮する必要があります。

　このとき，トップに重要なのは，企業の目標や将来についての方向性，将来像（ビジョン）を指し示し，それによって従業員を行動させようとする，ビジョン創造のリーダーシップです。リーダーがビジョンを示すことに関しては早い時期からその重要性が指摘されています。

　たとえばセルズニック（P. Selznick）の制度的リーダーシップ理論（institutional leadership theory）では，トップの価値観やビジョンを組織に組み入れることでメンバーが動かされるとし，その組み入れる力を制度的リーダーシップと呼びました（Selznick, 1957）。経営計画，構造改革，業績評価システムなどの管理活動や，会議や報告や決済の承認などの日常的な活動で，ビジョンや価値観の発信を行い，あるいは意識的に一貫した行動をとることで，組織のメンバーはその価値観にもとづいて行動するようになります。

　1980年代には，組織が大規模化し，硬直化する中で，フォロワーとの内の関係よりも，環境という外の変化に直面して組織を動かすリーダーシップを発揮することができるかどうかが重視されるようになりました。それは組織全体の方向を示すビジョンをリーダーシップとして再評価する研究，そして組織を環境に合わせて変革するために必要なリーダーシップの研究をもた

らしました。

　この組織を変革するときに必要なリーダーシップは，交流型のリーダーシップに対して，変革型のリーダーシップと呼ばれます。変革型のリーダーは，使命感に燃え，パワフルで，高い自己実現欲求を持ち，部下に目的や価値観を吹き込み，部下を奮い立たせることができる人です。

　またシャインは，組織の価値観，組織文化（第7章参照）の形成者としてのリーダーの重要性を指摘しています。組織文化とリーダーシップは表裏一体であり，組織が変わるためには組織文化が変わる必要があるが，それには組織に合ったリーダーシップを組織に及ぼすことが必要であるとしています（Schein, 1985）。

　経営者の仕事を観察し，それにより経営者に必要な能力を探ったミンツバーグ（H. Mintzberg）は，経営者の業務は大部分がルーチン・ワークで，儀式や交渉の立ち会いが多く，雑務に追われていて，経営者にとって重要な仕事に時間を取れていないことを指摘しました。そのため，経営者に必要なのは時間を創造する能力であると述べています。また経営者のリーダーシップは，外面的な指示だけでなく，その態度や教養，思想など，見えない部分でも発揮されていると指摘しています（Mintzberg, 1973）。

○　ミドルの部下を育てるリーダーシップ

　ミドルは組織の中で上と下をつなぐ結節点であり，情報の流れで見ると，上から下りてくるトップダウンと下から上へ上がっていくボトムアップを調整する存在です。組織全体の目標がトップから与えられると，それは部門ごとに細かな目標へと分けられます。それを受けてミドルは部下を方向づけるように個々の目標を設定します。このとき，上から押しつけるのではなく，部下の個々の状況や能力などの情報を下から入手し，上からの情報と調整することになります。

　組織では課長や部長など上のほうの管理職へと昇進していくにつれて，部

下との距離が開き，部下の数が増えて，直接影響を及ぼせなくなります。また昇進すると広範囲からの協力が必要となり他部門と調整することも増え，そのときもリーダーシップを発揮することが求められます。よって昇進するに従って，垂直方向への強いリーダーシップと，水平方向への範囲の広いリーダーシップが必要となります。

トップと同様に，ミドルにとっても創造や変革のリーダーシップは必要です。それは組織の中で，創造や変革の実体を担っているのが，ミドルであるためです。しかしもっともミドルに求められているのは，部下との距離が近く，部下を直接指導することから生じる，部下の成長を伴うリーダーシップです。

この育てるという考え方に立ち，スポーツにおける選手の育成を取り入れた理論がコーチング（coaching）です。コーチングは既存のリーダーシップ論やモチベーション論を取り入れていますが，聞く，質問する，承認するなどのテクニックを用いて，部下と上司の信頼関係を構築し，部下を育てる上司のリーダーシップを発揮することを目指します。

高橋（1996）は，部下を育てる上司は，自分がやったほうが早い仕事も含めて多くの仕事を部下に与え，仕事の優先順位をつけさせ，何をすべきか決断させると述べています。それにより，上司の指示を守らない仕事のやり過ごしが起きますが，それは必要な仕事を選別した結果起きたものであるとしています。

ただし，そのような仕事の与え方は，仕事の失敗を生む可能性も増やします。そこで失敗について責任を負い，さらに上の上司と折衝する尻ぬぐいができることが，部下に受け入れられる条件となります。このような方法も，部下の成長を促すリーダーの一つのあり方と言えます。

さらに，セルフ・リーダーシップ理論（self-leadership theory）のように，管理者の立場にあるからリーダーシップを発揮するのではなく，組織のメンバーそれぞれがリーダーシップを発揮することが必要という考え方もあります（Manz & Neck, 1998）。

このように求められるリーダーシップは多様化しており，変革力やコーチング力のほか，会議を効果的に行うファシリテーション力，プロジェクトを運営し成果を出すプロデュース力など，目的に合わせて必要なスキルを習得するリーダー教育が行われるようになっています。

○ パ ワ ー

人を率いる力としてのリーダーシップに対して，人が他者を思い通りに行動させる力，目的を達成する際の障害を排除する力をもとに組織内の関係を分析する研究があります。このような力をパワー（権力）と呼びます。パワーの源泉として，以下の種類があります（French & Raven, 1959）。

①正当性のパワー：地位によって与えられる
②報酬のパワー：他者が欲しがる資源を所有しそれを与えることができる
③強制のパワー：制裁を科すことができる
④専門性のパワー：専門的な情報や知識が多いことから生じる
⑤同一性のパワー：相手と同じになりたいと思わせる。尊敬されたり，価値観の浸透を図ったりすることで生まれる

これらのパワーを持つ人は，他者がやりたいかやりたくないかにかかわらず，強制的に行動させることができます。報酬のパワーおよび強制のパワーはプラスまたはマイナスのインセンティブによって人を動かすことで，管理者は一般にそれを与えることができます。また管理者は組織の中で経験を積んで様々な知識を持ち，組織の価値観を教える立場です。そのため，管理者は人を動かすことができます。

パワーについては，組織が公式に認め，行使する範囲が特定化している「権限（authority）」と，公式なものではなく，範囲が不特定な「影響力（influence）」があります。大きな影響力を持つ人は，自分の部下だけでなく，組織の広い範囲を動かしますが，非公式なだけに，組織に予期できない影響

を及ぼすこともあります。

　管理者はリーダーシップだけでなく，パワーの視点で考えることで，より組織のメンバーの管理法について検討することができます。

演 習 問 題

　4.1　直接の知り合いやテレビで見た人など今までに出会った人の中から，リーダーシップがあると思った人，あるいはこの人になら従いたいと思った人を思いうかべてください。そしてなぜそう思ったかについて，具体的に分析してみましょう。

　4.2　自分が野球部の監督になったとして，どのようなリーダーシップの発揮の仕方があるか，列挙してみましょう。

5.2 生産オペレーション・プロセス管理の目標と諸活動

○ 生産オペレーション・プロセス管理

　生産活動は開発部門で作成された設計図面を「もの」として具現化を行うプロセスと見なすことができます。このプロセスは，職人や陶芸家のように，1人が作ろうとするものを考え，それを製作していく場合もありますが，一般的な製品の場合，複数人が作業（タスク）を分けて，いくつかの手順を踏んで作っていきます。

　まず，生産現場ではあらかじめ材料を加工する順序や，部品の組立の順番，適切な組み付け方法，必要な人員と配置，所要される時間などを考慮し，工程と呼ばれる作業単位を作ります。これと同時に工程の順番や配置を決めます。これを工程編成もしくは生産ライン編成と呼びます。この際，設けた各工程に必要とされる設備や道具の配置，部材の置き場，部品や素材の補充方法などを考慮しなければなりません。このように，もっとも効率的な配置や順番を模索する活動を生産エンジニアリングと呼びます。

　生産工程の編成の際には，以下の3つの要素のバランスをとることが重要になります。第1は，一つの工程におけるタスクの量と作業員や設備の能力とのバランスです。すなわち，適切な分業単位の設定が必要となります。この意思決定は，作業に関わる人員や時間，建屋（工場）のレイアウトや面積などに制約されます。タスクをあまり細かく分けると，ラインが長くなってしまい，製造プロセス中の仕掛品（製造途中の半製品）が増えることになります。逆に，極端にタスクを統合し，一つの工程で行うタスクの量を多くしてしまうと，作業員が覚えなければならないタスクが増えてしまい，かえって負担となり，品質の低下を招く恐れもあります。

第2は，ヒトと機械とのバランスです。一般的に，生産量やコスト，安全性，労働強度（作業によって労働者が受ける肉体・精神的な疲労度）の程度によって，機械や作業員の配置と組合せが決まります。人間の作業を機械に代替することを自動化（automation）と言います。自動化は大量生産体制に適した管理手法で，量産効果を得ることが可能になります。

しかし，単に人手の代わりにタスクを機械に代替するという安易な考え方では自動化の成果を享受できなくなります。なぜなら，機械が同じ作業しかできないことによる生産の柔軟性の喪失や，機械の故障・不具合による現場の混乱のために，逆に生産性を低下させることもありうるのです。1990年代前半，世界の自動車メーカーを対象に自動化と生産性との関係について行われた国際比較研究によれば，各々の工場の状況や目的，全体の生産システムとのバランス関係を考慮して自動化を行わないと自動化の成果を得ることは困難であると報告されています（Shimokawa et al., 1997）。自動化においては，「ヒトと機械（設備）」との間の役割分担をどのように行うかが重要となるのです。

第3は，工程間のバランスです。工程編成の目的は淀みのない流れを作ることです。そのためには，工程間で作業量や労働強度を一定化する必要があります。もし，工程間で作業量や労働強度にアンバランスが生じると，負荷がかかった工程がボトルネック（以降の作業進行が滞る原因）となり，全体の生産プロセスに乱れが発生します。

工程間の関係設定の一つの目安は，各工程におけるタスク間の相互依存性（相互連携）の度合いです。タスク間の相互依存性が高ければ一つの工程にすることもあります。逆に，タスク間の相互依存性が低い場合，一つの分業単位としてメインラインから切り離し，別の作業ラインで行うことがよく行われます。これをサブアセンブリー（sub assembly）と呼びます。サブアセンブリーはメインラインにおける作業の複雑性の軽減に貢献すると同時に，工程間の負荷を均等化する機能を持っています。

工程管理は生産計画と生産統制で構成されます（藤本，2001）。生産計画

（production planning）には①製品別に生産が完了する日時・時刻の予定を作る日程計画，②加工プロセスにおける工程の順序，加工方法，工数計画（loading；ヒトや設備の負荷と生産能力のバランスを保つ）などを決める手順計画（routing），③生産加工に必要とされるインプットの計画（人員・設備・材料計画）が含まれます。

生産統制（production control）は，生産計画通りに実行するために，日常的に，必要とされる作業をコントロールすることです。作業員への生産計画の伝達，問題が起きたときの原因追求，是正活動，作業準備，作業の進捗状況と計画との乖離を監視・管理などが，生産現場の管理者（職長）によって行われます（藤本，2001）。

○ 生産オペレーション管理ターゲットとその意義

企業の競争力は市場で評価される指標だけではありません。藤本（2003）によれば，企業の競争力は「表層の競争力」と「深層の競争力」に分けてみることができます。表層の競争力とは「特定の製品に関して顧客が直接観察・評価できる指標のことで，価格，知覚された製品内容，納期など」を指し，深層の競争力とは「顧客から見て直接観察できないが表層の競争力を背後で支える生産性，開発および生産リードタイム，開発工数，設計品質など」を指します。

前者は顧客が評価する指標であり，後者が市場の競争力を支える指標となります。深層の競争力の向上をめぐる企業間競争が，顧客には見えないところで行われます。この観点で見ると，現場のオペレーション管理とは深層の競争力の強化・維持に取り組む活動です。深層の競争力，いわゆる工場レベルでの競争力を評価する重要な指標が品質（Quality），コスト（Cost），納期（Delivery）です。これをQCDと呼びます。「強い現場」と呼ばれるのはQCDの達成レベルが高いことを表します。この3つの指標は企業の市場競争力を支えるもので，管理目標となっています。

では，現場ではどのように QCD を管理しているのか見てみましょう。

○ 品質管理（Q）

品質とは何でしょうか。品質は広義の意味では，「製品に体化された性能，機能，デザインなど，明示的または潜在的な顧客のニーズを満たし，顧客満足を生み出すあるものの総合」と定義されます。そのため，品質の概念は多義的で，その測定も必ずしも明確にできないものもあります。たとえば，ノートパソコンの場合，ハードディスクやメモリの容量，伝送・処理速度，接続可能メディアの数や種類など，製品仕様は比較的明確に示されますが，デザインやキーボードの手触りのように個人の感性によって評価が分かれるものは特定の指標や言葉で表すことが困難です。

このように品質の測定の難しさはありますが，多くの製品やサービスの品質は，性能，機能，デザイン性，信頼性，耐久性など，様々な製品の側面が総合的に評価されます。そのため，顧客によって各々の品質の評価軸に対して求めるレベルや優先順位が異なります。たとえば，同じ携帯電話でもある人はデザイン性を，ある人は使いやすさを，ある人は通信感度を重視します。

品質管理を考える際には，製品開発プロセスを経て市場で顧客によって評価される総合品質（total quality）を設計品質（design quality）と適合品質（conformance quality）に区別して考える必要があります（図5.2）。

ここでいう設計品質は，製品や工程の設計段階で目標として意図された製品の機能や性能，デザインなどのことです。それに対して，適合品質は製品が顧客に渡されるとき，その機能と外観などが設計図面通りに実現されているかどうかを示すものです。適合品質は製造プロセスで実現されるため，製造品質（manufacturing quality）ともいいます。

設計品質が製造段階で正しくても，製造プロセスで正確に実現されず，「設計と現物」間の乖離が発生する場合，欠陥のあるもの，すなわち不良になります。不良は，市場出荷前の工程で見つかる内部不良と，市場に出荷さ

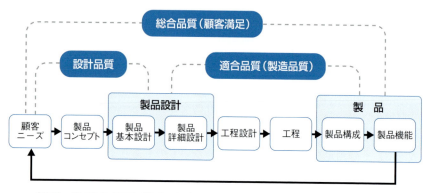

(出所) 藤本隆宏（2001）『生産マネジメント入門Ⅰ』日本経済新聞社，p.248 より
(注) □は情報資産（ストック），→は情報処理の流れ（フロー）を表す。■は
情報内容のマッチングとしての品質概念（設計品質・適合品質・総合品質）を表す。

図5.2　製品開発プロセスにおける品質管理領域

れた後に自社で発見した，または顧客のクレームなどで発見される外部不良に大別できます。内部不良が発生すると，生産途中の半製品や出荷前の製品の手直しや再検査，廃棄処分の処置がとられるため，コストアップにつながります。また，外部不良の場合，弁償，交換，回収，点検などの直接的なコストがかかるだけでなく，企業全体のイメージや信頼度などにも大きな損害を与えかねません。

　言い換えれば，品質管理は内部および外部不良の発生を抑止するため，生産現場で目標品質を維持・向上させる活動です。不良を抑制するために，作業の途中に異常が発生すると直ちに生産ラインを止めるラインストップ制や手直し，設計変更などが日々行われています。また，仕入品の搬入の際の品質検査（部品の受け入れ検査），過去に生産された製品の不良個所や状態に関するデータの収集（品質データ収集・分析），試験設備の定期的な点検（予防保全），不良品をゼロに抑えるための従業員に対する指導（ZD運動；Zero Defects）などの予防活動を行っています。

もちろん，これらの活動にはコストがかかります。顧客が満足する品質のレベルとかけ離れた過剰な機能追加や予防のための高性能化は過剰品質を招くと同時に，余分なコストを発生させます。品質のレベル（顧客の許容範囲）とコストのバランスをとることが重要です。

　最近では，品質管理システムや品質保証，顧客満足を維持するためのマネジメントの手順や管理体制などを，スイスに本部がある国際標準化機構（International Organization for Standardization；ISO）が認定するISO9000シリーズが広く普及しています。企業活動において，ISOシリーズは取引のための資格のようなものとして近年認識されているものの，ISOの取得は品質管理の手続きに関するもので，実際の個々の製品の品質を保障するものではないことに注意しなければなりません。

○ 原 価 管 理（C）

　原価管理は製品コストを管理する活動です。原価管理は市場価格を所与として，確保すべき目標利益に達するために，原価をどのように，またどの領域の原価を抑えるべきかを明確にすることから始まります。

　すなわち，下の利益予算公式

　　売上高－ 目標利益 ＝許容原価

に示されるように，原価を積み重ねて利益を上乗せする形ではなく，売上高から確保すべき目標利益を先取りします。

　原価管理ではこの目標利益を確保するために，許容原価を割り出し，さらに，それを開発と製造プロセスに分割していきます。そして標準操業度の状況で，標準作業方法を使って，標準の能率（生産性）と標準の原価率（要素価格）を適用して算出される標準原価と，現実にかかったコスト（材料費，労務費，製造経費（外注加工費，工場の減価償却費など））である実際原価との差異を測定し，修正活動を行っていきます。

原価管理は，開発，購買，生産，コスト管理など様々な部門が集まって，製品の企画段階から始まります。まず，新規設備投資費用と標準製造原価が検討されます。その後，標準原価のさらなる低減活動が行われます。そこではたとえば，VA（Value Analysis；価値分析）と VE（Value Engineering；価値工学）を用います。これらの手法は，顧客に提供される価値（V）は「機能（F）÷コスト（C）」の関係にあるとし，いかにコストを抑え，高品質の製品を顧客に提供するかを工夫する組織的な取り組みです。具体的には，発注先の変更，設計変更，仕様改訂，材料代替，レイアウトの変更などが実施されます。設計段階の改善を VE，生産段階のコスト低減活動を VA と分ける場合もありますが，本質的には同じです。

原価管理は単なる費用の勘定ではなく，生産を中心として，開発，購買などの諸部門間の緊密な連携を通じて，適切な目標値を維持・監督・達成していく活動であるといえます。

○ 納期管理（D）

ほしいものをほしい数量だけ，ほしい時に手に入れるためには，納期管理が必要です。消費者の立場から見ると，納期はある特定の製品やサービスを注文してから実際に届くまでの期間です。顧客がどのくらいの納期まで認めるかは製品によって違います。たとえば，自動車や家具，住宅のように，注文から一定の時間を経過した後に届くものもあれば，カップラーメンや清涼飲料のようにすぐ店で買えるものもあります。製品の納期は生産形態によって左右されるため，顧客が求める納期をどのように生産活動と連動させて考えるがポイントになります。

納期と関連して生産形態は見込み生産と受注生産に大別できます（図5.3）。たとえばスーパーやコンビニエンスストアでは，棚に並んだ商品在庫の中から顧客が買った後に商品を補充する形で在庫を管理しています。その場合にはあらかじめその時期の必要量を予測して生産を行うことになりま

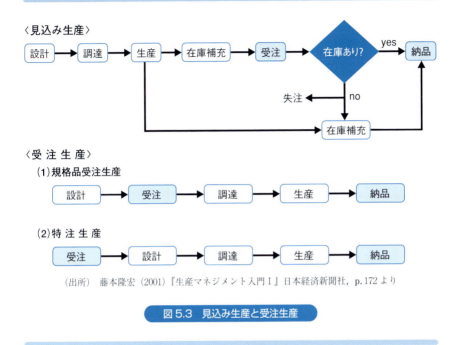

(出所) 藤本隆宏（2001）『生産マネジメント入門Ⅰ』日本経済新聞社，p.172 より

図5.3 見込み生産と受注生産

す。このような需要予測にもとづく生産形態を見込み生産と呼びます。販売店が補充分を発注してから店に届くまでの納期と，生産期間（生産リードタイム）は連動しません。見込み生産ではいかに正確に需要予測を行うかが重要になります。もし，需要予測を間違えると，売れ残って不必要な在庫を抱えることになったり，品切れになって販売機会を損失することになってしまいます。

こうした無駄や損失を防ぐには，できるだけ生産から販売時点までの時間を短くし，必要な量を供給する必要があります。すなわち，生産リードタイムの短縮が鍵となります。このような短縮活動の発展手法として，第12章で述べるサプライチェーン・マネジメントがあります。

これに対して，製品を設計し，その製品の注文を受けてから生産を開始して一定の期間後に納品する生産形態が受注生産です。受注生産は顧客の注文

情報をベースに生産活動を行うことになります。実際には，受注後に一から生産を始めるわけではなく，需要量を見込んで必要とされる量をある段階まで生産しておき，顧客の注文があった時点でその後の分を加工・組立し，納入する形をとります。

　たとえば，モスフードサービスが展開するモスバーガーでは，顧客の注文を受けてからハンバーガーを作り始めます。しかし，ハンバーガーに使われる野菜やパンなどに関しては，予測販売量にもとづいてあらかじめ仕込んだものを使います。このように，ある程度の段階までは見込み生産を行う受注生産を規格品受注生産（見込み設計→受注）と呼びます。

　一方で，F1 の自動車の部品や NASA の宇宙飛行船の部品のような特殊な製品は，ほぼ完全な受注生産の形態をとっています。この形態は受注を受けてから設計をし始める特注生産です。

　市場が要求する納期に受注生産でどのように対応するかは，生産現場における工程管理と密接な関係にあります。発注から納品までの期間を設定する際には，所要人員，部品や材料の調達期間と生産期間を逆算して生産計画を立てる必要があります。また，顧客の突然の要望変更とキャンセルなど，需要変動に対応できる柔軟性のある生産体制と部門間の連携が求められます。さらに，見込み生産と受注生産とも，納期管理のためには材料や部品の適切な在庫管理が必要となります。

5.3　資源管理

◯ インプットの管理

〈ヒトの管理〉

　企業におけるヒトの管理は，生産活動に直接関わるライン部門に対するも

のと，それを支援するスタッフ部門に対するものに分けられますが，一般的に生産現場でのヒトの管理は，生産活動の第一線に携わるライン部門の作業員に対する管理を指します。

　生産現場におけるヒトの管理の目的はオペレーションが行われる現場の能力，さらには企業の競争力の向上にあります。そのため，ヒトに対する管理では主に従業員のモチベーションの向上のための活動と，個別作業員のスキルや機能向上のための教育，能力開発活動が行われています。

　(1)　**モチベーションの向上のための活動**：ヒトは他の資源とは異なり，感情を持って主体的に意思決定を行う存在であり，同時に学習する資源です。そのため，現場活動を担う作業員のモチベーションをどのように向上させるかが現場管理の重要な課題になります。

　第3章で説明したように，モチベーションは単に金銭的なものよりも，行動科学でいうように従業員が所属している集団の人々との関係や心理的な要因，価値判断などにも影響を受けます。この点で，現場のヒトの管理は報酬システムのみならず，精神的な満足感を与え，やる気を出させるように，仕事の内容や仲間との関係などを管理することが大事であり，それを仕掛ける仕組みの構築が必要になります。それらの仕事は現場監督者や中間管理職の主な役目です。また，雇用体系，昇進制度，福利厚生，職務配置などの多面的な要素がモチベーションに影響を与えるため，組織の制度的な面を整備しなければなりません。

　(2)　**作業員のスキルや技能向上のための活動**：作業員の技能（スキル）を向上・維持し，現場の力をいかに保つかは，作業員への教育および学習にかかっています。生産現場ではオペレーション活動を効率よく行うために，仕事に必要な技能の内容と設備・道具の管理方法，使い方などに関する教育内容や目標を定め，それを従業員に身につけさせる教育を行っています。

　代表的な教育形態は OJT と Off-JT と呼ばれる学習です。まず，OJT（On the Job Training）は現場での実践的な仕事を通じて学習させ，能力形成を図る体験学習を指します。OJT は学習する人間にその成果を早く知らせ，

問題点や相違を自覚させることで，業務知識や判断能力，組織の慣行などを感じ取らせることができます。次に，Off-JT（Off the Job Training）は一般的に「研修」と呼ばれるものです。研修は業務知識の伝達の側面が強いですが，この活動は出会った社内の人とのネットワーク（同期）を形成させる効果があります。

　また近年は，長期的な観点で個人の能力開発を見据えた人材形成を行うことが注目されています。たとえば，様々な仕事に取り組めば，より自分に見合った仕事を見つけ，十分な能力を発揮することができます。そのため，最近は部署間および事業所間，職種間の異動，企業グループ内の出向などを通じて，多様な仕事やより高度な仕事を経験できる機会を従業員に提供し，従業員の能力開発を促進させようとするキャリア管理が行われています。

　最近，日本のものづくり現場では，作業員の技能形成や管理と関連して大きな問題が浮き彫りになっています。これまで現場作業員の育成については，一つの仕事を行う単能工ではなく，複数の技能を身につけ，多様な仕事に対応できる多能工の育成を目指す企業が少なくありませんでした。しかし，このような技能を持つ団塊世代の大量退職によって，現場における技能レベルの低下や空洞化が懸念されています。一方で，パートタイマー，アルバイト，契約社員，派遣社員など雇用体系の多様化や異なるバックグランドを持っている従業員が増えることにより，従業員世代間の技能の伝承や学習が以前より難しくなってきています。

　こうした中，社内技能伝承チームなどの社員の世代間コミュニケーション活性化や教育・研修の強化による学習の場の創出，定年延長やベテラン社員の再雇用などを通じて，競争力につながる技能を社内確保しようとする動きが活発になりつつあります。

〈設備・在庫管理〉

　生産中に万一起こりうる機械停止やトラブルを事前に防ぎ，安定した品質の維持のために，設備に対する定期的な点検やメンテナンスが行われていま

す。これを保全・保守業務といいます。5分のライン停止でも大きな損害につながることがあります。保全・保守業務は一見単純に見えるかもしれませんが，それは現場の作業員の技能に大きく依存します。

次に，円滑な生産活動を行うために欠かせない業務が，部品や材料および仕掛品の管理です。これらの在庫を多く抱えると，余分な在庫のコストと保管コストが伴います。逆に，在庫が少ないと，急な需要変動による生産量の増加や工程トラブルによるライン停止などに対応できなくなる可能性があります。また，材料の仕入れ時の品質を保つための保管場所と方法への配慮も必要です。そのため，適量の在庫を計算し，維持・管理する在庫管理が要求されます。

○ アウトプットの管理

〈完成品に対する管理〉

生産プロセスを経て生産された完成品を出荷し，顧客に届けるまで，品質を維持するための適切な完成品在庫の管理が必要になります。その管理は上述の在庫管理と基本的に変わりませんが，製品によっては保管場所，保存方法などに注意を払わなければならないものもあります。とくに，鮮度が商品性に直結するビールの場合は，物流時間や保管方法なども考慮しなければなりません。また，かさばる物や大型製品の場合，できる限り小さな単位で，短期に納入する方法がとられています。いずれにしても，出荷場や物流センターと市場（販売先）との密接な情報のやり取りが必要になります。近年は情報技術を利用して，リアルタイムで在庫や物流情報を体系的に管理する企業も多くなっています。

〈学習による知識と経験の管理〉

生産活動を通じて生み出されるのは製品やサービスだけではありません。生産活動を繰返し行い，累積生産量の増加や時間の経過につれて，生産に関

する様々なノウハウや作業手順，道具・設備の使い方などが作業員に体得されます。このようにして，人に蓄積される知識によって生産方法が改善され，生産性が向上する効果を，学習効果（learning effect）と呼びます。

　生産活動によって付随的に獲得される経験やノウハウ，熟練などは暗黙知に近いものが多いのですが，それをマニュアル化やOJT，社内技能教育などを通じて広く学習でき，共有され，伝承される仕組みの構築を通じて組織力に変えていく活動も現場管理の一つと言えます。

　生産現場の管理は「ヒトとヒト」また「ヒトと機械」間の分業のあり方とその活動を統合する活動であると同時に，生産に関わる情報をどのように伝播するのかというコミュニケーション管理プロセスとして理解できます。これら2つの管理は別物ではなく，表裏一体のものです。市場状況と現場の状況をモニターし，問題を発見し，解決できるようにするためには，人や機械を配置するだけでなく，現場の従業員と中間管理職，さらに経営者層とのコミュニケーションを図る仕組みが要求されます。

5.4　現場管理ツールと改善活動

○ 管理サイクルと改善活動

　現場では，当初立てた目標を達成するために，生産プロセスを常に管理，統制する必要があります。しかし，途中で問題に直面し，紆余曲折を経て目標が達成される場合も少なくありません。そのため，計画目標値と達成値を常に比較し，進捗状況をチェックしながら目標達成を図ることと同時に，経験から問題を明確にし，学習し，次に生かすことが必要です。そのために用いられるのが管理サイクルです。

　管理サイクルは1950年代から現場の諸活動を統合・管理するために導入

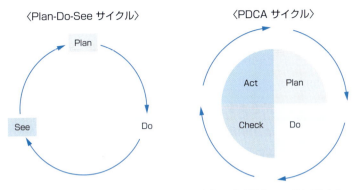

(出所) 高橋伸夫 (2007)『コア・テキスト経営学入門』新世社, pp. 228-229 より

図 5.4 Plan-Do-See サイクルと PDCA サイクル

されました。管理サイクルは Plan-Do-See と PDCA 管理サイクルが広く使われています。前者はあらかじめ計画を立て (Plan), それをもとに行動・実施し (Do), その結果を計画通りになっているかどうかを統制・監視 (See) します。そしてそれを繰返し行います。

PDCA 管理サイクルは品質管理の重要性を主張したデミング (W. E. Deming ; 第 14 章参照) によって普及したもので, 現場活動の失敗や成功から得られる学習成果を用いて既存ルーチンを改善することに重点が置かれた管理サイクルです。つまり, Plan (計画) → Do (実施) → Check (監視) → Act (改善) → Plan → Do ……の管理サイクルを繰り返すことで, 現場の状況と問題を明確にし, 既存のルーチンの改善を図ります (図 5.4)。

外部環境や現場の変化が速ければ速いほど, 既存のルーチンが機能しなくなる可能性があります。そのため, 現場では環境変化に適応しつつ, 既存のルーチンを継続的に改善していく必要があります。改善というのは, 組織があらかじめ決めた作業の手順や方法などの標準の改訂や, 目標の修正を意味します (Juran & Gryna, 1988)。

改善活動のやり方は，欧米企業によく見られる専門家中心のトップダウン型と，日本企業が多く採用している現場作業員によるボトムアップ型があります。前者は作業のムリ・ムダ・ムラ（uneven）をなくして仕事の価値を高めるIEという手法が中心です。これに対して，「日本型」改善活動は，現場作業員の知恵や学習，提案を吸い上げ，組織の力を継続的に変えていく仕組みと見なすことができます。たとえば，現場リーダーと現場作業員によるQCサークルのような小集団活動が代表的な例です。

QCサークルは従業員の自主的な活動として現場作業単位の班や組ごとに組織化され，行われます。そこで，現場リーダー（組長）が中心となって，日々の作業活動から得た経験をベースに，問題を発見し，現状を分析し，より効率的な作業方法を考案し，提案します。それをテストした後に，事業所にそれが採択されると，標準作業方法の改訂が実施されます。

○ 効果的な現場改善管理ツール

生産オペレーション管理を効率的にかつ効果的に行うには，どのようなことをすればよいでしょうか。ここではもっとも効率的な生産システムとして注目されている，トヨタ自動車のトヨタ生産システム（TPS；Toyota Production System）の骨格になっている現場の管理ツールを取り上げて考えます。

TPSは，「自働化」と「JIT（ジャスト・イン・タイム）」の2つの考え方が柱になっています。それを実現するために，かんばん，あんどん，平準化，5つのWHY，7つの道具などの様々な管理ツールを用いて現場管理を行っています。TPSはこれらの管理ツールが複雑に絡み合って機能する経営システムで，現場の作業手順，管理手法，異常への対応などが，このような管理ツールを利用して，決まったルールや方法で実施されるようになっています。

(1) **自働化**：ニンベンの付いた「自働化」という考え方は，異常が発生し

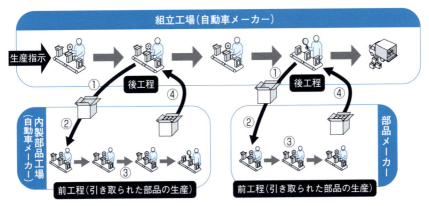

図 5.5 かんばんの仕組み

たら機械がただちに停止して,不良品を造らないことです。この考え方は,人手を機械に変えるという発想ではなく,自動化の際に,人間の柔軟性を生かしつつ,その知恵を生かす方法,仕組みを作ることです。

(2) JIT (Just In Time):各工程が必要なものを,必要な量だけ,必要な時に調達し,淀みのない流れを作り,停滞なく生産する考え方です。これは工程間での部品在庫を最小限にすることを意味します。JITでは,見込みで前工程から後工程に部品を流すのではなく,後工程の作業が終わった段階で,後工程から前工程に対して必要な分だけ部品を補充する指示を出します。その作業指示票として使われるのが「かんばん」です(図5.5)。

かんばんとは部品メーカーの情報(メーカー名,工場名),部品の情報(品番,品名,メーカー工場,トヨタライン側置き場番号,納入者の種類,収容数),トヨタ自動車内の情報(工場名,受入場番号)の情報が載っている紙を指します。かんばんは生産指示を行う「仕掛けかんばん」と納入指示

を行う「引取りかんばん」で一組になっています。

　後工程は，引取りかんばんのついた空の部品箱を前工程に持っていき（①），仕掛けかんばんのついた部品が入った部品箱を持ち帰ります（④）。その際，その部品箱についていた仕掛けかんばんをはずし，持ってきた引取りかんばんをつけます。前工程では，後工程がはずした仕掛けかんばんに指示された数だけ部品を生産します（②と③）。空の部品箱と部品の入った部品箱の交換の際（①と④）に，仕掛けかんばんにもとづいて生産が，引取りかんばんにもとづいて納入の指示がなされるわけです。このような循環が，かんばんシステムの仕組みです。

　かんばんはトヨタ自動車の工場内だけでなく，部品や材料を供給するサプライヤーにも使われています。いまや紙から電子かんばんへ移行していますが，かんばんの基本的な考え方は変わっていません。

- あんどん：作業指示や状況をランプの色で分けて表示するもので，異常が起きれば赤のランプが点灯し，注意を喚起する音が流れる仕組みになっています。つまり，現場の状況を一日で把握，かつその状況を作業員が共有できるものになっており，管理の「見える化」を狙ったものです。

- 平準化：TPS の基本的な考え方はいかに淀みのないものの流れを作るかにあります。そのため，前後の工程で同じ時間で同じ数を作る必要があります。すなわち，工程間の作業量を均等化するということです。

- 5つの WHY：現場では様々な問題が起きます。それを解決することにあたって，なぜ，なぜ，なぜ……を5回繰り返すことで問題の根本的な原因を探知し，それを解決しようとする姿勢を現場の従業員に徹底化することです。

- 7つの道具：現場の作業員が立ち止まる場所や休憩所などに多くの紙が貼られています。そこには，7つの道具，すなわちグラフ，ヒストグラム，パレート図，チェックシート，特性要因図，散布図，管理図を使って，生産活動の状況や問題，原因，管理目標などがわかりやすく示されています

（図 5.6 参照）。これは生産現場の状況を共有，伝達するためのツールです。これらのツールも，現場の状況をわかりやすい形に変え，その情報の「見える化」を図り，現場作業員が共有しようとするものです。

こうした管理ツールの共通点は，円滑な業務推進と異常や問題を顕在化することです。そのため，個々の管理ツールは独立的に機能するのではなく，相互関連し合うことで，現場の状況と問題を作業員全員が共有できるようになっているのが TPS の特徴と言えます。こうした特徴を持つ TPS は，マサチューセッツ工科大学（MIT）のウォマック（J. P. Womack）らによって，無駄のない生産システム，リーン生産システム（lean production system）と命名され，もっとも効率的な生産システムとして世界的に注目されています（Womack et al., 1990）。

○ 日本企業の現場管理の問題

以上で論じたような現場管理の仕組みや効率的な資源動員・管理能力が，高い生産性（第 6 章を参照）の維持と，それによる国際競争力向上につながり，1970，80 年代の日本の製造企業の躍進と成長を支える基盤となりました。経済成長期を支えた日本企業の現場管理の仕組みとそれによる QCD パフォーマンスは，日本的経営を支えるものでした。

しかしながら，高い生産性と QCD を誇り，数多くの欧米企業のベンチマークの対象になった日本企業ですが，近年，様々な産業，とりわけサービス業において生産性の低下が懸念されています。また，数多くの企業において現場管理力を疑うような品質不祥事が起きているのも事実です。たとえば，三菱自動車のブレーキ（2000 年）やハブ欠陥放置・隠蔽（2004 年），燃費性能データ偽装（2016 年），タカタのエアバックリコール案件の放置（2015 年），東洋ゴムの免震，防振ゴム等で性能データを偽装（2015 年），神戸製鋼の鋼材性能データ偽装（2017 年）などが挙げられます。こうした品質問

図5.6 7つの道具

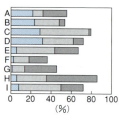
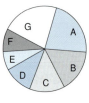

① グラフ
データを棒，円，折れ線グラフ，レーダーチャートの図形に表し，視覚的に簡単に情報把握

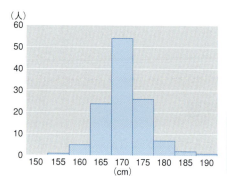

② ヒストグラム
縦軸に度数，横軸に階級をとり，データの分布状況を視覚的に認識，データと目標として基準値（規格値）の関係をみて，改善前後の効果を調べることが重要

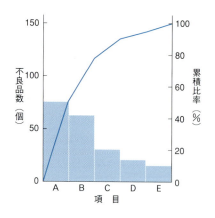

③ パレート図
頻度の棒グラフと比率の折れ線グラフを，出現頻度の大きさ順に並べて組み合わせた図で，比率の変化（傾き）から改善効果の大きい重要な項目（問題）の把握，絞りこむことに活用

分類	能力要素	あなたのレベル	
		現状	目標
前に踏み出す力	主体性： 物事に進んで取り組む力		
	実行力： 目的を設定し確実に実行する力		
考え抜く力	課題発見力： 現状を分析し目的や課題を明らかにする力		
	創造力： 新しい価値を生み出す力		

社会人基礎力（経済産業省）レベルチェックシート（簡易版）

④ チェックシート
項目別データや確認事項をリストアップし，データの収集と整理と，確認漏れや抜け落ちを防止

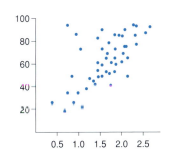

⑤ 散布図
2つの変数間の関係をプロットしその関係性を把握

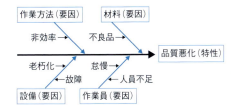

⑥ 特性要因図
問題点の因果関係を整理した図で，結果と原因を体系化する

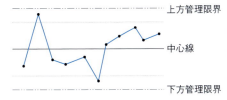

⑦ 管理図
時系列にデータをプロットし，管理対象となるものの変化推移を管理する。また，許容幅を設定し，問題の多い時期や管理すべき対象を明確化する

5.4 現場管理ツールと改善活動

題（外部不良）は，リコール費用や損害賠償リスクなどによる大打撃を当該企業にもたらすだけでなく，グローバル市場を対象に活躍している企業の場合，日本企業全体のイメージの低下と顧客の不信に繋がります。

上述のような品質偽装問題は，なぜ近年多く発生しているのでしょうか。

その原因として様々な要因が考えられますが，技術過剰主義による市場ニーズとかけ離れたオーバースペック（過剰品質）の追求，過度な製品多様化による収益性の悪化，現場部門と管理部門との意思疎通のできない組織体制や製品機能の複雑化（特に，ソフト化・電子化），成長期の労働慣行，古いビジネスモデルの継続などが考えられます。同時に，この時期から普及した情報技術（IT）導入・活用（第12章参照）の遅れ，新しいデジタル管理ツール導入への消極的な姿勢などが考えられます。

他の要因として，バブル経済の崩壊と円高の中で進んだ海外工場（生産）の増加による，グローバル供給体制（GSCM；Global Supply Chain Management）の問題が考えられます。多様な国・地域における異なる労働市場，労働条件，労働慣習，異文化を考慮した上，安定かつ均質な（量産）品質と納期遵守をグローバル拠点で実現するのは容易ではないからです。そのため，品質とコスト競争力を考慮した調達戦略，現地化（ヒト，部品，材料，設備）をいかに実現するかがグローバル生産現場管理において重要な課題となっています。

今後，ICT（Information and Communication Technology；情報通信技術）やAI（Artificial Intelligence；人工知能），自動化の進展・普及により，グローバル次元で現場管理の仕組みとやり方，作業および品質管理体制の変化が予測されます。

演 習 問 題

5.1 安全面で大きな社会問題を起こした製品や企業の不祥事の例（2007年のコムスン事件，2006年のパロマ事件など）を挙げて，その原因を品質管理とコスト管理面で考えてみましょう。

5.2 日本企業は現場での品質の作り込み志向と言われています。それは従業員の自主的な参加にもとづいています。一方では，雇用の多様化，外国人労働者の増加で，現場の事情も大きく変わっており，改善活動やQCサークルが以前ほど活発ではないと言われています。このような状況で，品質改善のため，どのような管理が必要とされるのかについて議論してみましょう。

5.3 近年，製造もしくはサービス現場における情報技術の活用（IoT（モノのインターネット），AI（人工知能），ロボット化の導入・活用が検討されています。こうした取り組みは少子高齢化の労働力不足問題の解消と関連してどのような影響を与えるか考えてみましょう。

第6章

組織のデザインと変化

　経営者，管理者，現場作業者がそれぞれの仕事を遂行するにあたり，組織メンバー間の関係をどのように設定するかは組織管理上，重要な課題となります。組織のメンバーやグループ間の関係設定をどのようにするかを考えるのが，組織デザインです。

　本章では，組織デザインの際に考慮すべき要因と組織デザインの基本枠組みである組織構造について解説します。また組織の形は不変ではなく，環境の変化とともに変化していくものであるということについても触れます。

○ *KEY WORDS* ○

組織デザイン，ライン・アンド・スタッフ，組織構造，機能別組織，
事業部制組織，マトリクス組織，カンパニー制，組織変革

6.1　システムとしての組織

企業組織は,

①その外部環境から活動に必要な諸資源をインプットとして獲得・投入し
②組織内部活動を通じてそれらを変換するプロセスを経て
③製品やサービスをアウトプットとして外部環境に提供する

一つのシステム, として把握できます（図6.1）。このシステムを円滑に機能させて組織目標を達成するために, インプット・変換プロセス・アウトプットの3つの段階に対して管理が行われています。その管理の内容とは, 第1章でファヨールが指摘した,

①予測と計画：将来の予測, 活動策の立案を行う
②組織化：事業経営のために必要な, モノ・ヒト・カネなどを用意する
③命令：従業員を有効に働かせる
④調整：あらゆる活動の努力を結合し, 団結させ, 調和を保たせる
⑤統制：樹立された規則や与えられた命令に沿って, すべての行為が営まれるようにする

という5つの管理的業務にほかなりません（Fayol, 1917）。

　企業組織というシステムを機能させるためには, 単に諸資源を用意するだけでなく, 諸資源を適切な場所に配置し, 適切な役割や行動手順を与え, 諸資源をつなげ, 成果を生み出すためのシステムを築き上げる仕事が必要です。これが, 組織のデザインです。

　企業の存続と成長においては, 組織をいかにして有効性かつ効率性のあるものとして機能させるかが鍵となります（Daft, 2001）。組織の有効性（effectiveness）とは, 組織がその目標をどれだけ実現するかという程度を表し

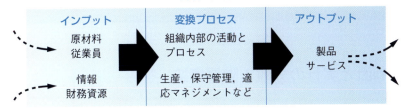

(出所) Daft, R. L.（2001）*Essentials of organization theory & design.* 2nd ed. South-Western College Publishing, p.7 を一部改変

図6.1　オープン・システムとしての組織

ます。これに対して組織の効率性（efficiency）とは，あるインプットからどのくらいのアウトプットを生み出したかという程度を表します。組織のデザインは，この2つに重要な影響を与えます。きちんとデザインされ，管理活動をうまく機能させた組織は，そうでない組織よりも，有効性や効率性が高くなります。そのため，組織をデザインする力が，組織の成果を左右することになります。

　なお今日，組織をデザインするときに注意すべきは，企業組織は企業内ですべてが完結するクローズド・システムではなく，外部環境と関わるオープン・システム（open system）であるという点です。つまり，組織の内部活動だけでなく，外側で関わりを持つ組織，たとえば顧客や部品メーカー，競争相手などを全体として考慮に入れ，相互作用するものとしてとらえる必要があります。この点については，第10章で詳説します。

6.2 組織デザインの基本原理と決定要因

○ 判断と実行の分離：階層構造

　企業は成長すると，従業員が増え，組織の規模が大きくなります。そうすると，企業組織は多くの構成員の役割分担と企業のミッション（第8章参照）遂行のため，様々なことに対して明確な意思決定が必要になります。組織デザインは，判断（意思決定）と実行を誰が行うかを区分することから始まります。

　組織全体への影響が大きな意思決定については，通常，トップ（経営責任者）が行います。しかし，現場では日々様々な意思決定が必要となります。現場における様々な事案を経営陣がすべて決定することになると，意思決定のスピードが遅くなったりして，組織の非効率性が増すことになります。

　そのため，管理者や担当者に責任とともに意思決定の権限を付与し，必要となる報告と統制を行うための情報伝達経路が形成されます。すなわち，組織は自然に，組織全体を左右する意思決定を行うトップ（経営者），その決定事案を現場層に伝え，現場での実行状況と目標達成状況を監督・統制しながら調整を行うミドル（管理者），命令や指示を実行に移す現場層に分かれて，上下間の意思決定と実行の分業（縦の分業）としての階層構造（hierarchy；ヒエラルキー）を形成します。実際の企業で多いのは，社長を頂点に，部長，課長，係長，主任，平社員という順での階層構造です。

　一般的に，小さい組織では階層の数が少なく，組織が大きくなればなるほど，階層の数が多くなる傾向があります。大規模化した組織では，公式的なルールを重視する官僚制（bureaucracy；第2章参照）を導入することで，階層間の調整を機械的に行い，トップへの権限の集中を図ります。官僚制化は大規模組織では多かれ少なかれ避けられない現象で，同時に，管理体制の

硬直化を招く傾向をもたらします。

階層構造では上司と部下の職責を明確にし，命令と報告経路の一元化を図ります。これを効果的に機能させるためには，直接に管理，監督，統制可能な適切な部下の数，すなわち統制の幅（span of control）を決めなければなりません。なぜなら，1人の管理者が直接的に管理できる数には限界があるためです。管理対象の数が多すぎると，十分な統制と指揮がとりにくいという問題が起き，少なすぎると，部下のタスクの負荷が大きくなるという問題が起きます。一般的に，もっとも適切な統制の人数は5〜6人と言われています。

統制の幅の程度は本社か現場かによって，あるいは部署，事業，従業員のスキルの高さなどによって異なりますが，何人に設定するかによって，判断や実行の効率に影響を与えます。また統制の幅は，組織の形を規定します。部下を複数持つことで，組織は下が広がるピラミッド型の階層構造になります。統制の幅が小さいほど，少しの部下しか持てないため，階層の数が必要になり，細長いピラミッドになります。逆に統制の幅が大きければ，階層の数が少なくてすみ，平らなピラミッドになります。

○ 機 能 の 分 離

組織では，組織目標を効率的かつ有効的に遂行するために，機能間の分業を行います。

組織に必要とされる基本的な機能は，第1章で解説したように，技術的業務（生産，製造），営業的業務（購買，販売，取引），財務的業務（資金の調達と運用），保全的業務（財と人間の保護），会計的業務（棚卸，貸借対照表，原価計算，統計），および管理的業務（計画，組織化，命令，調整，統制）という6つの活動です（Fayol, 1917）。

企業や役所において，「○○部（部門）」もしくは「○○室」になっているところは，こうした機能的な活動のいずれかを担当しています。それぞれの

部署は，分業の程度や課業の大きさによって，複数の機能を担ったり，より細分された機能を担ったりします。つまり，分業化の程度が，組織デザインの基本的な要素になります。

　時代の変化，市場に提供する製品およびサービスの特性によって，6つの機能活動以外のものが追加されることもあります。近年は，企業の社会的な責務や環境問題への関心の高まり，技術知識の保護の必要性の増加に伴い，社会的責任（CSR；第13章参照），環境，知的財産などの機能に特化した専門部署を設ける企業が増えています。

○ ライン・アンド・スタッフ

　ミンツバーグ（Mintzberg, 1973）は，ピラミッド型組織はトップマネジメント—ミドル—現場作業集団の縦の関係だけでなく，それを支援する技術支援スタッフと管理支援スタッフが存在することによって，マネジメントが成り立つとしました。これは，縦の分業と併せて，支援スタッフによる横の分業が重視されなければならないことを意味します。

　組織の有効性や効率性を高めるために，組織には実行組織と支援組織が存在します。実行組織とはものを生産したり，サービスを提供したりすることに直接的に関わる組織で，ライン部門（生産，販売）と呼びます。これに対して，専門的な知識を有し，実行組織のタスクの推進に必要とされる諸資源の配分や情報の伝達，促進，助言などを支援する組織部門をスタッフ部門と呼びます。

　たとえば，人事，企画，経理，総務，財務，研究開発，広報などがスタッフ部門に属します。これらのスタッフ部門はライン部門の支援だけでなく，トップマネジメントに必要とされる情報や専門知識を提供することで，トップの意思決定をサポートする役割も有しています。

○ 組織構造のデザイン

組織構造とは組織の外形的な枠組みを指します。組織構造は前述した3つの要素，すなわち階層構造の階層数，統制の幅，機能の分離の程度によって規定されます（James & Jones, 1976）。また，有効な組織の管理のためには，組織階層における縦の連携と各部門間の横の連携（図6.2参照），さらに縦と横の連携の連結が必要となります。

〈横の連携〉

機能要素を担う人々や部門（グループ）間の水平的関係を設定するのが横の連携です。市場ニーズを調査するマーケティング部門が製品開発担当部門に市場の動向を伝えたり，企画された商品案が現在の工場設備や能力で生産可能かどうかを生産部門と検討したり，追加投資が可能かどうかを財務部門

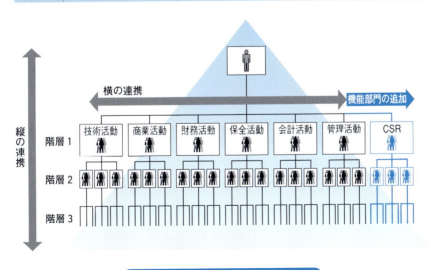

図6.2 ピラミッド型組織と管理原則

と相談したりするのが横の連携です。

　機能部門間の連携の強さは当該企業の業種や戦略，製品の特徴によって異なります。たとえば，製造業においては設計部門と生産部門との間で強い連携を図ります。また，時代の変化や製品およびサービスによって，図 6.2 の CSR 部門のように，追加的に機能活動が組織に加わるので，その部門と，新たな関係を作る必要があります。

〈縦の連携〉

　組織は階層構造を形成します。トップマネジメントから部下に出される命令や指示，あるいは，部下からトップマネジメントに上がる報告などのコミュニケーションは，階層構造を経て行われることになります。経営判断や目標をきちんと現場まで伝え，それを実行し，また直面した問題を報告し，対策を円滑に行うためには，階層間の連携を図ることが重要です。これが縦の連携となります。

　階層の数が多いと，命令と伝達に時間がかかったり，情報が煩雑な経路をたどったりして，伝達内容の正確さが失われてしまう恐れや，余分なコストが生じます。逆に階層の数が少なすぎると，ある階層に情報が集中し，負荷で動かなくなる恐れがあります。

〈横の連携と縦の連携の連結〉

　このように，組織は 2 つの分業で成り立ちます。一つは階層構造による上下の役割分担による縦の分業で，もう一つは，組織の諸活動を機能ごとに組織メンバーもしくはグループ間で分業する横の分業です。組織を機能させるためには，縦の分業と横の分業を行った後，縦と横にそれぞれ連携させることが必要です。さらに，縦と横の連結を図ることで，組織はうまく機能し，存続を続けることが可能です。

　たとえば，販売製品のクレームが多発している状況を想定しましょう。営業部門の従業員はそれを受け，状況把握し，それを上司に報告すると，営業

部門の責任者はその情報を他の機能部門（開発や製造，購買部門など）に伝え，原因究明を行うことになります。各部門の責任者は担当部門に問題があるか調べたり，部門横断的な対策チームを作ったりして，設計ミスだったのか，生産過程に不備があったのか，調達した部品に欠陥があったのか，などを調べることによって，クレームの原因を突き止め，問題を解決することができます。

　この縦と横の関係設定，管理と調整役を果たすのが管理者です。管理者は組織全体の状況を見渡しながら現場を管理し，他の機能単位との調整を図ります。

　要約すると，組織デザインの際，考慮すべき基本的な要素は，①階層間の命令と権限，統制を円滑に行う縦の構造デザイン，②必要な機能部門の設定と連携を図る横の構造デザイン，③縦と横を効果的に連結可能な構造デザイン，の３つとなります。これらは，タスクを遂行する人々の権限と責任範囲を定め，タスクを調整する仕組みを作ることにつながります。組織が大きくなればなるほど，このような調整は重要になります。

○　組織デザインへの影響要因

　組織デザインの際に影響を与える要因は，環境，技術，戦略，企業規模，企業文化などが挙げられます。

①環境：組織を取り巻く環境が安定か否かは組織デザインに影響を与えます。不安定な環境であれば，現場に近いレベルで意思決定することで，環境変化に柔軟に対応できる，水平方向に分権化された組織構造，すなわち横の連携が強く求められる組織構造が適します。逆に，安定した環境の場合は，垂直方向の統制に適した組織構造が選択されます。
②技術：業務の流れに関わる技術に組織の構造は適合しなければなりません。たとえば，現代企業が採用している大量生産技術は標準化された作業タス

クと専門化された組織を要求します。そのため，中央で全体を管理する中央集権化組織が適しています。

③戦略：戦略は組織構造に大きな影響を与える要因です。なぜなら，企業がどのような戦略をとるかによって，経営資源の配分と配置関係，必要とされる能力が変わるからです。たとえば，コストをできるだけかけずに生産しようとする組織（コストリーダーシップ戦略；第8章参照）では，オペレーションの効率化・標準化を求めます。よって，厳格な統制と権限関係を持つ組織形態が適します。逆に，他社とは異なったことをする組織（差別化戦略；第8章参照）の場合，創造性や柔軟性のある組織構造が求められます。戦略と組織との関係については第8章で詳しく説明します。

④規模：中小企業のように規模の小さい企業はトップと従業員の関係が非公式な組織に近く，規則もそれほど多くありません。また，タスクの分業関係もそれほど明確ではない組織が少なくありません。しかし，大企業の場合，業務ルールが厳格で，従業員の責任と権限も明確で，専門化の度合いも高いのが一般的です。

⑤組織文化：組織文化は組織が持つ創業者の理念や歴史，経験などによって形成され，組織のメンバーが共有している価値観や意識，考え方，雰囲気を指します（第7章参照）。非常に厳格なルールを重視する組織文化を持つ組織もあれば，開放的で自由な発想ややり方を重視する組織文化を持つ組織もあります。この組織文化の違いは組織デザインに影響を与えます。

　結果的に，組織デザインはその組織における権限の集中と分権，業務プロセスの標準化と柔軟化，従業員のスキルの専用特化と汎用化，統制と創造などのバランスを形で表したものとして把握できます。さらに，組織デザインは，組織の内部資源の育成や組織能力の構築にも影響を与えます。

6.3　組 織 構 造

○　組織構造の 3 つの基本型

　企業の成長，市場環境の変化，製品の普及度（製品市場の成熟度）などに
伴い，組織構造は変わってきました。大きな流れとしては，もっとも単純な
機能（職能）別組織から，取り扱う製品群や対象市場の拡大によって，事業
部制組織，さらにマトリクス組織へと変わってきています。この 3 つを組織
構造の基本型といいます。発展の順で，これらの基本型について見ていきま
しょう。

○　機 能 別 組 織

　機能別組織（functional form）とは，企業活動別（機能別）もしくは職能
別に組織化された，もっとも単純な組織構造です。たとえば，すべての機能
部門に対する総括責任者であるゼネラルマネージャー（general manager）
の下に研究開発部門，生産部門，マーケティング部門といった機能で区切ら
れた組織を配置する構造です。機能別組織は単一製品やサービスを生産し，
市場へ提供する場合に，もっとも適する組織形態です（図 6.3 (a)）。
　機能別組織は機能部門ごとに業務が特化されるため，効率的な管理がしや
すく，部門ごとの目標設定・管理も容易です。また，同じタスクを遂行する
人が同じ部門に属するため，メンバーの意識や知識を共有しやすく，知識や
機能部門の能力の開発が促進されます。
　しかし，機能別組織では，機能部門ごとに専門化されているため，機能部
門間に壁ができてしまい，部門間の横の連携を難しくする可能性があります。
機能部門間の調整はトップ階層へ依存する傾向が高く，現場の環境変化への

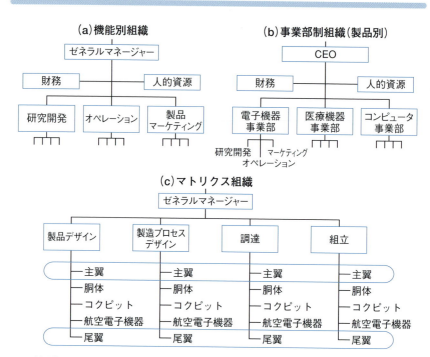

図 6.3　組織構造の基本型

対応が遅れがちです。複数の製品や市場を扱う場合，業務の流れが一つの部門内，部門間で複雑に交錯するため，組織の効率性が低下してしまう短所があります。

○ 事業部制組織

　事業部制組織（divisional organization）は，企業の成長や事業活動の複雑

化に伴い，機能別組織の限界を乗り越えようと導入された組織構造です。事業部制とは製品・サービスや市場（地域，顧客）ごとに利益責任を持たせた事業部門を設置し，それぞれの事業部の下に本社部門から権限が移譲された，独立した機能部門がぶらさがる構造です（図 6.3（b））。

事業部制組織では，事業部ごとに販売，生産，購買，財務部門などの機能部門を編成することで，独立性が高い構造になっています。それぞれの事業部門は各事業の使命（ミッション；第 8 章参照）を持ち，各事業のプロフィット・センター（profit center）として，利益に責任を持ちます（事業部門ごとの独立採算性）。一方，本社には全社共通のスタッフ部門が直属し，各事業部門に資源配分を行います。

こうした特徴を有する事業部制は，意思決定が事業部ごとに分散されて，機能部門間の調整がしやすく，環境変化に迅速な適応ができます。事業部の割り振りの多くは製品群別ですが，近年の市場・生産拠点のグローバル化に伴い，日米欧などの地域別，法人と個人などの顧客別に区分されることも少なくありません。

さらに企業がより多くの事業を手掛け，事業部が多くなると，本社や本社スタッフの管理負担が再び増えていきます。そのため，管理上，類似な事業部を統括し，管理する組織として事業本部を設置することが行われています（事業本部制組織）。

事業部制は，全社内の事業部への資源の配分に関する意思決定や権限は，本社もしくは取締会で任命された業務執行役員のトップである CEO（Chief Executive Officer；最高経営責任者）が中心となる最高経営者会議が基本的に行います。最高経営者会議では限られた資源の中で，どの事業部にどれだけ投資（資金，人，設備）を行うかを決めます。その際，もっとも重要な判断基準として，各事業部の投資収益率（ROI；収益÷投資額）がよく用いられます。各事業部の利益をもとに事業内容を評価し，優先して投資をすべき事業部の順位を明確かつ迅速に決められるメリットがあります。こうした組織内の採算性を重視する基準は，事業部間の内部競争を促し，経営の効率化

につながります。複数の事業間における資源配分に焦点を当てた PPM（第8章参照）の議論へとつながります。

　しかし，事業部の採算性にもとづいた資源配分の考え方は，短期的な利益や実績向上につながる活動を中心に資源を配分する可能性を高くします。とくに，研究開発のように，投資による成果が表れるまでに長い時間を要するものや，企業全体への貢献度の測定が困難な人材育成などを行おうとする部門への投資決定ができず，企業の競争力を低下させてしまう恐れがあります。

　また，事業部間の競争を意識しすぎて，事業部と事業部との間で壁ができてしまい，企業全体の利害関係よりも事業部の損得が意思決定の基準となり，技術移転や他事業部への有望な人材の移動などの技術や人的資源の柔軟かつ有効な活用を損なう可能性もあります。したがって事業部制を採用する際には，採算性だけでなく企業の長期的競争力強化を基準に判断すべきであり，また事業部間の調整を緊密にとる必要性があります。

　こうした事業部制の限界を超え，企業全体の観点から，より戦略に専念できる機能を事業部制に付加して考案されたのが戦略的事業単位（Strategic Business Unit；SBU）組織です。SBU は全社的な戦略的重要性のある事業群（事業部あるいは製品群）を独立した組織単位としてくくり，戦略の策定

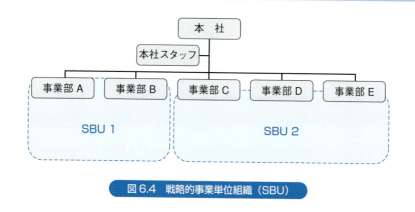

図 6.4　戦略的事業単位組織（SBU）

と遂行を行います。SBU では，日常的なオペレーションは事業部で行われ
ますが，全社的な戦略的な取り組みは図6.4に示すように，SBU単位で遂
行されます。

○ マトリクス組織

企業活動のグローバル化と市場の拡大，技術の複雑化などの理由で，企業
の外部環境が不確実になり，それを解消するために，深い技術知識を有する
機能別組織と，市場，製品，顧客に専門特化された事業部制の両方の良さを
融合する必要性が出てきました。このような状況に適した組織構造がマトリ
クス組織（matrix organization）です。

マトリクス組織の組織構造は図6.3（c）に見るように，機能部門と製品
部門の二重の権限構造のバランスの上で成り立つようにデザインされていま
す。両部門に属するメンバーは機能面と製品面での知識とスキルの習得がで
きます。それによって，環境の不確実性にも迅速な対応が可能となります。

しかし逆に，機能部門と製品部門間のパワーバランスを失うと，メンバー
は混乱を引き起こします。そのため，人的資源を有効に活用するためには，
機能部門のマネージャーと製品部門のマネージャーとの間に緊密な調整とコ
ミュニケーションが必要になります。

○ その他の組織構造

ここまで，3つの基本的な組織構造について見てきました。それぞれの組
織構造は長所と短所を持っており，どれがよいとは一概にはいえません。企
業は市場および技術環境の変化，組織が抱えた問題に合わせて，組織構造を
変化させていきます。

企業は時には集権化を，時には分権化に重きを置きますが，分権化に重き
を置く形態の組織構造としては，カンパニー制（company system）があり

ます。カンパニー制は，技術やドメイン（domain；活動領域；第8章参照）を中心に事業部をグループ化，社内分社化し，本社から多くの権限を委譲させ，独立性の強い「カンパニー」を配した組織構造を指します。1993年，ソニーは市場別製品事業単位を見直し，コンシューマー AV カンパニー，コンポーネントカンパニーなど8つのカンパニー制への移行を行いました。

　しかし，バブル崩壊と共に登場したカンパニー制は，個別の事業部の責任の明確化と迅速な市場対応のメリットがあるものの，カンパニーを横断した情報共有が制約されやすく，シナジー創出が困難といったデメリットもあります。そうしたことから，最近は環境変化や企業の状況変化に対応するため，特定の組織構造の問題のデメリットの克服を視野に入れながら，事業部制にカンパニー制を加えたり，技術ベースのドメイン（例：ソニー）ごとに事業部を運用する形へ変えたりするケースも増えています。

　また，企業全体が直面している問題を解決するため，複数の機能部門の協働作業が必要な場合もあります。その場合，関連のある各機能部門のもっともふさわしい代表者が集められて，彼らが当該課題を解決するまで組織されるタスクフォース（task force）が作られます。タスクフォースを創設することで横との連携が強まります。さらに，一時的なタスクフォースでは対応できない場合には，チーム制が作られます。チーム制はタスクフォースと同様に，組織横断的な組織ですが，より長期にわたる課題を担う場合が多く，チーム長も仕事の重大さに応じて高い職位の者が就きます。

　他方，近年の市場ニーズの多様化への対応のため，顧客重視の組織構造を導入している企業も増えています。組織構造論の代表的な研究者であるガルブレイス（J. R. Galbraith）は，市場（または地域）に焦点を置いたフロント部門（顧客と直面するユニット）組織と，製品や技術に特化したバック部門組織が多元的な形態で組織化された構造をフロント・バック型（front/back model）組織と呼んでいます（Galbraith, 2002）。この構造の目的は，市場と製品の両面にフォーカスし，製品別構造と市場別構造の両方のメリットを統合しようとしたものです。その代表的な例がシティバンク（Citi-

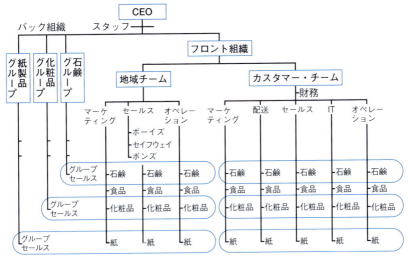

(出所) J.R.ガルブレイス著／梅津祐良訳 (2002)『組織設計のマネジメント』生産性出版, p.146 より

図6.5 フロント・バック型組織 (P&G)

bank) やプロクター・アンド・ギャンブル (P&G) です。P&Gは化粧品, 石鹸, 紙製品, 食品の製品別事業部制組織からあらゆるタイプの顧客に対応するため, 図6.5のようなフロント・バック型組織へ変化しました。

　最近では, 大手多国籍企業は製品事業（カテゴリー）軸, 主要顧客軸（得意先別あるいはB2B, B2C), 地域軸（アジア, 北米など：地域本社）を融合した組織構造をとっているところも増えています。その理由は, 企業の開発および生産, 販売, 調達（購買）活動のグローバルに伴い, より迅速かつ円滑な組織対応が必要になるからです。

6.4 環境変化と組織変革

○ 組織均衡と組織変革

　企業組織では，組織を取り巻く参加者（従業員，製品・サービス市場の顧客，供給業者，資本家，所有者，供給業者など）が，継続的に組織に参加・貢献しています。この状態を組織均衡と呼びます。

　ある時点においては，組織均衡するように，組織構造や戦略，文化，制度などがデザインされています。しかし，時間の経過，技術進歩の速さ，市場の拡大，ニーズの多様化，価値観の多様化，労働市場の変化といった環境の変化によって，組織と環境との間でミスマッチが生じるため，組織を何も変えなければ，どこかで不均衡な状態になります。このとき，均衡状態に戻すための，組織変革が必要となるのです。

　つまり，組織変革は組織参加者が組織に継続的に参加・貢献できるように，組織均衡を継続的に創出していこうとする取り組みです。

○ 組織変革の要因

　組織変革を引き起こす要因は，組織の内部要因と外部要因に分けることができます。

　まず，内部要因としては組織内部の経営資源の変化によるものです。たとえば，人員構成や世代の変化，リーダーの交代，新しい技術開発，財務状況の変化，新しいシステム・設備の導入などが挙げられます。こうした内部資源の変化は，組織内の制度の陳腐化，非効率性の増大を起こし，外部環境とのずれを生み出すため，資源の再配置や事業形態，組織構造の変化が求められるようになります。

一方，外部要因としては，近年の技術進歩の速さ，市場の拡大，ニーズの多様化，価値観の多様化，労働市場の変化などが挙げられます。

　これらに対応するためには，組織図の書き換えだけでなく，新しい資源の蓄積や学習が必要になります。場合によっては，仕事の仕方や組織ルーチンの再設定，メンバーの意識転換を含めた組織文化の変化が必要になることもあります。たとえば，情報技術の普及とともに，従来の命令や報告形態，コミュニケーションのあり方が変化し，組織の形も変わっていきます。

　また，消費者の生活行動や様式も変わるため，それに対応した製品づくりが必要になります。たとえば，1889年に創業し，花札を作っていた任天堂は，戦後，いくつかの娯楽ゲームを手掛け，ゲーム機としてファミリーコンピュータ（1983年発売），NINTENDO 64（1996年発売），ニンテンドーDS（2004年発売），Wii（2006年発売）などで空前のブームを起こし，いまやゲームメーカーとしての不動の地位を持つ企業へ変わりました。日本経済の発展とともに，娯楽に対する市場ニーズや生活様式の変化，さらに，アナログからデジタルへと技術の大きな変化がありました。そうした中で，任天堂は組織や製品を変えながら環境変化に対応してきたのです。しかし，スマートフォンの普及と共に，無料のゲームAPPの普及と利用者数が増えています。こうした技術・社会環境の変化は，ゲームメーカーにとって新たな脅威になっており，新たなデジタルモバイル時代に対応できる変革が求められるようになります。

　こうした組織変革はトップダウンによるものとボトムアップによるもの，両者によるものがあり，それぞれの組織が置かれている状況によって，変革の起こし方や，変革のスピート，変革の程度も異なります。

演 習 問 題

6.1 組織構造は企業のウェブページから「組織図」という形で入手できます。ソニーと東芝の組織図を比較し，その特徴と相違点について議論してみましょう。

6.2 組織変革の必要性は，組織内部と外部からのアドバイス，諮問，自覚，提案などがきっかけになり始まります。組織変革が成功するためにはどのような要因を考慮すべきでしょうか。また，そのとき，中間管理職の役割について考えてみましょう。

第7章

組織のパフォーマンス と組織文化

　組織の良し悪しは組織（企業）のパフォーマンスで測定されます。本章の冒頭部分では，その指標の例を紹介します。その後で組織のパフォーマンスに影響を与える大きな要因である「組織文化」を詳しく取り上げます。

　第6章で見たように，適切な組織デザインは組織のパフォーマンスに好影響を与えます。しかし，組織のパフォーマンスは，個々のメンバーの能力や部門間の連携度だけでなく，他の組織とは異なる歴史や経験がもたらす，組織固有の目に見えないソフトな構造にも影響されます。それが組織文化です。

　本章では，組織文化の内容，組織のパフォーマンスに対する組織文化の機能と，それに関連して組織パフォーマンス向上のために必要とされることについて考えます。

○ *KEY WORDS* ○
組織のパフォーマンス，生産性，組織文化，ルーチン化，
組織学習，組織の活性化，コミュニケーション

7.1　組織のパフォーマンス

○ 組織のパフォーマンスを高める

どのような企業が良い企業なのか——就職活動を行うときには，この問題で悩むことになるでしょう。企業の何を見ればそのような判断ができるのでしょうか。「歴史が長いから」「よく知られているから」「一部上場企業だから」「株価が高いから」「給料や福利厚生が良いから」「社長の人格が高そうだから」等々の理由が「良い企業」の条件として考えられるかもしれません。こうした答えは直感的に挙げているのかもしれませんが，企業のパフォーマンスを反映し評価する指標として，一定の理由を考えることができるでしょう。

上の例では複数の企業を比較して，他の企業より何かが良い企業を指して，良いパフォーマンスととらえています。それを目指すのも管理者の仕事ですが，管理者の腕が問われるのは，自身が管理する組織のパフォーマンスを高めることです。

企業が経営資源を用いて経済価値を創出する際，生み出す成果の期待値と実際値の差を，「経済的な利益」もしくは「経済的レント（economic rent）」と呼びます（Barney, 1997）。組織の管理者には，より大きい経済的な利益，つまり，資源の所有者が期待する標準的なパフォーマンスよりも高いパフォーマンスを実現することが要請されます。

○ 組織のパフォーマンスの評価

第6章で説明したように，オープン・システムである組織は「インプット→変換→アウトプット」という3つの段階で構成されます。組織のパフォー

マンスは，これらのどの段階に重点を置くかで，①資源依存アプローチ（インプット），②内部プロセスアプローチ（変換），③ゴールアプローチ（アウトプット）という3つの視点から評価できます（Daft, 2001）。

まず，①資源依存アプローチは，資源の獲得状況や資源の質に焦点を当てて，必要な資源を効果的に確保できたかどうかを評価します。その指標としては，組織が価値のある希少な資源を入手できる能力，人的資源（従業員やマネジャー）のスキルや知識，マネジメント能力，組織の環境変化への適応能力などが挙げられます。

②内部プロセスアプローチは，組織の内部活動の効率性や健全性を有効に機能させることが組織のパフォーマンスにプラスの効果をもたらすことに注目します。従業員が働きやすく，モチベーションを高める制度があり，組織の上下と横方向の円滑かつ迅速なコミュニケーションが図られており，チームワークが良い組織を，高い成果を上げる組織と見なします。しかし，これらは主観的な要素もあり，測定が困難であるため，他組織との比較は容易ではありません。

③ゴールアプローチは企業活動の結果であるアウトプット（成果）に注目します。このアプローチは会計データと分析手法を用いて，客観的かつ迅速な評価ができます。たとえば，成長性，収益性，効率性，市場シェアなどの指標がよく使われます。ここでは成長性，収益性，効率性を簡単に説明しましょう。

最初に，企業の成長性は，企業の成長（伸び）の度合いを表すものです。前期に比べてどれだけ企業の事業規模が拡大（変動）したのかをみる売上高成長率や，どの程度積極的に投資を行っているのかを見る総資産成長率などの指標があります。

$$売上高成長率(\%) = \frac{当期売上高 - 前期売上高}{前期売上高} \times 100$$

$$総資産成長率(\%) = \frac{当期総資産 - 前期総資産}{前期総資産} \times 100$$

＊総資産＝負債＋純資産

　次に，企業の収益性は，ある期間内で行われる事業活動から得られる売上高に対する利益の割合で表すことができます。主な指標としては本業における売上に対してどれだけ利益を上げているのかを見る売上高営業利益率と，企業全体の総合的な収益性を見る売上高経常利益率があります。単純に売上高経常利益率が高いことが，企業パフォーマンスが良いことを意味しないことに注意しなければなりません。売上高の海外市場依存度が高い場合，為替の変動によって，経常利益率は変わってしまいます。営業利益率がマイナスなら，本業に問題があることを表します。

$$売上高営業利益率(\%) = \frac{営業利益}{売上高} \times 100$$

＊営業利益＝売上総利益－販売費および一般管理費
＊売上総利益＝売上－売上原価

$$売上高経常利益率(\%) = \frac{経常利益}{売上高} \times 100$$

＊経常利益＝営業利益＋営業外収益－営業外費用

　最後に，効率性（企業が事業に投下した資本の運用効率）は，一定の期間の投資分に対するリターン（利益）の割合で表すことができます。主な指標としては資本投入に対してどのくらいの利益を得られたのかを見る ROI（Return on Investment；投資収益率）と，株主資本を使ってどれだけ利益を上げたかを見る ROE（Return on Equity；株主資本利益率）があります。

$$ROI(\%) = \frac{利益}{投下資本額} \times 100$$

＊利益＝経常利益＋支払利息
＊投下資本額＝借入金＋社債発行額＋株主資本

$$ROE\,(\%)=\frac{純利益}{株主資本}\times100$$

＊純利益＝経常利益－特別損失－税金

　これらの指標は，企業の財務および経営指標データとしてはもっとも信憑性が高いと言われている有価証券報告書に掲載されている数字を用いて，算出することができます。有価証券報告書とは，金融商品取引法第24条の定めにより，株式を証券取引所に上場している企業などが，会社内容について，決算年度終了後3カ月以内に金融庁に提出することを義務づけられている報告書です。最近は各企業のウェブページの「会社情報」などの欄や金融庁のEDINET（http://disclosure.edinet-fsa.go.jp/）から入手できます。比較的客観性の高い評価基準と言えます。

○ 生産性：生産活動のパフォーマンス

　生産活動の面から組織のパフォーマンスを見る生産性（productivity）とは，投入（input）に対する産出（output）の比率です。経済学でいう生産要素（インプット）である，資本（K；ドイツ語のKapital）と労働（L；Labor）を中心にとらえた，資本生産性と労働生産性，2つの指標があります。

　資本生産性は，投入した資本（機械，設備など）がどれだけ価値を生み出したか，すなわち資本の効率性を見る指標です。高い資本生産性は，資本回転率や資本装着率が高く，資本集約度が高いことを意味します。

$$資本生産性=\frac{付加価値額}{有形固定資産}$$

＊有形固定資産：土地，建物，機械装置，車両など企業が長期にわたって使う資産を指します。

　一方，労働に着目したものが，労働生産性です。労働生産性は大きく2つの指標で測れます。労働量は払った賃金として置き換えて考えることができ

ます。

$$労働生産性 = \frac{労働による成果（付加価値）}{労働投入量（人数，時間）}$$

$$物的労働生産性 = \frac{生産量（\fallingdotseq 販売価格）}{労働量}$$

$$付加価値労働生産性 = \frac{付加価値額（\fallingdotseq 粗利益）}{労働量}$$

労働生産性は国家比較がよく行われます。たとえば，「日本の労働生産性」（国民経済生産性）となると，GDP（国内総生産）を就業者数（就業者数×労働時間）で測り，国際比較されます。日本生産性本部のウェブページにて確認できますが，近年日本の生産性の低下（とくにサービス業）を懸念する声が高くなっています。

上記の式からわかるように，いずれも高付加価値の創出と共に，資本生産性を上げるためには効率・効果的な資本利活用が，労働生産性の向上を図るためには残業を含めて労働時間の短縮，優れた人材の雇用，適材適所の人員配置，スキルアップ，効率的な業務遂行，モチベーションの向上が必要になります。

他方，多様な全ての投入要素を考慮したものが全要素生産性（TFP：Total Factor Productivity）です。全要素生産性には，技術革新などの成長や効果が明確に反映されます。

○ 組織のパフォーマンスを決める要因

このように組織のパフォーマンスには様々な指標がありますが，どの指標にも意味があります。よって，どれか一つの指標を採用すればよいというわけではありません。パフォーマンスを全体として評価する場合には，複数の指標を用いて多面的に見る必要があります。

さらに，測定しようとする期間（短期・長期）や組織の目標によって，パフォーマンスの基準や尺度が変わります。どのくらいの期間で組織のパフォーマンスを見るかには，注意が必要です。一般的に，短期は1〜3年，長期は約5年以上を指しますが，たとえば，新工場建設や研究開発などへの投資は，短期にはその成果を得られません。

新工場建設に投資をした場合，工場建設期間だけでなく，正常に生産活動が遂行されるようになるまでの時間が必要です。同じく，研究開発に投資してから技術を開発し，製品化するまでには長い時間がかかります。新薬の開発の場合，研究開発開始から製品化し，成果を得られるまで10年以上かかると言われます。そのため業種によっては，短期のパフォーマンスを見るだけでは不十分と言えます。

7.2 組織文化

これまで述べたように，経営資源や組織デザインは組織のパフォーマンスに影響を与える大きな要因ですが，経営資源の総和や組織デザインによる外形的枠組みだけでなく，組織の目に見えないソフトな構造がパフォーマンスに影響することがあります。それが「組織文化」です。

多くの「良い企業」には特徴的な企業文化が見られると言われています。以下では，この組織文化について詳しく見ていくことにします。

○ 組織文化とは

組織文化（organizational culture）や企業文化（corporate culture）が注目されるようになったのは1980年代からです。この時期は，日本企業の躍進が続く中，第2次世界大戦以降に世界経済や市場を支配してきた米国企業の

低迷が見え始めた時期でした。米国企業の競争力に対する懸念と無力感が広がり，その原因を探ろうとする研究が米国で活発に行われました。

その代表的な例として，1981年に出版されたパスカル=エイソス（R.T. Pascale & A.G. Athos）の "*The Art of Japanese Management*"（邦訳『ジャパニーズ・マネジメント』）が挙げられます。この著書では，第1章が「日本という鏡」になっていることからわかるように，なぜ米国企業のパフォーマンスが低迷し，日米企業間にパフォーマンスの差が生まれてしまったのか，その原因を探っています。

パスカル=エイソスは，経営を7つの要素，すなわち戦略（Strategy），構造（Structure），管理システム（System），経営スタイル（Style），人員配置（Staffing），スキル（Skills），共有された価値観（Superordinate Goals；顧客志向，成果重視，株主重視など）に分解し，その頭文字で構成されるセブンSモデルを提示しました。そして，このモデルを通して米国のITT（国際電信電話会社）と日本の松下電器産業（現パナソニック）を比較します。

これらの要素の中で，両社の間には他の要因はほとんど差がなかったものの，ソフト面と言える「共有された価値観」においては明確な違いがあることがわかりました。このようなことからパスカル=エイソスは，当時の日本企業の多くに見られる共有された価値観が，両国の企業の差を生み出す源泉であることを主張しました。

同じく，ピーターズ=ウォータマン（T.J. Peters & R.H. Waterman）は1982年に出版された "*In Search of Excellence: Lessons from America's Best-Run Companies*"（邦訳『エクセレント・カンパニー』）で，米国でも長年にわたって高い業績を上げている超優良企業が存在しており，その超優良企業には共通する特徴があることを明らかにしました。彼らが指摘するエクセレント・カンパニーの共通の特徴は，積極的行動と実験精神を重視する組織の雰囲気，顧客に密着した仕事姿勢，従業員の自律・自主性の重視，人を通じての生産性向上などの価値観が共有されているということです。

これらの研究以降，組織文化に関する多くの議論が展開されました。とこ

ろが，何を指して組織文化と呼ぶのかは，文化が多面的な概念なので一つの定義が定まっているわけではありません。

たとえば，経営組織論の領域では，文化人類学の成果を援用しながら，一般的に組織文化を「組織メンバーに共有された行動パターンや集団規範，支配的な価値観」と定義しています（高橋，2000）。

また，組織文化論の代表的な研究者であるシャインは，組織文化を次のように定義しています。「ある特定のグループが外部への適応や内部統合の問題に対処する際に学習した，グループ自身によって，創られ，発見され，または，発展させられた基本的な仮定（shared assumptions）のパターン——それはよく機能して有効と認められ，したがって，新しいメンバーに，そうした問題に関しての知覚，思考，感覚の正しい方法として教え込まれる」(Shein, 1985；邦訳 1989, p.12)。

この定義からわかるように，組織文化は，組織の外部環境への変化の適応や組織内部の問題を解決するプロセスを背景に，メンバーの行動や知識，偶然，などが複雑に絡み合って生まれたものとして理解することができます。こうして作られた組織文化は継続的に学習・創造され，社会的かつダイナミックなプロセスを経て形成され，それが組織メンバーに共有，伝承されるのです。

○ 組織文化の認識：文化の象徴性と抽象性

組織文化は組織の歴史，リーダー，メンバー，組織規模などが複合的に相互作用した結果として形成され，メンバーの行動や考え方に無意識的に影響を与えるものなので，無形的で，なかなかその実体を認識するのは困難です。では組織文化をどのように認識できるのでしょうか。

組織文化の象徴性と抽象性を理解することが，組織文化を認識する手がかりになります。組織文化の象徴性とは，シンボル，儀式，式典，スローガン，ストーリー（伝説），行動，服装，物理的な職場環境，遊戯などに組織文化

の側面が表れることを指します。

　たとえば，新入社員を迎える入社式の模様は企業によって様々です。非常に厳格な儀式として行われるところもあれば，簡単に形式的に行われるところもあります。入社式では組織の情報として，組織の歴史やシンボルの背後にある話が新入社員に伝えられることも少なくありません。

　また，組織内では理想的・モデル的な従業員像や苦難を乗り越えた模範的で伝説的な経験や人物像の話（ストーリー）がしばしば語られます。たとえば，本田技研工業の場合は，創業者である本田宗一郎が，パナソニック（旧松下電器産業）の場合は，松下幸之助の企業観や仕事観，エピソードがよく語られ，それを継承しようとする雰囲気があります。

　さらに，文化の違いが見受けられるものに，服装があります。仕事服が自由なところがある一方で，組織が定めたユニフォームしか着用を認めないところもあります。このように，象徴的なところから組織文化を認識することができます。

　しかし，これらだけでは組織文化の全体をとらえることはできません。共通の価値観や信条，世界観，認識および思考のプロセス，意思決定の基準など，象徴的なものの根底にある組織文化の抽象性をとらえる努力が必要になります。組織文化の抽象性は，企業理念，社訓，社是，行動規約などの中に見ることができます。企業理念はその組織が，何のために，どのような活動を通じて社会と関係を持つべきかという，当該企業の目的や存在意義，指導原理を対外的に表したものを指します。また，社訓はその会社で働く社員の指針として定めた理念や心構えを，社是は会社の経営上の方針・主張を指します。

　たとえば，トヨタ自動車の場合，前身である豊田自動織機の創業者である豊田佐吉の生前の理念をまとめた「豊田綱領」がトヨタグループ企業の精神的な基盤となっています（図7.1）。豊田綱領は，まさに先に述べたような組織文化の抽象性（共通の価値観や信条，世界観，認識および思考のプロセス，意思決定の基準など）を表すもので，組織文化として創業者の精神や企業理念を従業員の価値観や思考プロセスに反映するものです。この豊田綱領

> 一．上下一致,至誠業務に服し産業報国の実を挙ぐべし
> 一．研究と創造に心を致し常に時流に先んずべし
> 一．華美を戒め,質実剛建たるべし
> 一．温情友愛の精神を発揮し家庭的美風を作興すべし
> 一．神仏を崇拝し報恩感謝の生活を為すべし

(出所) トヨタグループ (2005)『絆——目で見るトヨタグループ史』トヨタグループ史
編纂委員会, p.10 を参照して作成

図7.1 豊田綱領

の精神は，関連企業に対するトヨタ自動車の企業行動や従業員に対する様々な基本方針（終身雇用），企業の社会的な責務などの考え方を理解するにあたって，不可欠なものです。また，この理念はグループ会社の多くにもそのまま社是として継承されています（トヨタグループ史編纂委員会，2005）。

7.3 組織文化の機能

○ 組織に対する機能とメンバーに対する機能

組織文化は，組織の中でいったいどのような働きをするのでしょうか。組織文化の機能は，大きく組織そのものに機能する場合と，個々の組織メンバーに対して機能する場合とに分けられます。

(1) **組織に対する機能**：シャインによれば，組織における組織文化の機能は大きく分けて3つあります（Schein, 1985）。

第1は，組織の外部適応についての機能です（表7.1）。外部環境変化へ

	表7.1 組織に対する組織文化の外部適応と内部統合機能	

外部適応	● **使命と戦略**：中核をなす使命，第一義的責務，顕在及び潜在化している機能の提供 ● **目的**：中核をなす使命から導き出される目標についてのコンセンサスの構築 ● **手段**：組織構造，作業の分担，報奨制度，権限の仕組みなどの，目標を達成するために使われる手段についてのコンセンサスの構築 ● **測定**：情報や管理システムのような，グループがどのくらいその目標を達成しているか，測定するために使われる基準についてのコンセンサスの構築 ● **修正**：目標が達成されないとき，戦略の適切な補正あるいは修復についてのコンセンサスの構築
内部統合	● **共通言語・概念分類**：メンバー間の意思疎通の必要性 ● **グループの境界線及びメンバーの入会・退会の基準**：文化の領域でもっとも重要なひとつで，誰がグループの中で，外なのか，その資格と基準は何か，についての合意 ● **権力と地位**：どの組織も，ついばみ序列(注)やどのように権力を獲得し，維持し，失うかの基準や規則を創出すべき ● **親密さ，友情，愛**：どの組織も，同僚関係，男女関係，組織の仕事を管理する過程の率直さや親密さを扱うべき方法，などに関するゲームのルールを定めるべき ● **報奨と制裁**：組織の中で共有された奨励や制裁の基準や程度，権力と地位に対する報酬が知られていること ● **イデオロギーと「宗教」**：説明や解説が不可能なものに取り組む不安を回避することができる意味付けを与えること

(出所) E.H.シャイン／清水紀彦・浜田幸雄訳 (1989)『組織文化とリーダーシップ——リーダーは文化をどう変革するか』ダイヤモンド社，p.69 および p.85 より一部抜粋
(注) ついばみ序列とは，鶏の序列づけを指す。

の対応，組織が存続するために行われる戦略の策定・実行プロセス，それに伴う組織の使命や目的，諸手段，測定方法，修正などのメンバー間の合意形成に際して，組織文化は影響を与えます。これは企業戦略や企業システム（第8章参照）にも関わる問題です。

　第2は，組織の内部統合についての機能です（表7.1）。組織文化はそれぞれ異なる歴史やトップの価値観，事業形態を背景に形成されます。そのため，それぞれの企業には特有の言語（意味合い）や価値観，管理・評価体系（報奨と制裁，職位の権限など），職場の雰囲気，同僚間の関係性が生まれま

す。これらは当該組織に属することによって、メンバー間で共通認識として体現・浸透され、ある種の価値判断の共通基準になります。その価値判断の基準は物事に対するメンバー間で合意形成をしやすくします。

第3は、不安を低減する機能です。外部の不確実性や判断困難な出来事に直面したときに、組織文化は物事を判断できる共通のレンズやフィルターとして機能し、個々のメンバーの不安を低減させる機能が働きます。その結果、内部統合にも寄与します。

(2) メンバーに対する機能：組織メンバーに対して、組織文化は価値観や認識・思考のルール、具体的なレベルでは行動規範としての役割を果たします。組織文化はメンバーに、①判断基準の基盤、②コミュニケーションの基盤、③メンバーのモチベーションの基盤、を提供します。つまり、組織文化はソフトな管理機能があります。

○ 組織文化と組織パフォーマンスの関係

組織文化は、メンバー間の共有の度合いや行動への影響力の程度によって「強い文化」と「弱い文化」に大別できます。

強い文化とは組織文化が反映された行動規則や規範が組織内のメンバーに幅広く共有・保持され、個々のメンバーの行動への影響力が強い状態です。逆に、共有の程度が低く、一部のメンバーにしか浸透しておらず、行動への影響力も弱い状態を、弱い文化と呼びます。強い文化であればあるほど、組織パフォーマンスに与える影響が高いとされます。

長年にわたって生存し、高いパフォーマンスを上げている企業は、強い文化を持っていることが知られています。たとえば、トヨタ自動車や米国の化学メーカーのスリーエム（3M）です。両企業とも、長年にわたって継続的に高いパフォーマンスを誇りますが、その理由は高い技術力や戦略的取り組みだけではありません。新しい製品アイデアや改善提案の源が従業員にあり、従業員による自律的な研究や提案を尊重する組織文化を持ってそれを実現し

ていることが，企業の強みになっています。

　その一方で，組織文化はプラスの効果をもたらすだけでなく，逆機能もあることに注意を払わなければなりません。組織文化が組織メンバーに与える影響が強い場合，組織は目標に向けて様々な活動のベクトルを束ね，一貫性のある戦略の実行が可能になります。

　しかし，組織文化があまり強すぎると，組織に問題を引き起こします。組織文化がメンバーに「共有」されていることから，メンバーの思考や行動が均質化（同質化）してしまい，組織の行動が硬直化する恐れがあります。それによって，イノベーションが起こりにくい状況を組織内部に作り出す危険性があります。

　また組織文化は，組織の誕生から積み重ねてきた様々な試行錯誤の中で形成された産物の集合体としての側面を持ちます。そのため，その優位性への確信・偏りが，組織文化の変化を妨げる自己保存・自己防衛を引き起こす傾向があります。

○ 組織文化としてのルーチンと組織学習

　組織，とりわけ企業組織において毎日反復的に行われる業務は，あらかじめ決められた一定のルールによって行われることが多くあります。このように，定常的に予測可能なある種の意思決定については，毎回意思決定を行うのではなく，判断基準や手順をあらかじめルール化して，自動的に処理します。これを意思決定のルーチン化（routinization）もしくは意思決定の常規化と呼びます。ルーチン化することによって意思決定の量の軽減と手順の省略（意思決定に伴うコストの節約）ができ，タスクの分業化された現代企業において企業活動の効率性の向上に貢献します。

　ルーチン（routine）は様々な業務の中で生じる問題を解決していく試行錯誤プロセスの中で選択された一種のプログラムと見なすことができます。第2章で解説した意思決定論を発展させたマーチ=サイモン（J. G. March &

H. A. Simon）は，これを「行動プログラム（performance program）」と呼びました（March & Simon, 1958）。進化経済学の形成に大きな影響を与えたネルソン＝ウィンター（R. R. Nelson & S. G. Winter）によれば，ルーチンは組織の存続とメンバー間の共有によって組織の遺伝子として継承され，組織の記憶として存在する，一種の行動パターンです（Nelson & Winter, 1982）。この点で，ルーチンは組織文化の具体的な形である行動規範や思考・認識のルール化の一つの側面となります。

こうしたルーチンの特性は，組織の競争力やパフォーマンスと密接な関係を持つことになります。組織に存在するルーチンのもとでの繰り返しのタスク遂行は，メンバー個人のスキルや知識の獲得，問題解決能力を向上させるなど，メンバーの学習を促すプログラムとして機能します。

また，新しいルーチンを構築していくプロセスは，より高次の学習機会をメンバーに与えます。さらに，組織のメンバーが継続的に既存のルーチンを変え，新しいルーチンの創造や改善をしていくプロセスを通じて，組織全体としてより多くの知識を学習することができます。こうしたプロセスを組織学習（organizational learning）と呼びます（Cyert & March, 1963）。組織学習プロセスはメンバーの行動・価値観の修正，再構築を伴います（Argyris & Schön, 1978）。よって，ルーチン化のプロセスは組織学習を伴いながら，組織の競争力を強化し，パフォーマンスを向上させることになります。

ルーチンの継続的な改善による学習の枠組みを提供することや，タスクの遂行中に得られた知識や経験をマニュアル化し，組織メンバーに共有する場を作ることなどによって，組織学習が促進されます。組織にとって，これらの取り組みはメンバーのタスクの処理および意思決定プロセス，仕事のあり方，考え方を規定するものとなります。その点で，組織のルーチンを構築するプロセスは，組織学習を通じて組織文化に影響し，再び組織学習の枠組みを決めます。そして，ルーチンの変化や改善は新しい組織文化の創造につながります。つまり，組織学習と組織文化は絡み合い，相互依存し合う関係となります。

組織学習はその質やレベルによって2つのタイプに区別できます（Fiol & Lyles, 1985）。一つは低次の学習（lower-level learning）です。この学習はルーチンベースの学習を通じて，行動の修正やルールの制度化，問題解決能力と知識の向上を図り，組織の特定活動に影響を与えます。

　もう一つは，環境の複雑性や曖昧さがマネジメント能力を超えたときに必要とされる高次の学習（higher-level learning）です。高次の学習は予想できない外部変化が起こった場合，既存の共有された価値観や規範，行動を修正し，新しい意思決定のルールを再構築・調整するものです。この点で，高次の学習プロセスは既存ルーチンの枠を変え，組織文化やミッション（第8章参照）まで修正・再定義することになり，これは組織変革時に起こる学習と見なすことができます。

7.4　組織の中のコミュニケーション

○ 組織のパフォーマンスと組織の活性化

　良い組織文化を継承・創造しつつ，環境変化に適時に対応できる組織づくりを行うことは，組織のパフォーマンスの向上に貢献します。しかし，組織における組織文化の逆機能（組織の硬直化や思考の均質化など）を克服しながら組織のパフォーマンスを向上させなければなりません。それができなければ，メンバーが外部の環境に消極的な姿勢しかとれなくなり，組織の存続すら困難になります。

　このような問題が発生するということは，高橋（2003）が指摘するように，組織のメンバーが①組織と共有している目的・価値を②能動的に実現できていない状況にあるためです。逆にいえば，それを満たす組織の活性化が求められている状況を意味します。

組織の活性化の程度は，「一体化」と「無関心」という 2 つの指標で把握されます。すなわち，メンバーが組織と目的・価値を共有しているときはメンバー自身と組織が一体化（identification）されている状況と見なされます。

　また，組織がメンバーに下す命令や指示の中で，これは受け入れうるという判断（命令 A に従うのも命令 B に従うのも自分にとっては無差別であるという判断）の範囲を無関心圏（zone of indifference）と呼びます。無関心圏が大きければ大きいほど命令に対して忠実に従順していることを意味する反面，仕事に対する姿勢が受身的で，自己防衛的であることを意味します。

　日本では，経済が高度成長から低成長・安定成長へと移る頃から，組織の活性化がマネジメント課題になりました。近年でも，「どのようにすれば部下と話ができるか」「どうすれば上司とうまくつき合えるか」「私が意見を言ってもしょうがない」など，メンバー間の価値感のずれが悩みやストレスになっており，モチベーションの低下が懸念されています。こうした問題は，一体化度が低くメンバーの価値観が組織と共有されていないか，無関心度が高く自己中心的なメンバーが多いことが背景にあると考えられます。

　このように，組織の活性化は現在でも重要なマネジメント課題ですが，ではどのようにすれば，組織が活性化されるのでしょうか。その一つの可能性が組織内のコミュニケーションの中にあります。

○ 組織の中のコミュニケーション

　日常生活の中で雑談を通じて親交を深めたり，相互の状況を伝えたりすることをコミュニケーションだとイメージする人もいるでしょう。しかし，より厳密にコミュニケーションを定義すると，2 者以上の人の間の情報の移転と交換，すなわち，情報の送り手と受け手の間の相互作用を意味します。

　コミュニケーションは公式コミュニケーションと非公式コミュニケーションに大別されます。公式コミュニケーションは第 6 章で説明した組織構造から反映された，命令や指示，報告によるものを指します。これは組織構造や

職務分担によって，あらかじめ厳格な規則や規定が定められているため，コミュニケーションの内容も明確で，情報の送り手と受け手の役割や方向性が明確です。公式コミュニケーションの主な媒介は文書でのやり取り，公式的な会議による記録などがあり，それらを通じて，組織の縦と横をつなぎます。公式コミュニケーションは官僚制組織の特徴を持つ組織でよく見られます。

　次に，非公式コミュニケーションは，厳格な規則によって決められた方式やチャネル（channel；伝達経路）による命令や報告ではなく，非公式的なルートを通じて，組織メンバー間で行われるコミュニケーションを意味します。部下と上司，同僚間で行われるアドバイスやコメント，情報提供などです。非公式コミュニケーションは懇親会や運動会，趣味サークル，寮生活など，仕事を離れた様々な場所で行われ，プライベート的な悩みや相談が一緒に行われることも多くあります。

　非公式コミュニケーションは非効率的に見える部分もありますが，公式コミュニケーションを補完する重要な機能を持っています。つまり，公式コミュニケーション経路では把握しきれない，従業員の意見や考え方，悩みなどを探知し，従業員の意見を反映した取り組みを打ち出すことができます。また，マネジメント側の状況や事情についても直接に相互理解を促進させることもできます。こうした非公式コミュニケーションは従業員どうしの相互理解を深め，メンバー意識と帰属意識の高揚に貢献します。そのため，組織の活性化の重要な手段として考えられます。

　たとえば，IT企業のグーグル（Google）は，社内に無料の社員レストランを運営していますが，無料で提供することによって，社員の健康の向上だけでなく，社員が食堂に集まることを通じて社員間のコミュニケーションを図ろうとする狙いがあります。非公式コミュニケーションが日常的に行われるような場の提供も，現代企業のマネジメント課題の一つになっています。

　このように，組織の中のコミュニケーションは組織の活性化に貢献し，それが再び組織文化に影響を与え，メンバーのモチベーションの向上と組織変革をもたらします。

○ 効果的なコミュニケーションのための仕掛けと工夫

　では，コミュニケーションを効果的に行うためにはどうすればいいのでしょうか。そもそもコミュニケーションの問題は「誰が，何を，どうやって，誰に伝えるか」です。ここでは「どうやって」というコミュニケーションの手段もしくはメディアについて見ていきます。

　近年，情報技術（IT/ICT；Information and Communication Technology）の進展によって，コミュニケーション・メディアも多様化しています。情報が送り手から受け手へ正確にかつ効率的に伝達されるためには「何を使って」という媒体（情報メディア）の選択が重要になります。ダフト=レンゲル（R. L. Daft & R. H. Lengel）によれば，情報メディアによって，伝えられる情報の内容と質（リッチネス）と受け手—送り手との間のフィードバックの程度が変わってきます（Daft & Lengel, 2001）。

　たとえば，情報メディアの中で，もっとも情報のリッチネスが高く，フィードバックが速いものは対面的なコミュニケーションです。しかし，対面的なコミュニケーションは空間かつ時間的な制約を受けます。それに比べて，文書情報のフィードバック・スピードやリッチネスは相対的に低いですが，空間・時間的な制約は少ないと言えます。相互交換・伝達したい情報の性質によって，それに適した情報メディアを選択することがマネジメントの対象になります。

　最近は通信手段の発達によって，伝わる情報量が飛躍的に増加し，電子メールやTV会議，動画などの媒体を使ったコミュニケーションも増えています。こうしたITの活用で，空間的・時間的な制約が軽減され，リアルタイムで地球の反対側にいる人々と共同作業や情報交換を行うことができる環境になりました。

　しかし，ITによるコミュニケーションは「光」だけでなく「影」も存在します。IT投資に費用がかかるという問題のほか，ITを媒体にした場合にはコミュニケーションの内容や情報が制約され，伝えたいニュアンスが伝わ

らないことがあります。いわゆる微妙で感情的な雰囲気や，暗黙知として隠れている情報にあたる部分です。

　また，対面的なコミュニケーションができる環境にいるにもかかわらず，メールなどによる一方的な情報伝達により，個々のメンバーの状況を部分的にとらえてしまう弊害もあります。デジタル技術を介したコミュニケーションが一般化している中で，対面的コミュニケーションの重要性が高まっているのは，ITの「影」の問題がマネジメントに負の影響をもたらしていることが理由です。

　なお，組織内コミュニケーションの活性化に関しては，仕事の空間であるオフィスのレイアウトも重視されます（Allen & Henn, 2007）。開かれたオフィス空間や関連部署の距離的な近接性，人間の流れをコミュニケーションにつなげるレイアウト設計は，自然な形でコミュニケーションの頻度を向上させ，非公式的なコミュニケーションを活性化させる仕掛けであり，組織内の調整コストを低減させる効果があります。

演 習 問 題

　7.1　有価証券報告書を用いて，実際に企業のパフォーマンスを成長性，収益性，効率性の各指標で測定してみましょう。また，同業種に属する企業を比較してみましょう。

　7.2　出生率の低下，新入社員の定着率の低下，非正規従業員の増加など，日本企業を取りまく労働市場が変化しています。同時に，企業内での世代ギャップによる問題も大きく浮上しています。これらの要因が組織文化に与える影響について考えてみましょう。また，企業がこれらの問題にどのように取り組めばよいか，具体的に考えてみましょう。

　7.3　組織内でコミュニケーションを妨げるものとして何があるのか，組織構造と人間関係の側面から調べてみましょう。

　7.4　生産性向上のための取り組みにはどのようなものがありうるのか考えてみましょう。

第 III 部

組織外部環境・資源へのマネジメント

第 8 章　経営戦略

第 9 章　市場戦略

第 10 章　組織間関係と外部資源の管理

第 8 章

経営戦略

　組織の個々のメンバーの意志や努力だけでは，組織目標を達成することは困難です。組織の目標を達成するためには，誰かが，どのようにそれを達成するかという計画を立てて，組織を動かさなければなりません。その際には，組織のことだけでなく，産業の発展や技術の進歩，消費者の変化，競合企業の行動といった外部環境の変化に，どのように対応すればよいかを考えることも必要です。このとき，とるべき行動や方向性の決定はどのようになされるのでしょうか。この問題を取り扱うのが経営戦略論です。

○ *KEY WORDS* ○

多角化，PPM，経験曲線効果，
ポジショニング・アプローチ，SWOT 分析，5 つの競争要因，
資源ベース論（RBV），VRIO，プロセス型戦略論

8.1 経営戦略の形成プロセス

○ 経営戦略の概念とその意味

「戦略」とはどのようなものでしょうか。戦略（strategy）という用語はそもそも軍事用語です。その意味は将軍、将軍の術（art of general）とされるギリシャ語のストラテゴスに由来します。軍事用語である戦略は、しばしば戦術（tactics）と対比されて説明されます。戦争に勝つことが最終目標だとすれば、それを達成するための長期にわたる一貫性をもった計画が戦略であり、戦術はその戦略の遂行プロセスにおいて直面する、解決すべき問題に対する行動のことを意味します。

経営戦略という言葉については第2章でもふれましたが、その定義において必ずしも合意がなされているわけではありません。

第1章でも紹介した経営史学者チャンドラーによれば、戦略は「企業の基本的な長期目標（goals and objectives）を定めた上、その目標を実現するために必要な行動のコースを採択し、経営資源の配分（allocation）を行うこと」です（Chandler, 1962；邦訳『組織は戦略に従う』）。

一方、戦略経営の父とも呼ばれるアンゾフは、経営戦略を企業の「重要目的、意図ならびにこれらの目標を達成するための基本的な諸方針と諸計画などからなる構図」としています（Ansoff, 1965）。

また、アンドルーズ（K. R. Andrews）は「企業の目標を決定し、目標を達成するための主要な方策を立案し、追求すべき事業の範囲を決定する意思決定のパターン」のことを戦略と定義しています（Andrews, 1971）。さらに、ポーターの "Competitive Strategy"（Porter, 1980；邦訳『競争の戦略』）以降、市場での競争を重視し、戦略を「いかに競争に成功するか、ということに関して一企業が持つ理論」と定義するようになりました（Barney,

1997)。このように，時代や論者によって，戦略論に関する研究は異なる観点から多様に定義されています。

これまで提示されてきた様々な経営戦略の概念を整理し，ミンツバーグは戦略の概念の多様な側面を次の 5P で示します（Mintzberg, 1987）。5P とは計画（Plan），策略（Ploy），パターン（Pattern），位置（Position），視野（Per-specive）です。

①計画（strategy as Plan）：目標を達成するための意識的に意図された行為のコースや，ある状況に対応するための行動指針（ガイドライン）としての戦略。戦略を意思決定のルール，または手順としてみているアンゾフはこれに該当

②策略（strategy as Ploy）：特定の競争状況において対抗者やライバルを出し抜くための具体的な策略（maneuver）を指す

③パターン（strategy as Pattern）：計画や策略としての戦略は意図された戦略だが，これは意図されているか否かではなく行為の一貫性のある流れとして定義する。後述するプロセス型戦略論がこの視点に立っている

④位置（strategy as Position）：環境における組織の位置を規定するものとしての戦略

⑤視野（strategy as Perspective）：組織の世界観，コンセプト，文化（culture），共通認識の共有としての戦略の概念

これらの5つの側面をどのように理解すればよいのでしょうか。簡単にどれを優先すべきかとは言えません。これらの側面は実際には複合的に相互関連し合っています。よって，以上の5つの側面を踏まえて戦略を定義するとすれば，組織の目標を達成するための外部環境の機会と自己能力との相互作用にもとづいた，一貫的かつ計画性のある意思決定の指針および行動パターンとなります。

○ 経営戦略のレベル

経営戦略は，組織の階層に対応して企業（全社）戦略，事業戦略，機能別戦略が必要とされます。

企業戦略（corporate strategy）は基本的に企業全体の事業の活動領域，これをドメイン（domain）と呼びますが，その決定や，次節で述べる多角化戦略，企業のミッションなどの決定に関する戦略です。

これに対して，特定の事業に関わる戦略を事業戦略（business strategy）と呼びます。単一事業で構成される企業の場合，企業戦略と事業戦略は同一のものとなります。複数の事業を抱えた企業の場合，その領域の数だけ事業戦略がありえます。

機能別戦略（functional strategy）は，各事業の戦略を達成するための，より具体的な諸活動，すなわち生産，研究開発，人事，財務，マーケティングといった各機能部門における戦略を指します。

各戦略は，図8.1に示すように，組織構造の階層構造と同様に，企業戦略—事業戦略—機能別戦略の順に決められていくのが一般的です。すなわち，本社が全社レベルの企業戦略を策定し，それを受けて事業部が事業戦略を策定し，そして事業戦略の遂行に必要な機能別戦略を機能部門が策定します。

このとき，必ずしもこのような一方的なトップダウンで決まるだけではありません。実際に，企業の経営戦略の立案，戦略実行プロセスを見ると，それぞれの戦略が完全に独立した形で行われることは少なく，多くの場合，図8.1に示すように，相互調整や相互作用の中で策定，実行されています。

たとえば，グローバル生産およびグローバル市場の時代になった今日は，どの国に進出すべきか，どのような活動まで現地化すべきか，将来の事業のためにどのような技術を開発していくべきか，ということが個別の事業部や機能部門での重要な意思決定課題となります。しかしそれは，企業全体への影響や効率を考えて，全社レベルで意思決定しなければなりません。

この点で，コリス=モンゴメリー（D. J. Collis & C. A. Montgomery）は，

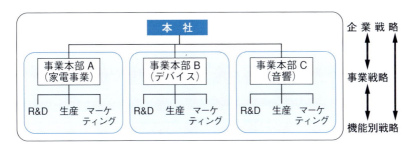

図8.1 経営戦略のレベル

事業戦略と企業戦略を統合し，包括的な視点で「企業が複数の市場における活動を組み合わせることによって価値（利益）を創造する方法」を企業戦略として定義しています（Collis & Montgomery, 1998）。

戦略の策定プロセス

では，実際に戦略はどのようなプロセスで策定されるのでしょうか。一般的に多くの企業は，第7章で述べたように企業理念もしくは社訓，社是を持っており，それを世の中に実現することをミッション（mission；使命）としています。ミッションとは，その企業の根本的な目標と長期目標のことです。ミッションにもとづいて，自社の未来像であるビジョン（vision）を持ち，行動する企業をビジョナリー・カンパニー（visionary company）と呼びます（Collins & Porras, 1994）。企業はこのミッションから具体的な目標を立てて，組織の生存・活動領域である企業ドメインを設定し，戦略を策定し，計画的に実行していきます。

ここでミッションから導き出される目標（objectives）とは，ミッションがカバーする領域で企業が達成しようとする，具体的で測定可能な業績上のターゲットです。たとえば，世界市場シェア20%を目指すという目標です。

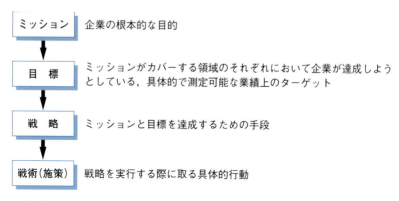

(出所) J.B バーニー著／岡田正大訳（2003）『企業戦略論（上）』ダイヤモンド社，p.38 より

図 8.2　戦略の策定プロセス

　企業がそのミッションと目標を達成するための手段を選択するのが戦略で，戦術または施策（policies）は戦略を実行する際に企業がとる具体的な行動のことを指します。これらの一連のプロセスが戦略策定プロセスです（図8.2）。

　しかし，戦略論の代表的な研究者バーニー（J. B. Barney）によれば，企業のミッションから企業戦略を策定するアプローチは，計画的かつ一貫性があると見えるものの，限界があります。

　その限界は，まず，ミッションやビジョンは創業者や経営者の価値観，世界観などを反映したものであるため，それらから導き出された戦略が，市場や競争環境の変化に適合する可能性が低いことです。次に，ミッションやビジョンは戦略を選択しようとする企業に明確な価値基準を提供しますが，実際にその実行を担う管理者層には有効な指針を示しえないことです。最後に，企業目標を達成するための戦略の選択肢は無数に存在しており，ミッションだけでそれらの戦略の優位性を決めることは難しいのです。

8.2 企業戦略論の形成と進化

○ 多角化の時代と企業戦略論の台頭

経営学の分野で「戦略」という用語が使われ始めたのは，1950年代の後半と言われています。経営戦略は，企業の多角化の進展とともに登場し，PPM，SWOT分析などの分析型戦略論が発展しました。

その後，外部の環境要因と競争関係に注目する競争戦略論が誕生し，競争の中で他の企業にどのように勝つかという，競争優位（competitive advantage）を考えるようになりました。競争優位の戦略論としては，競争優位の源泉を外部環境に探すポジショニング・アプローチと，組織内部に探す資源ベース論があります（第2章図2.2参照）。一方で，戦略の実行プロセスを重視するプロセス型戦略論も形成されました。

では，まず戦略論に関する議論のきっかけになった，米国企業の多角化から見ていくことにしましょう。

単一製品あるいは一つのサービス供給から始まった企業が，成長とともに，複数の分野を手がけ，事業領域を拡げていくことがあります。これを一般的に多角化（diversification）と言います。

第2次世界大戦後，米国では，戦争中に開発された軍事技術の民間への転用と，石油化学やエレクトロニクス分野の新技術開発・活用によって，企業に新しい成長の機会がもたらされました。企業は産業の成熟に伴う市場需要の低下，既存産業の成長率の鈍化から脱却するため，様々な新しい市場や製品事業領域に進出し，企業の成長を図ることになりました。そのため，1960年代はいわゆる「多角化の時代」となり，個々の企業の成長や存続の問題として，全社レベルでの経営戦略が関心を高めることになりました。

米国の化学会社デュポン（Du Pont）や自動車会社ゼネラルモーターズ

（General Motors；GM），スタンダード石油ニュージャージー（Standard Oil Company of New Jersey）の過去 70 年間の膨大な歴史的研究を行ったチャンドラーは，米国を代表する大企業が製品・市場を多角化しながら成長を図ってきたことと，そうした変化によって組織構造が職能別組織から事業部制組織へ変わってきたことを，1962 年に出版された有名な著書 *Strategy and Structure*（Chandler, 1962）で明らかにしました。そこで，「組織は戦略に従う」という命題を提示し，経営者の役割と戦略の重要性を唱えました。

　この著書で彼は，前述したように，戦略を「基本的な長期目標を定めた上，その目標を実現するために必要な行動のコースを採択し，経営資源を配分すること」と定義しました。しかしながら，チャンドラーの関心は戦略そのものよりも，多角化戦略の実行のための有効な組織形態やマネジメントのあり方にあったため，戦略そのものの分析は不十分でした。

○ アンゾフの企業戦略論とルメルトの多角化研究

　多角化の問題と経営戦略論に関して本格的に議論を行ったのは戦略経営の父と呼ばれるアンゾフです。アンゾフは著書 *Corporate Strategy*（Ansoff, 1965；邦訳『企業戦略論』）で，当時の企業が直面していた既存産業の成長の鈍化と多角化の動きの中で，企業戦略に限定し，自社の取り扱う製品と市場の組合せによる事業領域の設定を戦略と見なし，企業の成長ベクトル（product-market growth matrix）を提示しました。

　アンゾフの企業戦略論では，サイモンが提唱した意思決定論を援用しています。意思決定論では，目的を定め，内外部の制約条件の下で結果を予測しながら目的達成の手段と達成可能な代替案（行動計画）を選択していくプロセスを意思決定ととらえます。アンゾフは企業全体を方向づける意思決定を戦略的意思決定と呼び，それが部分的無知の下で非反復的に行われることや，その意思決定フローを提示しました。

　戦略的意思決定のフローは，まず企業の目的を達成するために内部で可能

製品（ライン）						
既存製品(現在)		新製品(将来)				
P_0		P_1	P_2	P_3	⋯	P_n

市場	既存市場（現在） M_0	市 場 浸 透 (Market Penetration)	製 品 開 発 (Product Development)
	新市場（将来） M_1 M_2 ⋮ M_n	市 場 開 拓 (Market Development)	多 角 化 (Diversification)

(出所) Ansoff, H. I. (1957) Strategies of Diversification. *Harvard Business Review*, 35(5), p. 114（Exhibit I）より一部改変

図8.3 成長ベクトル

かどうかを評価する内部評価を行います。ここでは，①製品—市場構造，②当該市場の成長性と収益性，③（工学）技術の特性と役割，④投資，⑤マーケティング，⑥競争（市場構造），⑦戦略的見通し，について評価されます。

　次に，現在の製品—市場の範囲以外に，当該企業が利用できる製品—市場機会があるかどうかについて検討する外部評価を行います。そして，進出可能な製品—市場の選択肢の中から，異なる事業間の何らかの資源を組み合わせて活用することから得られるシナジー効果（synergy effect；相乗効果）などを考慮し，内部・外部評価から導き出された選択肢を選択することになります。つまり，図8.3で示すように，既存の製品と既存市場のセルから，新しい製品や市場へ成長ベクトルを決めることになります。

　市場および製品の新旧によって展開可能な企業の成長ベクトルは，次の4

つです。

①市場浸透（market penetration）：現在の製品の使用頻度や量を増やしたり，新しい顧客に購入を促したり，市場シェアを拡大する。

②市場開拓（market development）：これまで参入しなかった，もしくはできなかった市場を開拓し，販売地域を拡大したり，既存製品の用途や仕様を変更したりすることで，これまでに参入しなかった地域や製品の市場を広げていく。

③製品開発（product development）：既存市場に新しい製品を導入することで成長を図る。

④多角化（diversification）：当該企業にとって新しい製品セグメントを導入し，新しい市場を開拓する。

このうちの「多角化」についてはチャンドラーの研究を受けて行われたルメルト（R. P. Rumelt）の綿密な実証研究によって，その実態や企業の行動パターンが明らかになりました（Rumelt, 1974）。彼は，1946〜1969年の間に"*Fortune*"（「フォーチュン」）誌に掲載された米国最大企業500社ランキングを対象に，1949年，1959年，1969年にリストアップされた企業の中からそれぞれ100社をサンプリングし，246社（重複企業を除き）に対して，実際にどの程度多角化が行われてきたのかを調べました。彼は，ある年度において企業全体の収益に対してその企業の中の最大の単一事業が獲得した収益の比率を専門化率（specialization ratio），企業全体の収益に対して関連し合う事業の最大グループが獲得した収益の比率を関連率（related ratio）とし，この指標を用いて，多角化を単一事業，主力事業，関連多角化，非関連多角化に類型化し，戦略と組織構造の関係についても分析を行いました。

その結果を見ると，1949年には米国最大企業500社のうち70%が単一事業または多少多角化している主力事業でしたが，1969年には半数以上の企業が多角化を行っていました。組織構造も，1949年には20%しか採用されていなかった製品別事業部制を，1969年には75%が採用していました。

市場と製品を拡大させる企業成長戦略である多角化は，大きく２つに類型化できます。第１の類型は，既存事業領域で蓄積された製品技術や生産技術，ノウハウなどの経営資源との関連性が高い新しい事業領域を構築する関連多角化です。たとえば，本田技研工業がエンジン技術をベースにバイク，自動車，発動機，船外機，ジェットエンジン事業へ展開しているのは好例です。ルメルトは関連多角化を抑制型（constrained）と連鎖型（linked）に分類しました。前者はこれまでの事業分野で蓄積してきた製品技術や生産技術，ノウハウなどをもとに新規事業を展開し，事業分野間での資源の緊密な共有活用を行う多角化です。後者は新規分野から，さらにそれに関連する新規事業分野へと，次々と連鎖的に展開していく多角化です。

　多角化の第２の類型は非関連多角化で，従来の事業との関連性は低くても，企業買収や合併を通じて期待投資収益率の高い事業領域へ進出します。

　関連多角化と非関連多角化のどちらが望ましいかについては，異なる事業部が技術，生産，購買，物流，販売などの業務において資源の共通利用を行える可能性が高いことから，関連多角化が望ましいとされます。なぜなら，規模の経済性（economy of scale；大量生産による単位当たり費用の逓減）や範囲の経済性（economy of scope；共通費用の節約）の効果を享受し，シナジー効果を最大化できるからです。一方，非関連多角化は異なる分野の事業を持つため，環境変化による事業リスクを分散することができるメリットがあります。

　ちなみにルメルトの調査結果によれば，多角化した米国企業の３割が非関連多角化（コングロマリットあるいは複合企業）でした。日本企業の場合，関連多角化が多く見られます。

○ Ｐ Ｐ Ｍ

　1970年代になると，多角化により事業部が増えたことに伴い，「多角化した事業をどのように管理するか」が最大関心事になりました。この問題に一

つの解を与える手法が，ゼネラル・エレクトリック（GE）とボストン・コンサルティング・グループ（BCG）が共同で開発したPPM（Product Portfolio Management；プロダクト・ポートフォリオ・マネジメント）です。PPMは縦軸に市場成長率を，横軸に相対的市場シェアをとり，2×2の2次元マトリクス（matrix）の上に，各事業単位のポジションをプロットした上で，資源，とくにカネ（キャッシュ）の集中と選択を行うことで，企業の成長を追求しようとする手法です。

　縦軸の市場成長率は実際の市場成長率を表すもので，高低の境目は約10%と言われています。横軸の相対市場シェアは自社を除く業界他社のうち最大手と自社の市場シェアとの対比です。たとえば，自社が業界1位，市場シェア20%で，2位の企業が10%だとすれば，相対的な市場シェアは2（20÷10）になります。逆に自社の市場シェアが10%で，業界最大手の市場シェアが20%であれば相対的な市場シェアは0.5（10÷20）になります。

　図8.4に示すように，PPMの基本的な考え方は，各事業部が属するポジションを4つのセル，すなわち金のなる木（cash cow），花形（star），問題児（question mark，あるいはproblem child），負け犬（dog）に分類し，キャッシュの流入および流出面でとるべき戦略的行動を選択することです。

　キャッシュの流出より流入が多い金のなる木から「収穫」し，吸い上げたキャッシュを市場成長率の高い（今後も継続的に高い市場成長率が予想される）花形の事業に投資します。または，市場成長率が高いにもかかわらず自社の市場シェアが低い事業（問題児）に投資し，市場シェアの「拡大」を図る戦略をとります。あるいは，問題児の事業から撤退し，その事業から回収したキャッシュを花形へ投資します。負け犬にある事業の場合は，相対市場シェアと市場成長率が低いため，「撤退」することでキャッシュを回収し，他のセル（問題児や花形）にある事業部への投資を行います。

　こうしたPPMの考え方は，集中すべき分野がどこで切り捨てるべき分野がどこかを示唆して，限られた資源の中で「選択と集中」の選択基準を提供します。また，PPMは外部環境への適応の実績だけでなく，内部組織の充

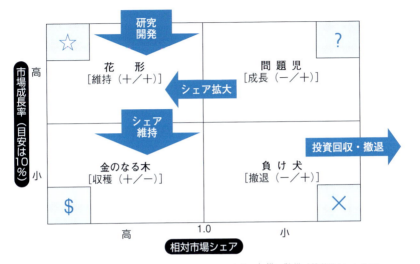

(出所) 髙橋伸夫(2006)『経営の再生──戦略の時代・組織の時代［第3版］』有斐閣，p.63より一部改変
(注) 図中の( )内は，資金流入／資金流出の大(＋)小(−)を表す。

図8.4　PPMの分析枠組み

実度を考慮し，事業部評価をしている点で評価できます。

相対的市場シェアが高い事業は，累積生産量の増加によって一定の割合でコストが低減する経験曲線効果（p.165）が大きくなります。コストが削減されるのは様々な経営資源や経験，知識が蓄積されるためで，投資することによってこの効果を高め，収益性につなげることがPPMの前提になっています。

しかし，PPMには問題もあります。たとえば供給超過による市場価格の変動，それによる産業の魅力度の変化は考慮されていません。また，PPMは市場成長率や相対市場シェアという2つの単純な指標だけで事業展開・継続の妥当性を説明しています。そのため，負け犬事業は撤退することになりますが，それにより，これから新しい市場を開拓していく新規事業への投資

は難しくなります。

　これまでの企業の成長，とくに日本企業の成長経緯を見ると，内部で長期にわたって技術やノウハウを蓄積した結果，現在の企業成長と収益がもたらされていることに着目しなければなりません。短期的な利益の追求に集中しすぎて，将来に必要な資源の育成を軽視すると，企業の長期的な成長は期待できません。

　もちろん，これらの問題点によって PPM の有効性が否定されるわけではありません。すなわち，事業評価は PPM も含めて，短期と長期のバランスある視点から総合的に行うべきなのです。

8.3　競 争 戦 略 論

　多角化の時代に，企業の成長を解明しようとすることから本格化した戦略論研究はその後，外部環境と内部組織の適合分析の手法として SWOT 分析が考え出され，その手法を援用して，競争優位性をもたらす要因に分析の焦点をおいた競争戦略論へと発展してきました。以降では，SWOT 分析と，ポジショニング・アプローチ（positioning approach）を代表するポーターの競争戦略論を説明し，次節で資源ベース論を解説します。

○ ＳＷＯＴ分析

　戦略の策定プロセスの中で環境および資源分析を行う際に，よく用いられるのが SWOT 分析（SWOT analysis）です（図8.5）。SWOT 分析では，企業は自社の強み（Strength），弱み（Weakness），機会（Opportunity），脅威（Threat）が何かを明らかにし，競合相手と比べて相対的な競争優位性を評価し，戦略を策定します。

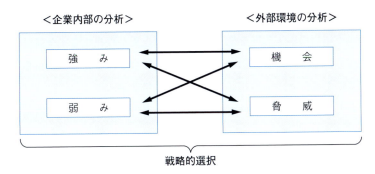

図 8.5　SWOT の分析枠組み

　SWOT分析の考え方は，企業独自の組織能力（capability；ケイパビリティ）と業界の競争条件との適合（fit）と，自社の独自能力および資産が競争優位性をもたらすような市場ポジションを選択・創造するというものです。つまり，いかにして自社の強みを活用し，弱みを回避・克服し，機会をとらえ，脅威を無力化しうるのかという発想です。

　ところが，SWOT分析は企業が戦略を立案する際に，強み，弱み，機会，脅威を考慮すべきであることを明確に示したものの，その4要因の中身は何であり，また，どのような基準と方法で示すかについてはあまり明らかにしませんでした。こうしたSWOT分析の限界から，産業を対象に経済学的分析を行う産業組織論の考え方，すなわち産業レベルでの企業数や企業規模などの産業構造が企業行動を規定し，それによって当該産業の収益性が決定されるというSCP（Structure-Conduct-Performance；産業構造—企業行動—成果）モデルにその答えを求めることになります。

◯ ポーターの競争戦略論

　なるべく市場の参入障壁を低くし，多数の企業が存在する完全競争に近い市場構造を作り上げ，企業側の競争により，社会が得る便益（benefit）を高めるべきである，というのが産業組織論の発想です。

　もともとその産業組織論の研究者であったポーターは，産業組織論の逆の発想で競争戦略論を提唱しました。つまり，SCP をベースに，市場の参入障壁が高ければ競争に振り回されなくなるし，その結果，企業は高い利益を得られるという発想をしたのです。このような発想で構築されたのが，ポーターの競争戦略論です。

　ポーターの競争戦略論の基本形は，①コストリーダーシップ，②差別化，③集中の3つに集約されます（Porter, 1980）。この3つの基本戦略は，単独もしくは組み合わせて行われます。その3つの戦略は次の通りです（図8.6 参照）。

　(1) **コストリーダーシップ戦略**：第1は，コスト面で業界の最優位に立つことを目標とする戦略です。他の企業よりも低コストを実現すれば，業界内に強力な競争相手が現れても平均以上の収益を獲得することができます。また，値引きや原材料費の上昇にも対応できるメリットがあります。具体的な活動指針としては，研究開発費，マーケティング費用，間接諸経費などの経費削減を含むあらゆる企業活動にかかるコストに対するコントロールと，市場シェアの拡大によるコストの低減活動が含まれます。

　企業活動におけるコストコントロールは，たとえば製造業の場合，製造しやすい設計（design for manufacturing），開発リードタイムの短縮，設備の有効活用と稼働率の増加，品質の早期安定化，現場における無駄の排除などがあります。

　市場シェアの拡大によるコストの低減については，規模の経済性の効果を享受することで，製品コストの削減を可能にします。たとえば一定の人数で生産するときに，たくさん作れば，その人件費を分散させることができ，安

	戦略的優位性	
	顧客によって 認知される特異性	低いコスト ポジション
戦略的ターゲット 産業全体	差別化（②） (differentiation)	コストリーダーシップ（①） (cost leadership)
特定セグメントのみ	集　中（③） (focus)	

（出所）　Porter, M. E.（1980）*Competitive Strategy*. The Free Press, p.39 より

図8.6　3つの基本戦略

く作れます。このように，製品やサービスの産出にかかる単位当たり平均費用が産出量の増加に伴って低下することを規模の経済性と呼びます。規模の経済性は，他社に対して参入障壁を構築する働きをします。

　また，市場シェアの拡大は企業に経験曲線効果をもたらします。1単位の生産に要する加工時間が，累積生産量が倍加するごとに15〜20% 低減していく学習曲線（learning curve）と呼ばれる現象がありますが，その効果も含めて，経験曲線（experience curve）とは1単位を生産するのに必要とされる総コストが，累積生産量が倍加するごとに15〜30% 低減することです。つまり，ある製品の総生産量を速く増やせば増やすほど，1単位当たりの製品のコストが低下することを意味します。したがって，競合企業より速く生産量を増やし，市場シェアの拡大が達成できれば，経験曲線効果によってコストが下がり，競合相手とのコスト差がさらに利益に還元されることになります。

　(2)　**差別化戦略**：第2は，自社の製品やサービスに関して，業界の中でも特異だと顧客から見られる何かを創造しようとする差別化戦略です。製品設計や機能，ブランド，技術，対顧客サービス等々の差別化があります。差別

化戦略はコストを無視するわけではありません。差別化戦略は顧客に価格以外の価値を提供することによって，コスト競争や代替品の登場による損失を受ける余地を減らし，いったん差別化の地位を獲得すれば他者に模倣されにくい価値を構築することができます。

(3) **集中戦略**：第3は，特定の買い手グループ（顧客）や製品，市場など，狭いターゲットに絞り，資源を集中する戦略です。産業全体で活動するほどの資源がない場合に，よくとられる戦略です。コストリーダーシップ戦略と差別化戦略は両立が困難ですが，特定の狭い市場をターゲットにした集中戦略はその両立を可能にします。しかし，達成可能な全体市場シェアの大きさという点で制約があります。

○ 業界構造分析と5つの競争要因：Five Force

中国の古典である「孫子兵法」によれば，究極の戦略は，戦わずに勝つことです。企業にとっての究極の競争戦略も同じく，ライバルのいない環境，独占状態に近い業界で事業を行うことかもしれませんが，ほとんどの業界ではそれは不可能です。ポーターによれば，業界の魅力度（収益性）は，業界構造によって規定されます。その競争状態を規定する要因は，①業界内の競合他社，②新規参入業者，③代替品，④買い手，⑤売り手，の5つが挙げられます（図8.7）。

(1) **業界内の競合他社との敵対関係の強さ**：同等規模の競合企業が多い場合や，業界の成長が遅い場合は，競合企業間の関係もより敵対関係になりやすくなります。

また，固定コスト（生産量の変動にかかわらず，所要される一定の費用）や在庫コストが高く，生産能力の増強単位（増設する生産能力の基本単位）が液晶や半導体産業のように大きく，撤退障壁（撤退を妨げる要因をクリアするためにかかるコスト），資産の特殊性（asset specificity；特定の顧客に対し，自社の資産が特殊な価値をもたらすこと）の程度，政府や社会からの

参入障壁

- 規模の経済性
- ブランドの信用
- 巨額の投資
- 絶対的なコスト優位
- 特異な低コスト製品設計

敵対関係の要因

- 市場集中度
- 固定費（および在庫コスト）と付加価値の比
- 業界の成長率
- 断続的な過剰キャパシティ
- 取引相手をスイッチングコスト
- ブランド確立の程度
- 競争相手の多角化の程度
- 撤退障壁

② 新規参入業者

新規参入の脅威

① 競合他社

⑤ 売り手（供給業者）　売り手の交渉力　業者間の敵対関係　買い手の交渉力　④ 買い手（顧客）

代替製品・サービスの脅威

③ 代 替 品

売り手の交渉力の要因

- 売り手の市場集中度
- 売り手および業界内企業のスイッチングコスト
- 資材の差別化の程度
- 供給業者と仕入先の変更コスト
- 代替資材の有無
- 業界の総仕入量に占めるコスト
- 業界全体の総購入金額に占める売り手製品の金額

買い手の交渉力の要因

交渉能力の専業度
- 買い手の注文量
- 買い手の情報
- 代替品の有無

価格敏感度
- 仕入価格水準
- 製品差別化
- ブランド意識
- 品質・性能との関係
- 買い手の利益
- 仕入決定者の狙い

(出所) M. E. ポーター／土岐坤・中辻満治・服部照夫訳（1985）『競争優位の戦略』ダイヤモンド社, p.9 より一部改変

図8.7 ポーターの5つの競争要因（Five Force）

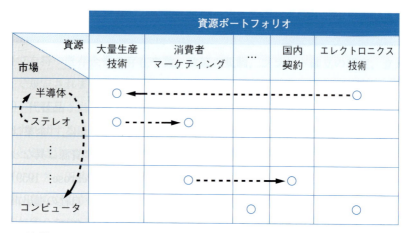

(出所) Wernerfelt, B. (1984) A resource-based view of the firm. *Strategic Management Journal*, **5**(2), pp.171-180, Fig.4 より一部改変
(注) 横の矢印は資源の開拓展開（exploit and develop）を，縦の矢印は市場の拡大を表します。

図8.8 資源市場マトリクス

　優れた業績を上げ，かつ長期に渡って，その競争優位性を持つのは，他社にはない優れた経営資源や能力を持っているからである」，これが資源ベース論の基本的な主張です。ここでいう経営資源とは，すべての資産，ケイパビリティ，組織内のプロセス，情報，諸制度，人的資本，非公式および公式的な組織構造などが含まれます。

　よって競争優位性をもたらす資源を，内部で育成，蓄積することが企業の戦略的課題となるのです。ブランド，技術力・ノウハウ，サービス供給力などの見えざる資産（invisible assets；伊丹，1984）が企業価値と競争力を左右するという議論も，同じ考え方に立ちます。

○ 競争優位性のある資源：VRIO

では，競争優位性をもたらす資源とはどのようなものでしょうか。資源ベース論では，以下の4つの基準から持続可能な競争優位性のある資源を判断します。その頭文字をとって，これをVRIOモデルと呼びます（Barney, 1997；Collis & Montgomery, 1998）。

第1が，経済価値（Value）です。他社より顧客ニーズの充足度が高い競争優位に貢献できる資源のみを，価値のある資源として見なします。資源は，①既存資源を強化することで価値向上に貢献できるような形にする，②既存資源と補完的な関係にある資源を見つける，③新しい資源を開発する，④未利用資源を活用し，資源の複合的な活用を行う，などの方法で，その価値を向上させることができます。

第2が，希少性（Rareness）です。すなわち，どのくらい多くの競合企業が当該資源を保有できるかということを問題にします。たとえば，立地条件の良い場所はいったん他社の手にわたってしまうと，他社が売却しない限り，手に入れることは困難です。その意味で，百貨店やホテル業界では立地が希少性のある資源と見なされます。

第3が，模倣困難性（Imitability）です。競合相手が簡単に真似できる資源か否かです。真似するのに非常に高いコストや長い時間がかかる場合，あるいは様々な要素が複雑に絡んでいて因果関係の不明（causal ambiguity）の場合，何をすれば真似できるのかが見えにくく，競争相手による代替が困難になります。こうした模倣困難性によって，競争優位性の持続可能性が決まります。

第4が，組織（Organization）です。ここで「組織」というのは，資源を有効に戦略遂行に結びつける組織体制になっているのかどうかを意味します。同じ資源を有しても，それらを結合する方法や活用のあり方で競争力が左右されます。

◯ プロセス型戦略論

　初期の戦略論は，あらかじめ長期にもとづく計画と，一貫性のある意思決定のパターンを持ち，それに従って行動する「計画性」に戦略の意味がありました。しかしながら，戦略の立案の際，すべての条件を的確に把握し，それを戦略に反映し，すべての代替案を用意し，当初に意図した戦略を実行することはほとんど不可能です。

　また，戦略の実行（implementation）プロセスを考えると，企業を取り巻く環境は常に変化しており，企業活動に影響を与える予想せぬ出来事（自然災害や政治，経済状況，新技術の登場など）にしばしば遭遇します。その際，戦略の重要なポイントはむしろ，その変化にいかに対応できるかになります。

　この点に注目したのがミンツバーグ（Mintzberg, 1978）を代表とするプロセス型戦略論です。プロセス型戦略論は，事前に作成された戦略を持っていたとしても，いったん市場で実行に移されると，すべてが当初の計画や意図通りに実行されないのが一般的であるという観点に立っています。

　図 8.9 のように，当初の意図された戦略（intended strategy）から予期しない変化によって戦略が修正される場合や，また，時間の経過とともに，当初予想もしなかった事業機会を認識し，そこから戦略的学習（strategic

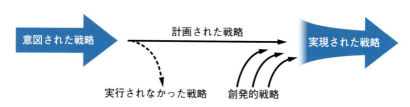

（出所）Mintzberg, H. (1978) Patterns in strategy formation. *Management Science*, **24**(9), p.945 より

図 8.9　戦略の形成プロセス

learning）を通じて生まれた創発的な戦略を取り入れ，発展の契機にすることで，「予期せぬ結果」として戦略が実現される場合もあります。

このように，プロセス型戦略論は，外部環境と自社の能力を認識した上で，企業が予期せぬ環境変化に対して創発的に対応できる，柔軟性のある戦略実行プロセスとそこから生まれる創発的戦略（emergent strategy）を重視するアプローチです。

演 習 問 題

8.1　A社は4つの製品事業部を持っています。各事業部の状況は以下の通りです。PPMを用いて，今後のA社の戦略について議論してみましょう。

市場 シェア 事業部	業界1位	業界2位	A 社	市場規模	市場成長率 の平均 （3年間）
A製品事業部	A社	20%	40%	70億円	5%
B製品事業部	25%	18%	15%	100億円	13%
C製品事業部	30%	A社	25%	50億円	5%
D製品事業部	30%	22%	15%	150億円	5%

8.2　戦略の目的，優位性の源泉，実行プロセスに関して，ポジショニング・アプローチと資源ベース論，それぞれの観点から議論してみましょう。

8.3　家電業界における特定企業を選び，5つの競争要因分析を行い，比較してみましょう。その際に，競争次元をグローバルに広げて考えてみましょう。

8.4　プロセス戦略論の典型的な事例と言われているのはホンダのアメリカ進出におけるスーパーカブの事例です。そのストーリーを把握し，類似する事例について議論してみましょう。

第 9 章

市 場 戦 略

　企業は市場で他企業と競争します。このとき，企業は自企業だけでなく，他企業や消費者について分析し，戦略を考えて行動に移し，企業の成果を高めなければなりません。

　たとえば，他企業とは熾烈な競争をすることもあれば，お互いに協力し合うこともあります。あるいは，移ろいやすい消費者の動向を読み，どのような製品が消費者に受け入れられるかを追求していきます。企業は臨機応変に市場に対応する必要があるのです。

○ *KEY WORDS* ○
顧客志向，市場志向，マーケティング・ミックス，
プロダクト・ライフサイクル，市場地位，イノベーション

9.1 競争の意味

○ 他企業との競争

　環境を考慮して組織の成果を高めようと考えるのが第8章で述べた経営戦略ですが，この環境の中で，企業にとってとくに重要な存在が，顧客（customer）です。顧客が企業の成果物を購入し対価を支払うことで，その金銭をもとに企業の各種経営資源を維持，拡大することができるためです。

　顧客は無限に存在するわけではありません。日本の一般消費者は人口の数だけ，2018年では約1億2千6百万人います。その中で，食料品のような消耗品は毎日でも買われますが，自動車のような耐久消費財は何年ももつため，毎年買い換えようと思う人は少なくなります。たとえば自動車の国内市場規模を，2018年に日本で売れた新車販売台数で見ると，527万台でした（図9.1）。

　それぞれの企業が努力した結果これだけ売れた，と言うことができますが，この限られた顧客を企業は奪い合っている，と言うこともできます（図9.2）。顧客はもっとも良いと思った企業から購入します。そのため，自企業の商品を売るためには，他企業よりも，商品そのものの良さ，低価格，アフターサービスの充実など，顧客にとって魅力的な条件を提示する必要があります。他企業も，より魅力的な条件を提示できるよう努力します。このとき，企業の間で，顧客を獲得するための競争が起きます。

　競争の結果，多くの顧客に魅力的だった企業は，多数の顧客を獲得することができます。残りの企業は少ない顧客しか得られませんが，コストをかけていなければ，あるいは少ない顧客に高い価格で商品を売れば，十分な利益を得ることができます。

　このように，環境の中でも，部品供給企業や小売企業，ライバルも含めた

（資料）　一般社団法人日本自動車工業会　http://www.jama.or.jp/

図 9.1　自動車の国内新車販売台数の推移（2004-2018 年）

9.1 競争の意味

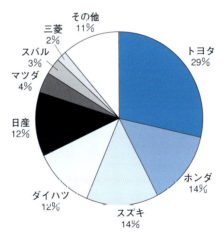

（資料）　一般社団法人日本自動車工業会　http://www.jama.or.jp/

図 9.2　自動車ブランド別国内新車販売台数シェア（2018 年）

他企業との関係に着目し，その競争構造の中で自企業にとってより良い状態，競争優位を作り出す戦略を考えようとするのが，第8章で述べた競争戦略です。ただし，他企業しか見ていないわけではなく，そこには顧客がいます。どのように顧客を獲得するかについて考える，という共通項があるために，競争戦略はマーケティング（marketing）と部分的に重なることになります。

マーケティングの代表的教科書の一つであるコトラー（P. Kotler）の*"Marketing Management"*（1991；邦訳『マーケティング・マネジメント』）には，競争戦略論の内容も含まれていて，自企業の製品に目が向いている場合を製品志向，顧客に目を向けている場合を顧客志向，競争相手に目を向けた場合を競争相手企業志向，顧客と競争相手の両方にバランスよく目を向けた場合を市場志向と呼んでいます（Kotler, 1991）。

○ 競争のとらえ方

競争戦略についての一つの誤った考え方は，競争に勝てばよいと考えることです。しかし，競争に勝つために無理に価格を引き下げても，競争相手も対抗してくれば，お互いに消耗するだけになりかねません。競争戦略は組織の成果を高めることが目的であり，競争は手段なので，取り違えないようにすることが必要です。

ただし，業界のトップになることで，知名度や顧客基盤，生産技術などの経営資源が競争相手よりも蓄積され，長期にわたり組織の成果を高めることが考えられます。ゼネラル・エレクトリック社のウェルチは，市場で1番もしくは2番になれない事業を売却することで，企業に大きな利益をもたらし，新しい成長のための投資を可能にして，さらに成功しました。

第8章でも述べたように，製品については，累積生産量が増加するたびに一定の比率で製品単位当たりの生産コスト，あるいは全体のコストが減少する現象が知られていて，前者を学習曲線効果，後者を経験曲線効果と呼びます。

経験曲線効果を考えれば，短期的には利益が出なくても，シェアを拡大す

ることを最優先とする戦略を選択することは自然であり，多くの企業が同じ選択をした結果，激しい消耗戦となることがあります。

一方，競争相手と競争を避けるために，差別化によってお互いに棲み分けるのも一つの戦略です。競争が激しくなければ価格を下げる必要性も少なく，利益率を高めることができます。

キム＝モボルニュ（W. C. Kim & R. Mauborgne）は既存の競争の激しい市場をレッド・オーシャン，まだ開拓されていない市場をブルー・オーシャンと呼びました（Kim & Mauborgne, 2005）。他企業と戦略項目を比較し，何れかの項目で上回ったり，下回ったり，何れかの項目を足したり，減らしたりすることで差別化を行い，新しい市場ブルー・オーシャンを目指すことを提案しています。

ただし，競争が激しくないことは，別の問題をもたらします。努力しなくても利益が出るので，意欲的に働こうとする人が減り，組織が肥大化して無駄なコストを増やします。新技術への投資も行わなくなり，新技術への適応が遅れます。その結果，他で激しい競争をして鍛えられた企業に乗り込まれたときに，対抗することが難しくなります。

同じ土俵で激しい競争をするのを同質的競争，差別化して緩やかな競争をするのを差別化競争と呼びます。短期的には差別化競争のほうが利益を高められますが，長期的に考えると，同質的競争のほうが望ましい可能性があります。

また競争相手は必ずしも敵ではなく，良きライバルであるという見方もできます。競争相手を分析すれば，競争相手から学ぶこともあります。自企業の悪いところは直し，他企業の良いところは場合によっては模倣する柔軟さが必要です。

近年では競争相手と組むという戦略も重要です。ネイルバフ＝ブランデンバーガー（B. J. Nalebuff & A. M. Brandenburger）は，単に競争するのではなく，最初に協力して市場を創造し，その後でその果実を分け合う競争を行うことを提案し，協力（cooperation）と競争（competition）を足したコー

ペティション（co-opetition）という用語を作りました（Nalebuff & Brandenburger, 1996）。

競争は，組織が成果を高める上で，必ずしも悪いものではありません。他の組織が存在し，競争そのものは避けられないのであれば，それをどのように活かすかが管理者に問われます。

9.2 市場志向

○ セグメンテーションとターゲティング

企業が他企業と差別化するときに課題となるのは，他の企業とどこで異なるのかということです。その一つの方法は，顧客との関係を選択することです。顧客の区分の仕方とその対応製品によって，他企業と差をつけます。

市場細分化（マーケット・セグメンテーション；market segmentation）とは，共通のニーズを持ち，類似した購買行動をとる顧客の集団に市場を分割することです。顧客がどこに住んでいるかなどの地理的区分，顧客の性別や年齢などの人口統計的区分，顧客の年収や職業などの社会経済的区分，顧客の性格などの心理的区分，顧客の購入頻度，製品情報収集度などの行動的区分があり，それらの項目の中から，意味のある区分（セグメント）に分けます。

たとえば都市に住んでいる若者，という地理的区分と人口統計的区分の組合せの場合，見た目に斬新な製品を出そうと考えます。頻繁に買いに来る富裕層，という行動的区分と社会経済的区分の組合せであれば，高級感とサービスを重視しようと考えます。このように，他の企業と区分の仕方が異なれば，競争の仕方も異なってきます。

顧客を細かく区分し，顧客に合わせた製品を出そうとすると，製品の種類

が増えてコストがかかります。セグメンテーションの後で，どのセグメントを重視するか，どのセグメントを放棄するかという選択を行います。これをターゲティング（targeting）と呼び，ターゲティングの違いからも，他企業との競争の仕方が変わってきます。

複数のセグメントを対象に，それぞれの顧客の要望に多品種少量生産，受注生産で応えようとするのが，差別化マーケティング（differentiated marketing）です。大企業はすべての顧客を相手にするために，製品を細かく差別化した多数のモデルを販売します。この方法は，コストがかかることが問題となります。

コストを削減するために，単一製品の大量生産と大量流通，そして大量広告によって，できる限り多くのセグメントをカバーしようと考えるのが，マス・マーケティング（mass marketing）です。単一製品では顧客のニーズをとらえきれない，あるいは切り捨てるセグメントが発生しやすい欠点があります。

集中マーケティング（concentrated marketing）は，一つのセグメントに集中しようとすることで，ブランド品が典型的です。またアンケートや購買記録などで顧客の情報を入手し，一人ひとりの顧客に合わせる個別マーケティング（one-to-one marketing）も行われています。世界最大の E コマースサイトを運営するアマゾン（Amazon.com）は，購買履歴や閲覧履歴から顧客が何に興味を持つか推測し，おすすめの商品を顧客に提示しています。

○ マーケティング・ミックスの 4P

商品機能の調査と決定，広告展開，ブランド構築，販売方法の決定など，企業が市場に影響力を行使するために使う手段は多様で，それぞれで戦略を検討する必要があります。ターゲットとした市場に向けて，どのような戦略の組合せを用いればよいかを考えるのがマーケティング・ミックス（marketing mix）です。

もっとも有名なマーケティング・ミックスは 4P です（McCarthy, 1960）。①製品（Product），②価格（Price），③流通チャネル（Place），④販売促進（Promotion）について，個々の項目だけでなく，全体的な視点でとらえ，一貫性を持たせることが必要としています。

4P の 1 番目の製品は，顧客が購入するもので，製品をどのように評価するかは顧客によって異なり，たとえば食品であれば，甘い物が好きな人もいれば，薄味が好きな人もいます。そのため，製品を様々な物的特性やサービス特性の束と考え，項目を列挙します。物的な特性として大きさ，重さ，材質，性能，糖度，栄養などを，サービスの特性としてサービス時間，サービス回数などを用います。また，価格も重要な評価対象として加えます。

そして複数の製品，たとえば自企業の新旧製品や，他企業の製品と比較する際には，それぞれの項目について調査し，比較を行います。このとき，項目の値を平面図で表すと，見た目に比較が行いやすくなり，これを製品ポジショニング・マップ（product positioning map）と呼びます（図 9.3）。

また，顧客が製品をどのように認知しているのかは実際の製品の特性とは別なので，顧客がどのように評価しているかを知りたい場合には，項目について，顧客に調査することになります。その結果を平面図で表したものを，知覚マップ（perceptual map）と呼びます（図 9.4）。製品についてこのような比較をし，今後需要がありそうな場所はどこなのか，他企業とどこで差別化を行うか，といった分析を行います。アサヒビールの「スーパードライ」は，キレとコクという軸を見つけ出し，他の企業と差別化をすることに成功したことで有名です。

4P の 2 番目の価格は，製品の定価や卸値などを決定します。価格の決定方法としては，製品から決定する場合には，生産量とコストの関係を把握し，コストに一定金額を上乗せするコストプラス方式，顧客から決定する場合には，顧客の許容支払金額を考慮する顧客需要志向方式，競争相手から決定する場合には，競争相手の製品と価格の体系と，自企業の製品から，自企業の価格を算出する競争価格方式などが考えられます。総合的に判断することに

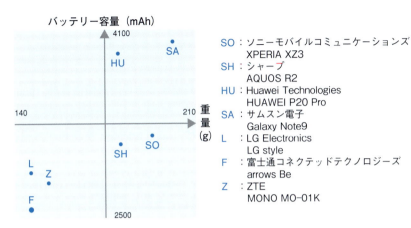

（資料）NTT ドコモの 2018 年 12 月版総合カタログ

図 9.3　製品ポジショニング・マップ（スマートフォン）

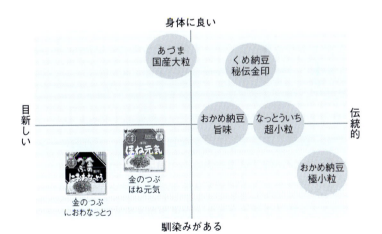

（出所）2003 年，株式会社ミツカン調べ

図 9.4　知覚マップ（納豆）

なります。

　顧客が価格によって製品の質を想像する場合には，価格を安くすることによって，顧客が製品を安物と認知するかもしれません。あるいは戦略的に市場拡大を狙う場合には，大量生産によるコスト削減を見越して，しばらくの間は大幅に原価割れするような低価格を設定する市場浸透価格戦略（penetrating pricing）を採用することができます。定価からの大幅割引競争を防ぐために，定価を明示しないオープン価格（open pricing）を採用する製品もあります。

　4Pの3番目の流通チャネルは，メーカーから卸売業者（販社），小売業者，そして顧客にわたる経路を指します。百貨店は高級品の販売に向きます。インターネット通販はあふれる情報の中で顧客に認知される知名度が必要です。コンビニエンスストアは3千の商品を置いていますが，少数の定番商品が棚を占め，新製品は売れなければすぐに撤去されます。競争相手と棚を奪い合うことになれば，小売業者の要求をのんだり，販売奨励金を渡したりするなど，出費を強いられる可能性もあります。

　商品を運ぶためには，配送センターを設置したり，他企業に委託したりして，物流を整えることも必要です。大量に売る場合には海外で生産して船で運ぶこと，あるいは鮮度が重要な場合には産地に近いところで生産することなどを考えます。

　4Pの4番目の販売促進は，消費者に特定の製品や自社に関する情報を伝える活動です。新聞，テレビ，チラシなどの広告は，一方的に広い範囲に情報を伝達するプッシュ型プロモーション（push promotion）です。インターネットによって消費者が自ら情報を入手しようとする仕組みが作れるようになり，これはプル型プロモーション（pull promotion）と呼ばれています。

　営業部隊などの販売員を用いたり，製品そのものではなく企業自体の印象を良くする広報活動を行ったり，試用品の無料配布を行ったりと，消費者に情報を伝える手段は様々です。どの企業も消費者に情報を送るために苦労し，大きな費用を払っています。他の企業や顧客の動向を見ながら，目的を明確

にし，手段を選択する必要があります。

○ プロダクト・ライフサイクル

市場の状況に応じて，競争相手や顧客との関係は変化していきます。このことを示すのが，プロダクト・ライフサイクル（Product Life Cycle；PLC）です。製品ライフサイクル，市場のライフサイクルと呼ぶこともあります。これは，ある製品（市場）についての時間経過を，一般化して表現したものです。

横軸に時間，縦軸に売上高をとると，図9.5のようなグラフとなります。時期を4つに区分します。①導入期は，製品が登場したばかりで，顧客の認知度が低く，売上は伸びません。②成長期は，広告や口コミにより顧客に認知され，売上は急速に伸びていきます。③成熟期は，多くの顧客に認知され，売上は最大となりますが，頭打ちになります。④衰退期は，飽きたり他の製

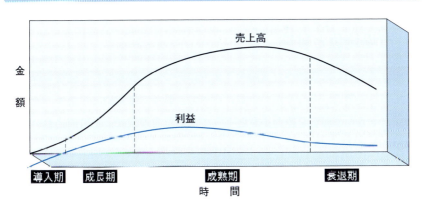

（出所）P.コトラー著／村田昭治監修・小坂恕・疋田聰・三村優美子訳（1996）『マーケティング・マネジメント[第7版]』プレジデント社，p.314 より

図9.5 プロダクト・ライフサイクル

表9.1　市場の変化と戦略の変化

	導　入　期	成　長　期	成　熟　期	衰　退　期
競 争 相 手	少なく緩やか	増加も棲み分け	停滞し奪い合い	撤退増え緩やか
顧　　　客	新しいもの好き	考えて買う人	多数	保守的な人
製　　　品	新規（基本）	改良	差別化	集約
価　　　格	高め	低下	低め	場合による
流通チャネル	開拓	拡大	維持	選別
販 売 促 進	製品認知重視	ブランド構築	ブランド維持	限定的

品が現れたりで，衰退していきます。一般的に導入期には売上があまりなく投資が大きいことから，利益は成長期以降から増えていきます。

　企業は各時期に応じて，戦略を変えていくことが必要になります。単純なパターンとしては，表9.1のような変化が考えられます。

○　市場地位と戦略

　前章で説明した資源ベース論の考え方に立てば，豊富な良い経営資源を持っている企業は，そうでない企業に比べて，競争で優位に立てます。その結果，たくさんの顧客を得た企業とそうでない企業が現れ，市場内において序列ができます。

　このとき，それぞれの市場地位に応じて，戦略は変わってきます。市場地位の区分例としては，①その市場を代表する企業（リーダー），②リーダーに対抗する企業（チャレンジャー），③独自性を持つ企業（ニッチャー），④そして独自性もなく影響力もない企業（フォロワー）という区分が有名です。

　リーダー（leader）は一般に，量的にも質的にも豊富な経営資源を持っているので，その経営資源の優位性を生かした戦略を考えます。生産能力や販

売能力を生かしてコストリーダーシップ戦略をとり，価格競争を仕掛ける戦略や，競争相手の製品，とくに新製品を模倣することで，知名度で押し勝つ同質化戦略（undifferentiated strategy）が考えられます。

チャレンジャー（challenger）は，リーダーより劣るので，そのままでは引き離される可能性があります。リーダーと数的な競争をしつつ，リーダーとの差別化戦略で打ち勝つことが必要です。リーダーの既存の製品と競合するためにリーダーが対抗製品を出せない共食い（カニバリゼーション；cannibalization）戦略が考えられます。

ニッチャー（nicher）は，限定された市場（ニッチ市場）で高い利益率を獲得するために，他企業の参入を防ぐ戦略が基本となります。他企業に魅力的でない市場の獲得や，他企業が保有しようと考えない経営資源の獲得，特定の経営資源だけ強化することを考えます。

フォロワー（follower）は，コスト削減によって当面の利益を得るとともに，長期的にどのように成長するか考え，必要な経営資源を確保していきます。リスクを伴う投資や，撤退の決断をすることもあります。

以上のように，市場地位に応じて，考えるべき戦略は異なってきます。将来的にどのような状態を目指すのか，そのためには何が必要なのか，状況に応じて考えることが必要です。

9.3　イノベーション

○ 将来を変えるイノベーション

何も変わることなく，企業が多くの利益を得続けることができるのであれば，退屈かもしれませんが楽な話です。実際には顧客は同じ商品に飽きやすく，より良い商品を求めます。さらに，楽に儲かるのであれば，多くの企業

が参入して，顧客を奪おうとするでしょう。

　法的規制や歴史的条件などによる参入障壁で保護された企業でなければ，楽な状況は長くは続きません。顧客の要求に応えるために，競争に勝つために，何かを変えていかなければならなくなります。

　この何かを変える革新，つまりイノベーション（innovation）が，経済社会の発展をもたらす基本概念であると述べたのが，シュンペーター（J. A. Schumpeter）です。シュンペーターは『経済発展の理論』において，イノベーションとして，新しい製品，新しい生産手段，新しい市場，新しい原材料，新しい組織を取り上げました（Schumpeter, 1912）。イノベーションと言うと暗黙的に技術革新を指すこともありますが，技術革新自体はイノベーション全体の一部に含まれます。

　たとえば，日本企業は工業製品で競争力を有していますが，その技術革新の優位性はプロダクト（製品）・イノベーションではなく，プロセス（工程）・イノベーションであると言われます。新製品を開発する力よりも，生産手段やそれに関わる組織をイノベーションすることによって，競争力を維持してきたのです。

　イノベーションを生み出す力は，組織によって決まります。新しいことを受け入れる企業文化，コミュニケーションの促進による情報の連結と変化，ある技術を獲得するためのトップの投資決断と技術陣の熱心な取り組みなどによって，たくさんのイノベーションが生み出されます。

　一方で，イノベーションを企画したとしても，経営陣が失敗のリスクを恐れて潰してしまうことが続けば，企画する人が減ってしまいます。トヨタは生産工程の改善活動で有名ですが，改善提案制度が定められており，現場で働く人は改善提案が義務（ノルマ）とされ，管理者は改善の実行と検証が義務となっています。

　同じように経営の力が試されることとして，死の谷（valley of death）のマネジメントがあります。様々な知識を得る基礎研究や商品化を目指す応用研究，そして実際に商品化を行う製品開発で活発なイノベーションを行うこ

とができても，商品化を判断するのは経営です。経営が研究を製品開発に結びつけることができないことを，死の谷と呼びます。なお，ベンチャー企業が資源不足により事業化にたどりつけない現象も死の谷と呼ばれます。

企業が良いイノベーションと判断しても顧客に受け入れられなかったり，あるいは予想していなかった形で顧客に受け入れられたりします。事前にそのようなことを知ることは難しいですが，無駄を生まないよう，適切に商品化を判断できるかが，イノベーションの管理上の一つの課題となっています。

○ 顧客と製品イノベーション

イノベーションの成果は，顧客に受け入れられるかどうかによって決まります。イノベーションの普及過程を調査したロジャーズ（E. M. Rogers）は，イノベーションはＳ字カーブの形で普及すると述べました（図9.6左図）。その理由は，顧客にとって，情報の少ない未知のイノベーションを採用する

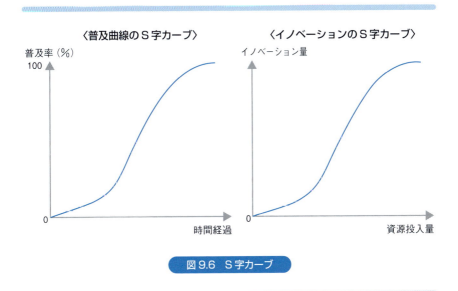

図9.6　Ｓ字カーブ

ことにリスクがあるためです。雑誌広告，口コミ，皆が採用したという情報を得ることで，安心して採用することができます。

ロジャーズは，①新しいもの好きで資金的余裕もある革新的採用者（innovator），②良いものが好きで，きちんと調べた上で採用する初期少数採用者（early adopter），③周りに聞いてから採用する前期多数採用者（early majority），④保守的な考え方だが周りに流されて採用する後期多数採用者（late majority），⑤採用に抵抗するが，周りが採用したため，仕方なく自分も採用する採用遅滞者（laggard）に分類しました（Rogers, 1962；図9.7）。

このような顧客の特徴を考えたとき，ジェフリー・ムーア（G. A. Moore）は"*Crossing the Casm*"（1991；邦訳『キャズム』）において，初期少数採用者と，その後に続く前期多数採用者との間には深い溝があり，その深い溝を越えるためには，前期多数採用者のどこかにターゲットを絞り，集中的に攻略する必要があるということを指摘しています。

またフォン・ヒッペル（E. von Hippel）は，製品イノベーションは，技術

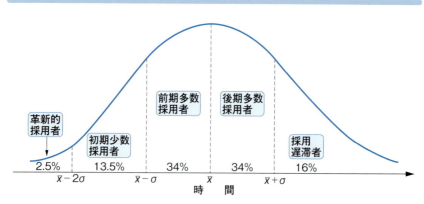

（出所）E. ロジャーズ著／青池慎一・宇野善康訳（1990）『イノベーション普及学』産能大学出版部，p.356 より

図9.7　普及曲線の採用者分布

がもたらすテクノロジー・プッシュ（technology push）ではなく，利用顧客（ユーザ）の要望を聞くディマンド・プル（demand pull）から生まれていることが多かったとし，ユーザ・イノベーションの重要性を説きました（von Hippel, 1988）。ディマンドではなくニーズやマーケットと呼ぶ場合もあります。

　ユーザ・コミュニティの育成と利用をインターネット上で行う企業が現れています。いくら製品イノベーションを起こしても，それを評価するのは顧客です。技術者，技術，顧客をマネジメントすることで，競争相手と差別化し，イノベーションを組織の成果に結びつけることが求められます。

○ 技術革新と競争

　技術には，競争に影響を与える様々な特徴があります。技術には蓄積性があり，製品を改善していくことができます。それによって，顧客に新しい価値を提供し，利益を高めます。ある製品を継続的に改善するようなイノベーションを，インクリメンタル（incremental）・イノベーションと呼びます。またまったく新しい発明により，画期的な新製品を出すことも可能です。このようなイノベーションを，ラディカル（radical）・イノベーションと呼びます。

　企業は技術革新によって，競争相手の製品，あるいは自企業の過去の製品よりも魅力的な製品を販売し，顧客をより多く獲得しようとします。このときに課題となるのが，どのタイミングで，どのような製品を出すのか，そしてそのためにどのように経営資源を蓄積するかということです。

　技術には多様性があり，複数の技術が同じことを実現できます。テレビにはブラウン管テレビ，液晶テレビ，プラズマテレビ，リアプロジェクションテレビのような違いもあれば，同じ液晶テレビの中にも，TN 方式，IPS 方式，VA 方式の違いがあり，画質やコストの面で異なっています。

　どの技術も同じように進歩するわけではありません。それを踏まえて，企

業はどの技術を自社の経営資源として育成するか，決定することになります。複数の技術に手を出す企業もあれば，一つに絞る企業，自社では育成せずにその場で他から買ってくる企業など，企業によって戦略が異なります。

図 9.6 右図は，イノベーションのＳ字カーブと呼ばれています。インクリメンタルな面だけを見るならば，技術は製品ライフサイクルと同じような曲線が書けます。いつかは成熟し，陳腐化していきます。いくら費用を投じても，イノベーションが生まれなくなります。

しかし技術が多様であるために，ある発明によって新しいステージに達し，競争に参加する企業や競争の仕方が様変わりするかもしれません。このような状況を脱成熟と呼びます。そのとき，企業に試練が訪れます。たとえば，機械式から電子式に移行した腕時計産業では，コストリーダーシップ戦略で成功していた企業や高度な分業システムで成功していた企業が，ラディカル・イノベーションに適応できませんでした（新宅，1994）。どのようなイノベーションが起きるか，どのように対応するかで，既存企業，あるいは新規参入企業の成果に大きく影響します。

またクリステンセン（C. M. Christensen）は，*The Innovator's Dilemma*（1997；邦訳『イノベーションのジレンマ』）において，イノベーション成功企業が顧客の要望に応える仕組みそのものが技術の方向を決め，それゆえに既存の市場構造を破壊する破壊的（disruptive）イノベーションへの対応を遅らせ，成功者から転落させてしまうと述べています。

このように，技術革新の管理は複雑です。技術という理系的な要素があるため，文系の管理者が管理しにくい面もあります。技術者が経営的な視点を理解して技術に取り組み，また管理者が経営の中に技術の視点をよく取り入れ，効果的な管理をすることが求められるようになりました。そのため，MOT（Management of Technology；技術経営）と呼ばれる分野が生まれています。

演 習 問 題

9.1　プロダクト・ライフサイクルの導入期，成長期，成熟期，衰退期にあると思われる製品をそれぞれ列挙してみましょう。

9.2　複数の企業の製品のデータ，たとえば携帯電話やテレビの製品カタログを家電量販店やインターネットで入手し，比較をしてみましょう。そして，今後どのようなイノベーションが行われて製品が進化していくか，予想してみましょう。

9.3　マーケティング・ミックスの 4P に対して，4C や 4E が提唱されています。4P とどう違うのかを調べて，使い分け方を考えてみましょう。

第 10 章

組織間関係と
外部資源の管理

　組織は単独では成り立ちません。組織は様々な業務や事業展開において，外部の組織と何らかの関係を持って，相互影響し合いながら存続しています。消費者ニーズの多様化や技術の複雑化，生産や市場のグローバル化が進んでいる今日，一企業ですべてに対処しようとすると，壁にぶつかります。そのため，外部組織とどのような関係を構築するか，また外部の資源をいかに有効に活用できる仕組みを形成するかが，組織の重要な課題となるのです。

○ *KEY WORDS* ○

組織間関係，資源依存パースペクティブ，M&A，
取引コストパースペクティブ，オープン・イノベーション，
戦略的提携，企業連合，デファクトスタンダード，
クラスター戦略

10.1 組織間関係論の領域と視点

○ 組織間関係とは

組織は，様々な活動において，外部組織と何らかの関係を持っています。たとえば，約2万点にも及ぶ部品で構成される自動車の場合，自動車メーカーは外部の部品メーカーに，部品の生産だけでなく開発まで依存しています。そして1車種の開発や生産に，150〜400社が関わりを持つのです。また，マイクロソフト（Microsoft）はソフトや関連機器の開発や生産，サポート保守，サービスなどの業務において，約38,000社を超える外部のパートナー企業と関係を持っています。他にも，インターネット書店から出発し，総合オンラインショッピングショップとなったアマゾン（amazon.com）や，文房具のインターネット販売からオフィス関連総合サービス会社として成長してきたアスクル（asukul.co.jp）は，配送業務を物流専門会社に委託することで，顧客に迅速な配達サービスを提供しています。

組織はオープン・システム（第6章参照）です。組織は取引企業や競合企業だけでなく，政府，銀行，流通業者などの様々な組織とつながりを持ち，経営資源や一定の活動を外部組織に依存しています。資源の相互依存問題をどのように把握し，外部組織とどのような関係を形成し，管理するか，また，どのように外部組織を活用するかが，組織の重要なマネジメント課題になります。とくに，今日の企業組織の成長と存続に不可欠なイノベーションを起こすには，うまく外部組織を活用することが求められます。こうした問題について考えるのが組織間関係論です。

組織間関係論（inter-organization relation）とは，組織と組織との間にある経営資源の相互依存によって生じる直接・間接的な関係の特徴，そしてそのメカニズムの生成・維持・発展に重点を置いた分野です（山倉，1993）。

たとえば，系列，企業集団，談合，合併，業務提携，戦略的提携などの用語は，組織間の関係を表します。

○ 取引コストパースペクティブと資源依存パースペクティブ

　組織間関係論は 1950 年代後半から 1960 年代前半に成立し，1970 年代には組織論の重要な一分野として確立されました。既存の組織論が個体としての企業に重点を置いたのに対し，組織間関係論は，環境や複数の企業との相互作用に重点を置いています。その際，どのように組織間関係をとらえるかで，様々なパースペクティブ（視点）が提唱されました。ここではまず，組織間関係論の代表的な考え方とも言える資源依存パースペクティブ（Resource Dependence Perspective；RDP）と取引コストパースペクティブ（Transaction Cost Perspective；TCP）について見ることにしましょう（山倉，1993）。

〈資源依存パースペクティブ〉

　フェファー゠サランシック（J. Pferrer & G. R. Salancik）は，1978 年に出版した"*The External Control of Organizations: A Resource Dependence Perspective*"で，これまでの組織論の関心問題と少し離れ，組織の生存（organization's survival）を規定する要因として，外部組織や環境との関係性に注目しました（Pferrer & Salancik, 1978）。

　彼らはトンプソン（J. D. Thompson）らのオープン・システムとしての組織観（Thompson, 1967）の議論を踏まえて，①組織が生存・存続を続けるためには他組織から様々な資源を獲得し，他組織に資源を処分（供給）しなければならないこと，②組織は他の組織と相互依存関係を回避し，自らの支配の範囲を拡大しようとすること，を論じました。

　外部組織が持つ資源の希少性が高く，それを提供できる組織の数が少なければ少ないほど，外部組織への依存度が高くなり，自組織の自律性は弱まり

ます。つまり，外部組織への資源依存は，組織間のパワーの格差とコンフリクト（conflict）を発生させ，企業活動の不確実性を増加させる要因となります。よって，多くの組織は組織の存続のために，組織間の資源の相互依存を回避できる調整メカニズムを確立しようとします。その戦略は大きく3つあります（Pferrer & Salancik, 1978）。

(1) **自律化戦略**：相互依存性の原因となる資源を内部化する戦略が自律化戦略です。この戦略の具体的な手法としては，必要とされる資源を持つ別の組織やその一部の合併・買収（Merger and Acquisition；M&A），必要な業務や生産工程を社内事業として取り込んで自社のコントロール範囲を拡大する垂直統合（vertical integration），必要資源を保有している組織への資本投資・参加による経営権の保持や所有権の獲得があります。これらを通じて，相手企業をコントロール可能とし，常に資源にアクセスできる関係にすることができます。

(2) **協調戦略**：契約，合弁，業界団体，カルテルの結成などにより，他組織との安定した関係を構築しようとする戦略が協調戦略です。たとえば，特許の相互ライセンシング（利用許諾）や合弁企業（joint venture；複数企業によって設立された独立企業）の設立などを通じて，お互いに不足している資源を補い，相互利用・活用できる関係を形成し，シナジー効果を期待します。その際には，法的な契約を交わすことで，その強制力を高めることができます。協調戦略は，近年多くの業界で見られます。

(3) **政治戦略**：第三者機関の介入を通じて，間接的に依存関係を操作しようとする戦略が政治戦略です。その点で迂回戦略とも呼ばれます。第三者機関への働きかけ（ロビーイング）を行うことで組織間の相互依存性を軽減し，自社の利益向上を図ります。その際には，第三者機関や他企業への有力なコミュニケーションネットワークや深い業界経験を持っている人材がいると有利です。現実には癒着，天下りなどと表現されるマイナス状態を引き起こすこともあり，法的な規制が行われています。

　これらの戦略以外に，外部組織との関係をコントロールする古典的な手法

として使われているのが広告・宣伝です。新聞や雑誌，TV，広告塔などの媒体を使って，自社の製品や組織イメージをPRし，消費者や関連企業・組織などの組織のステークホルダー（stakeholder；利害関係者）との関係を構築します。

〈取引コストパースペクティブ〉

取引コストパースペクティブの考え方は，1937年にイギリスの学術雑誌 *"Economica"* に発表されたコース（R. H. Coase；1991年にノーベル経済学賞受賞）の古典的論文 *"The Nature of Firm"* まで遡ります。この論文は，そもそも「市場経済の中で企業はなぜ発生（emerge）するのか」（p.20），また「企業はなぜ規模を大きくする傾向があるのか」（pp.23-34）について問いかけをしたものです。

コースはその理由として，市場取引では，取引相手のことについて調べたり，価格交渉を行うなどの取引に伴うコスト（費用）がかかること，その結果，コストが少なくなる企業内取引を選択することを指摘しました。この取引コスト（transaction cost）の考え方をもとに，ウィリアムソン（O. E. Williamson）が組織間関係を体系化したのが取引コストパースペクティブです。1975年の彼の著書 *"Market and Hierarchies"*（邦訳『市場と企業組織』）によれば，経済主体は基本的に2つの行動特性を持っています。

第1は，サイモンが言う限定された合理性（第2章参照）です。つまり，経済主体はすべての知識や情報を有しているわけではないため，合理的であろうとしても，その合理性は限定されたものになります。

第2は，機会主義（opportunism）です。行動の主体（個人あるいは集団）が，相手の立場を考慮せず，自分の満足や利害関係を中心に行動することを，機会主義と呼びます。機会主義を前提とすると，取引当事者は有利な取引をしようとして，両者ともに駆け引き的な行動をとります。契約および取引当該者間で，取引に関わる情報に偏り（情報の非対称性；asymmetric information）がある場合，多くの情報を持っている取引相手はそれを利用し

て，自分に有利な条件で契約や取引を行ったり，契約を不履行したりするような機会主義的な行動をとりやすくなります。こうした情報のギャップを埋めようとすると，自企業は，場合によっては取引対価以上に情報収集やリスク回避のための余分なコストを支払わなければなりません。

　取引コストパースペクティブでは，これらの経済主体の行動特性を前提として，取引環境要因（少数性，複雑性，不確実性）による取引コストの変化を見ます。たとえば，取引相手が少数の場合，情報の非対称性が高くなるために取引コストが増大します。また，製品・サービスの希少性や複雑性が高い場合，強い駆け引き的な行動に追われる可能性が高く，情報収集，契約の維持，リスク回避，モニタリングなどに余計に払う取引コストが多くなります。他にも，契約がきちんと履行されるかどうかといった取引自体の不確実性が高い場合も，それを回避するための取引コストが発生します。たとえば，保険でそのリスクを回避する場合，保険料がこれに該当します。

　そして，これらの取引コストを考慮した結果，取引様式が決定されます。取引相手が少なく，取引対象である製品やサービスの複雑性と取引の不確実性が高ければ高いほど，価格メカニズムによって調整される「市場取引」よりも，権限によって調整される「組織（内）取引」が選択されます。

　このように，取引コストに着目し，経済学的な観点でアプローチし，組織間関係を分析しようとするのが，取引コストパースペクティブです。

〈その他のパースペクティブ〉

　なお，組織間関係論には他にも，組織セットパースペクティブや協同戦略パースペクティブ，制度化パースペクティブなどの考え方があります（山倉，1993）。いずれも資源依存パースペクティブをベースにしています。

　(1)　組織セットパースペクティブ：常に外部環境と関係を持ちながらインプットからアウトプットを生み出す「オープン・システム」としての組織という考え方に，組織セットという概念を加えて，焦点企業と組織セット間で相互作用をするシステムとして，組織間関係をとらえるのが組織セットパー

スペクティブ（organizational set perspective）です。組織セットとは，当該企業（群）に対して相互作用する，インプットを提供する組織とアウトプットを購入する組織で組みになった組織群を指します。前者をインプット組織セット，後者をアウトプット組織セットといいます。これらの組織セットの中心となる位置にある個別組織もしくは組織集合体を，焦点組織（focal organization）と呼びます。この視点に立つと，多様な組織間の相互作用の形態をとらえることができます。組織セットパースペクティブでは，組織内—外の境界に位置し，外部の組織セットと接している対境担当者（boundary personnel）の行動が重要となります。

（2）協同戦略パースペクティブ：個別組織を構成単位としてできた組織の集合体に焦点を当てて，この中でのグループの協同，共生，協力に注目するのが協同戦略パースペクティブ（collective strategy perspective）です。この視点では，組織間の共同目標がどのように追求されているのかを重視し，共同目標や相互利害を満たしていく交渉，妥協，相互依存の行動と組織形態に注目します（Astley & Fombrun, 1983）。

（3）制度化パースペクティブ：組織は制度化された環境（他組織や組織間ネットワークなど）に埋め込まれているという視点から組織間関係をとらえるのが，制度化パースペクティブ（institutional perspective）です。環境への同調によって正当性を獲得することが組織の発展や存続につながると考えます。

○ 日本企業の組織間関係

では，日本企業の組織間関係はどのような特徴を持っているのでしょうか。日本企業の組織間関係の特徴に，「系列（keiretsu）」の存在があります。この「系列」という言葉には，2つの使われ方があります。

第1は，企業集団（企業グループ）を指す場合で，とくに三井・三菱・住友・芙蓉・第一勧銀・三和などの6大企業集団を指す場合もあります。6大

企業集団の形成は，第2次世界大戦後，GHQ（連合国軍最高司令官総司令部）が戦前の同族による経営支配，すなわち財閥を解体したプロセスに端を発します。6大企業集団では，金融機関が中心になってグループ内の各企業と関連企業などが半独立した関係で結びつき，株式を相互に持ち合うという形態をとり，頂点には有力企業による社長会が存在し，それぞれの子会社と関連会社，下請企業が下につながっています。

　第2は，ほとんど資本関係のない部品メーカーや流通業者との間に，強い協力的取引関係を築いた組織間関係を指す場合です。日本の自動車産業に見られる自動車メーカーと部品メーカーとの関係が代表例です。日本の自動車産業では，約7割の部品を外部の部品メーカーから調達していて，一見すると市場取引のように見えます。しかし，部品メーカーとの関係を見ると，米国ではスポット的な，その場限りの取引が行われているのに対して，日本では，価格メカニズムに頼る市場取引でもなく，垂直統合型の内部取引でもない，競争と協調が共存する組織間関係を形成しています。こうした組織間関係を中間組織と呼んでいます。いわゆる組織としては別組織ですが，系列は信頼関係にもとづいた長期継続取引を行うことによって，短期間の取引で発生しやすい機会主義的な行動を抑制しています。

　中間組織は，長期的に見ると，自動車メーカーと部品メーカーそれぞれの取引コストを低減する仕組みになっています。自動車メーカーは，長期継続取引を行うことで，取引先の変更に伴うスイッチングコスト（switching cost）や探索コスト（search cost）を低減することができます。また，部品メーカーが特定取引先（自動車メーカー）専用のノウハウや技術，スキルを形成することが期待できます。このような特定の顧客に価値がある資産の性質を資産の特殊性（asset specificity）と呼びますが，この性質は比較的安定した取引の継続性に貢献する要因になります。

10.2 組織間関係のマネジメントと外部組織の活用

○ 企業の境界マネジメント

　外部組織に対するマネジメントに際して，自組織の活動に直接間接的に関わりのあるすべての組織を対象とするのはあまりにも多くのコストがかかり，効率的ではありません。よって，マネジメントの適切な範囲と基準，境界の線引きが必要となります。これが「企業の境界 (the boundaries of the firm)」の設定です。その境界線をどのように設定し，マネジメントをするかが経営課題になります。

　日本の自動車産業における取引関係を通じて企業の境界設定問題について考えてみると，まずどのような業務や部品を自社が担い，あるいは部品メーカーに任せるかという内外製の意思決定 (make or buy decision；in-house vs. outsourcing) から始まります。この意思決定では，部品間の相互依存性，技術の重要度，コア部品度，機密性などが高い部品は内製 (make あるいは in-house) するが，そうではない部品は業務委託を含めて外部に任せ，調達（購入；buy）するアウトソーシング (outsourcing；外注) が選択されるのが一般的です。

　日本の自動車メーカーの場合，全体の部品の中で部品メーカーからの部品調達率（外注率）が約7割と，米国の自動車メーカーの約3割と比較して，かなり高いのが特徴です。また技術の重要度，コア部品度，機密性の高い部品のように，普通に考えれば内製したほうがよい部品においても，系列内の部品メーカーに外注している場合があります。

　その理由は，前述したように，中間組織による取引のメリットを享受しているためです。日本では，部品メーカーに設計や生産をまとめて任せた形で，彼らの設計・生産能力を活用しようとするブラックボックス取引 (black

box）が多く行われています（藤本，1997）。取引の際，自動車メーカーの
リーダーシップの下で，設計段階から部品メーカーが参画し，濃密なコミュ
ニケーションを図りながら設計や生産業務を行わせています。また，部品メ
ーカーに対する情報共有，技術指導，工程監査，教育なども行いつつ，外部
部品メーカーの知識や能力を活用できる企業間システムを構築しています。

　こうした自動車メーカーの行動は，部品メーカーへの支援や調整にコスト
をかけているものの，長期的に見ると，部品メーカーの能力を向上させてお
けば，継続的にそのメリットを活用，享受することができます。

　取引形態や様式に見られる自動車メーカーと部品メーカー間の緊密性は，
外部組織の資源や知識の活用と，部品メーカーに継続的な学習を促す効果が
あります。言い換えれば，自動車メーカーは，部品メーカーを企業（自動車
メーカー）の境界の中に入れてマネジメントしているということです。

○ 企業の境界と知識の境界

　企業の境界マネジメントと関連して，業務活動の境界線とその業務上必要
とされる知識の境界が異なることに注意しなければなりません。何を作るか
の境界（what to make）と，何を知らなければならないか（what to know）
の境界は，必ずしも一致しないのです（Brosoni et al., 2001）。

　部品メーカーは生産に必要とされる知識以上に，関連部品や製品そのもの
に関する知識が必要となる場合があります。逆に，一部の業務を完全に外部
企業に委ねるアウトソーシングをする側も，部品生産を完全に委ねるから当
該部品の知識が不要になるわけではありません。

　むしろ，部品メーカーが供給する部品や機材，設備，部品メーカーの技術
力などを含めた部品メーカーに関する評価能力と技術知識の理解が必要なた
め，部品メーカーを企業の境界の「内」として設定してマネジメントしてい
くという考え方が大切なのです（武石，2003）。

　実際に，技術知識において相互依存関係の高い部品メーカーを組織の境界

内に入れてマネジメントしている企業が高い成果を上げており，外部企業を活用したイノベーション力を構築しています。最近では，とくに情報通信産業において，企業の境界を越えて外部組織の知識とノウハウを積極的に活用することで，イノベーション力を向上させるオープン・イノベーション戦略の有効性が主張されています（Chesbrough, 2003）。

　このように，企業の境界の設定においては，業務活動を内外に区分すると同時に，企業の存続のために必要とされる知識を確保できる仕組みづくりと企業間関係の構築が不可欠といえます。

○ 組織間関係マネジメントと製品アーキテクチャ

　外部組織との関係をどのように設定するか，また，企業の境界をどのようにマネジメントするかにおいて，製品のアーキテクチャ的特性を理解することが重要です。

　製品アーキテクチャ（product architecture）とは，製品というシステムの機能的な要素を物理的なブロック（部品）に配分する設計構想です（Ulrich, 1995）。製品機能と物理的な構造物（部品）との対応関係によって，製品アーキテクチャはモジュラー型アーキテクチャとインテグラル（統合）型アーキテクチャに分けられます。

　図 10.1 に示すように，デスクトップ・コンピュータの場合，製品の機能要素（データの表示・処理・入力・印刷）と物理的な部品（モニタ・ハードディスク・キーボード・プリンタ）が比較的単純な対応関係（1：1）にあり，標準インタフェース（部品間の接点）で部品間の関係がルール化されています。これをモジュラー型アーキテクチャ（modular architecture）と呼びます。

　モジュラー型アーキテクチャは，個別の部品ごとに独立した機能を果たしているため，個別部品の設計や生産を担う企業間の調整はあまり行う必要がなく，組織間関係がルーズになります。とくに，業界標準規格部品であれば，

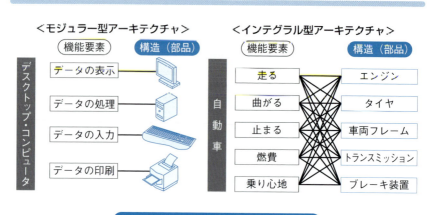

図 10.1　製品アーキテクチャのタイプ

市場で容易に調達できます。パソコンの構成部品を生産する企業間の関係が典型です。

　これに対して，インテグラル型アーキテクチャ（integral architecture）は，機能要素と部品間の関係が多対多の複雑な関係にあり，構成要素間の相互依存性が高い設計思想を指します。たとえば，自動車で良い走りや乗り心地，燃費といった機能を発揮させるためには，一つの部品を改善するだけでは困難で，車体のフレーム，エンジン，トランスミッション，走行装置（ハンドル）など様々な部品間の微妙なチューニングが必要です。その結果，関連企業間の緊密な調整が必要となるため，組織間の関係は緊密になる傾向があります。前述した，自動車メーカーと部品メーカー間の関係はこれにあたります。すなわち，インテグラル型アーキテクチャの場合，主要関連部品に関する知識を内部に保持し，部品メーカーを企業の境界の中に位置づけてマネジメントの対象として全体を調整できるかどうかが製品および企業のパフォーマンスを左右する要因になります。

　このように，製品アーキテクチャのタイプによって，企業の境界マネジメ

ントも変わってきます。

10.3 戦略的提携と M&A, そして新しい動き

○ 戦略的提携とその機能

戦略的提携（strategic alliance）とは，相互独立した2つの企業体がいくつかの戦略意図を実現するために作る協働体系をいいます。一般的な提携はアライアンスといいますが，「戦略的」というのは戦略的価値の高い資源の獲得のためという意味があります。

戦略的提携という行為は昔から存在しました。もっとも古典的な例は結婚です。家柄と家柄，部族間，国家間で血縁関係を通じて何らかの同盟関係を構築する際に，結婚という制度が使われました。

企業活動においては，企業が置かれている状況によって，M&A，合弁企業のように資本関係を伴うものと，共同基礎研究，製品の共同開発，共同購買，委託生産，OEM（相手先ブランド製品の製造），販売提携など資本関係を伴わないものまで，様々な形態が選択されます。

戦略的提携は，パートナー企業との協同活動を通じて，資源の獲得と有効活用，リスクの分散ができます。また，戦略的提携は外部知識を吸収する学習の場としても機能し，それを通じて新しい価値を創造することができます。

一般的に多くの企業は一つの企業だけでなく，複数の企業と提携関係を持っています。競争のグローバル化，開発や生産などの業務のグローバル化，技術の複雑化や技術開発に伴うリスクの増加に対応しようとすると，より多くの提携先が必要になります。たとえば，日本の自動車業界を見ると，競争相手であっても，共同開発，資本出資，技術提携などで提携関係を結んでおり，網のような企業間提携ネットワークが形成されています（図10.2）。

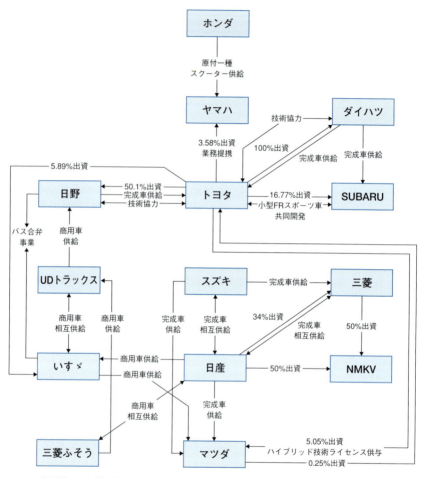

（出所）一般社団法人自動車工業会ウェブページ http://www.jama.or.jp/world/tieup/ より一部転載

（注）1．提携先との業務内容は，「技術供与（提携）」「共同開発」「完成車供給（相互含む）」「合弁事業」等，自動車の製造に関わる提携業務とする。
2．2018年3月31日現在

図10.2　日本自動車メーカー間の主要な資本・業務提携関係

こうした提携関係は固定ではなく，常に新しい戦略的意図によって変化しています。

　また近年，複数の企業群による戦略的提携である，戦略同盟が増えています。たとえば，航空業界では3つの航空連合が形成されています。すなわち，1997年に設立されたスターアライアンス（エア・カナダ，ユナイテッド航空，ルフトハンザ航空，ANAなど28社加盟），1999年に設立されたワンワールド（アメリカン航空，ブリティッシュ・エアウェイズ，カナディアン航空，キャセイパシフィック航空，JALなど13社加盟），2000年に設立されたスカイチーム（アエロメヒコ航空，エールフランス，デルタ航空，大韓航空など19社加盟）です（加盟社数は2019年3月現在）。各航空連合内では，運行計画，航空券発行，共同運航，乗継便運用，マイレージサービス，空港ラウンジの共有などの協力関係を通じて，経費節減と顧客サービスの拡大を図っています。

　航空業界のように，戦略同盟関係が広がるほど，戦略的パートナー間で知識の共有と活用が促されることになります（Badaracco, 1991）。そのため，個々の企業間の競争だけでなく，企業連合間での競争が繰り広げられています。よって，パートナーとの協力関係の構築が重要な戦略的課題となります。

　しかし，戦略的提携の維持は安易ではありません。相互メリットの享受ができず，その利害関係の調整が難しく，参加企業の自律性が高くなると，戦略的提携は解消されます。

○ 戦略的提携と規格競争

　戦略的提携を形成するもう一つの重要な動機は，デファクトスタンダードです。デファクトスタンダード（de facto standard）とは市場競争によって結果的に業界標準となった規格を指します。かつて家庭用ビデオ業界において，ソニー陣営のベータマックス方式と日本ビクター陣営のVHS方式が競争した結果，VHS方式が普及したのは，その典型例です。一方，市場競争で

なく国家間もしくは業界内の主要企業の協議による標準規格化は，デジュールスタンダード（de jure standard）と呼ばれます。

デファクトスタンダードが生まれる理由は，製品によってはネットワーク外部性が働くためです。ネットワーク外部性（network externality）とは，同一のネットワークに参加するメンバーが多ければ多いほど，メンバーが得られる便益が高くなるという効果です。たとえば，SD規格のメモリカードは，薄型TVとDVDプレーヤー，ゲーム機，家庭用ビデオカメラ，デジタルカメラなどの間で共通して使えるので，消費者にとって多くの便益が得られます。そしてSDメモリカードが普及することで，対応機器が増えると，さらに便利になります。

デファクトスタンダードは，情報通信産業や電機電子産業で広く生まれています。業界の標準という大きな市場を求めて，多くの企業が参画してきます。このとき，自社の技術をデファクトスタンダードにしようとしたり，デファクトスタンダードの中で利益を得る仕組みを作ろうとしたりすると，外部企業とどのように連携するか，外部資源をどのように活用するか，マネジメントすることが必要になるのです。

○ M&Aと企業成果

近年，世界では資源の相互依存性を回避する成長戦略の手段として，M&Aが増加しています。M&Aの狙いとしては，規模の経済・範囲の経済性の追求，市場支配力の増加，参入障壁の克服，新製品開発におけるリスクとコストの低減，新しい組織能力の構築と学習などが挙げられます。また，M&Aは必要とされる資源を短期間で内部化できる手段であり，ターゲット企業の組織能力を吸収・学習し，内部資源の再配置を図ることにより，長期的に競争優位性を維持・獲得することができます。

日本企業の場合，これまでM&A戦略にはそれほど積極的ではありませんでした。高度成長期から1990年代後半までの上場企業の合併件数の年間

平均が2，3件にすぎなかったことがそれを物語ってます。理由としては第14章で解説するように，日本的な経営システムの特徴として言われているメインバンクシステムや株の相互持ち合いなどが，M&Aを抑制する働きをしたからです。しかし，2000年前後を境に日本でもM&Aや戦略的提携が増えてきました。宮島（2007）によれば，M&A件数は1999年以降持続的に増加し，10年前に比べて約5倍増加しており，金額面においても1997～1998年の年平均2兆5000億円に対して，1999～2006年には11兆円へ急増しています。しかし，リーマンショック直後は，M&A件数と金額ともに低下しましたが，2010年を境目に継続的に増えています（図10.3）。

　他方，グローバルな次元では，後発であった中国企業が技術力向上とブランド獲得のため，2000年代に貯めた資金をベースに先進国企業に対するM&Aを強化しています。

　こうしたM&Aの増加の背後には1990年代後半に行われた独占禁止法改正による持株会社の解禁（1997年），株式移転制度の導入（1999年）など，一連の規制緩和策による影響があります。また，バブル崩壊後の金融危機から保険・銀行業界の合併・再編が進み，M&A件数を増加させることになりました。さらに，2000年頃に打ち出された情報通信産業に対する政府の施策（例：e-Japan）は，インターネットを中心とする新しい産業の出現と技術の変化をもたらし，短期間で必要資源の獲得，拡大ができるM&Aを後押ししました。ただし，この急激なM&Aの増加は，資本利益だけを追求したブームの側面もあります。近年では，自動運転，電動車，AI，クラウドなど，新しい技術と産業の融合が求められる中，技術の転換期における開発の不確実性が増加しており，リスク分散しつつ技術を獲得する手段という観点からも様々な業種でM&Aが盛んになっています。

　ところが，企業が合併によって，合併前の意図や狙い通りの好成果を得るのは容易ではありません。なぜなら，合併ではこれまでの異なる組織文化や組織形態，資源を一つの組織体に統合するプロセスが求められますが，そのプロセスは組織の抵抗と混乱を伴うプロセスであるためです。実際に，これ

10　組織間関係と外部資源の管理

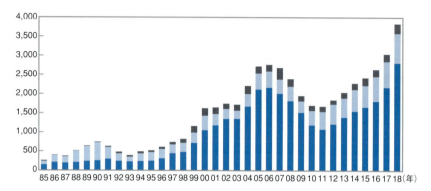

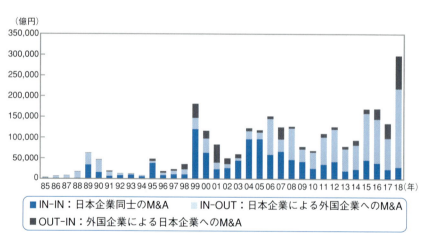

（出所）　株式会社レコフデータ　MARR Online
https://www.marr.jp/genre/graphdemiru（アクセス日 2019.2.1）

図 10.3　M&A 件数（上段）と金額（下段）の推移

までの合併に関する実証研究によれば，多くの企業は M&A をして，短期的な財務状況の改善効果は得られていますが，企業の競争力を長期的に左右するイノベーション効果は得られていません（Hitt et al, 1991）。その点で，長期にわたって合併の成果を享受するためには，資源の補完性の高く，シナジー効果を得られやすい合併，とくに技術的能力（technical capability）の獲得を狙った技術的合併（technological acquisition）が望ましいとされます。

○ 新しい企業間関係の形成の動き

　最近では，将来の企業競争力を担うイノベーション活動をめぐって，外部組織との新しい関係の構築を模索する動きが顕著です。その理由は，速い技術変化，高い開発コストとリスク，資源制約などがある中で，自社の内部だけで取り組むには限界があるためです。その結果，外部組織との共同開発もしくはアウトソーシングの形で，外部組織を有効かつ効率的に活用し，イノベーション成果を高めようとする取り組みが増えています。

　さらに，イノベーションの主体になるプレーヤーを広くとらえ，関連企業・関連機関を空間的に集積させ，連携させた状態（クラスター；cluster）を作ることで，従来よりも高い価値の提供を図る動きも起きています。関連企業を近接地域に集めて，相互情報交換，技術の融合，ベンチャーキャピタル（venture capital）による新しいビジネスチャンスの模索に成功し，IT 企業の発生地として知られているのが，米国西海岸のシリコンバレー（Silicon Valley）です。そこにはコンピュータ，半導体，通信などに関わる部品，サブシステム，ソフトウエアなどの開発を行うハイテク分野の企業ネットワークが構築されています。また，中国の北京市にあり，世界トップクラスの北京大学と清華大学に隣接しているテクノパーク，中関村が注目されます。ここには，優秀な大学生と米国留学帰りの創業意識にあふれる若者が集まり，最新の技術や製品，サービス開発に励んでいるスタートアップ企業が多く誕生しています。中関村のイノベーションの潜在力を評価し，世界から多くの

投資が集まっています。また，中国の開放政策の中心地で香港大学などがある香港に近く，現在世界の電子部品の産地になっている深圳（Shenzhen）もアジアのシリコンバレーとして注目されています。

これを受け，多くの国で関連企業や研究所を集積させ，イノベーション力を高めようとしたのがクラスター戦略です。クラスター戦略は，産業の競争力を当該企業の競争力だけでなく，地域的・地域戦略的な観点でとらえて，近接した関連企業，外部団体，研究所などが有している技術や知識，人材，制度などを巻き込んだ総合的な力によってイノベーションを促進しようとするものです。日本の成功例として，九州の熊本県熊本市一帯の半導体関連産業と，福岡県東部の苅田町と北部の宮若市，大分県の中津市を中心とした自動車関連産業の集積が挙げられます。

また，大学が有している基礎研究力や知的財産を活かし企業と連携することによってイノベーションを促進し，その成果の商業化を図ろうとする産学連携活動も広がっています。米国では 1980 年代からその動きが活発になり，1979 年に大学が取得した特許件数は 264 件にすぎませんでしたが，1997 年には 2,436 件にまで増加しています。日本では，2001 年に政府が発表した「新市場・雇用制度に向けた重点プラン」において大学発ベンチャー 1000 社計画が打ち出され，2004 年に計画を達成したあとも生命科学やソフトウエア分野を中心にその数は年々増えつつあります。

しかしながら，企業数では増えているものの，失敗した事例も少なくありません。というのも，ベンチャーは文字通り，事業化して黒字化を達成するまでには時間がかかるからです。今後，企業，大学，ベンチャーキャピタル，大学ベンチャー間で緊密な関係構築と情報共有と，人材，資金，知的財産・知識の好循環を作り上げることが課題となります。

演 習 問 題

10.1　日本では最近外資による M&A が増えています。外資は欧米，中東（オイルマネー）や中国などですが，それぞれの外資が日本企業をターゲットにする理由と，その理由による M&A が日本企業の経営に与える影響について考えてみましょう。また，M&A に対する日本企業の防衛策について調べてみましょう。

10.2　装置産業である半導体産業（企業）を取り上げ，取引相手との資源依存関係を回避するための戦略（自律化戦略，協調戦略，政治戦略），それぞれの選択される条件や，メリット，デメリットについて考えてみましょう。

第 Ⅳ 部

新しい時代への
マネジメントの課題

第 11 章　グローバル化と国際経営

第 12 章　情報技術とビジネスの進化

第 13 章　企業の社会活動とソーシャル・キャピタル

第 14 章　日本企業の経営管理の仕組みと特徴

第11章

グローバル化と国際経営

　企業は成長するにつれ，販売市場と経営資源をより求めるように
なり，国境を越え，国際市場を舞台に世界中の企業と競争するよう
になります。

　本章では，自国とは異なる競争条件と，異なるニーズ，文化，制
度の中で，グローバル企業が事業展開を円滑かつ効率的に行い，競
争力の維持・向上をするためには，どのような観点や考え方が必要
とされるかについて説明します。

○ *KEY WORDS* ○

グローバル企業，現地化，管理範囲の拡大，グローバル戦略，
分業と統合，トランスナショナル組織，中国

11.1　企業の成長と国際経営

○ 企業の成長と国際化

　現代の企業活動は国境を越えて行われています。マクドナルドのハンバーガー，スターバックスのコーヒー，イケア（IKEA）の家具などは全世界の様々な国の顧客を対象に，自社の製品やサービスを販売しています。また，アップル社のヒット商品である iPhone の場合，全世界を市場とし販売しているだけではなく，製品作りに必要な様々な活動も国家間の分業を通じて行っています。デザインは米国の LA で，構成部品や素材は様々な国の企業のものを購入し，世界の工場とも言われている中国の深圳工業地区で最終組立を行った上，世界に輸出・販売をしています。類似例として，ボーイング社の最新機種である 787 機の場合，付加価値の 65% を占める 50 社のサプライヤーは，日本，フランス，ドイツ，スウェーデン，韓国などの海外メーカーであり，彼らからエンジンや翼などの部品を購入して製造されています（Tang & Zimmerman, 2009）。

　このように，現代企業の多くは販売，生産，研究開発，（原材料の）調達などの様々な業務に必要な活動を複数国で行っています。さらに，自社の業務範囲を海外にまで展開するだけでなく，現地企業や他の海外企業と様々な戦略的提携を結び，事業展開を行っている企業も増えています。こうした背景には，チャンドラー（1989）が指摘するように，通信・輸送技術の発展による物流コストの低下があります。また，1990 年代以後，急速に企業の国際化が盛んになったのは 1990 年前半に起こった世界政治情勢の変化が大きく影響しています。

　1990 年代に入り，企業を取り巻く環境は一変されるようになります。1990 年 10 月のドイツの統一，1991 年 12 月のソ連の崩壊，中国の市場開放

政策実施などによって，市場（ビジネスの空間的な広がり）が全地球的な規模にまで広がりました。こうした政治情勢の変化が国家間貿易においても新たな動きを作り出すことになりました。1994 年に合意され，1995 から設立されたWTO（World Trade Organization；世界貿易機関）が土台となり，自由貿易協定（Free Trade Agreement；FTA）や地域経済共同体（例：ASEAN，NAFTA，EU など）の結成・拡大による関税引き下げが，物財と人，資金の移動をより活発化させるようになりました。

　日本企業は，為替をはじめとする経済要因の変化だけではなく，政治状況の変化の中で，国家間の賃金格差を利用した海外直接投資（FDI；後述），海外生産拠点の新設・移転を通じて ASEAN や米国，中国，インドなどに進出することになりました。

　したがって，今日の国際化を図る企業は，投資先や進出先の決定といった問題だけではなく，異なる経済発展段階と制度，関税，産業政策，習慣，文化，宗教，価値観，労働慣行などを有する現地に対してどのようにアプローチするかが重要となります。さらには現場管理の仕組みの移転と拠点間の連携問題などの国際経営課題を抱えております。

　では，企業の成長パスの１つである国際化はどのようなステップで振興するのでしょうか。

　企業の国際経営活動の形態は①本国から海外に出ていく活動，すなわち輸出，海外生産，技術ライセンシングなど，②外国のモノやヒト，技術，資本などを国内に入れる活動，すなわち輸入，技術導入，海外企業との国内合弁などとに分けられます。これらの諸活動は国内資源と国内市場の限界から，資源調達地域の拡大，かつ販売先の拡大を行おうとする活動としてとらえることができます。言い換えれば，企業が成長するにつれ，海外での経営資源の調達と販売先，投資先が求められるようになり，それに伴ってグローバルな視点で柔軟かつ効率的に事業活動を行える組織能力が求められる国際化時代になったのです。

○ 多国籍企業とは

多国籍企業（Multinational Corporation；MNC）とは，一般的に海外に子会社や合弁会社を持って国際的に経営活動をしている企業を指します（吉原，2001）。もう少し厳密な定義として，ハーバード大学の多国籍企業研究プロジェクトの中心人物だったバーノン（R. Vernon）の言葉を借りれば，多国籍企業は輸出や技術ライセンシングだけでなく，海外で生産活動を行います。そして海外の子会社が広範囲に分布し，全体を共通の戦略の下で統括し，親会社と海外の子会社が資金，人材，資源，販売チャネル，トレードマークなどの経営資源を共通利用している企業を指します（Vernon, 1976）。

しかし，どの程度の子会社の数や国家の数になれば，多国籍企業として認めるかについては，論者によって異なります。また，本社と海外子会社との関係や役割においても，多くの多国籍企業で同じになるわけではありません。各々の企業状況や海外拠点の状況によって，海外子会社の位置づけや関係性は変わってきます。そのため，海外に複数の拠点を持ち，本国と一つの経営単位として事業を展開し，国際的に付加価値創造活動を行っている企業を多国籍企業と見なすのが一般的です。

1980年代に入り，多国籍企業が海外子会社のネットワークを展開するようになると，グローバル企業という用語が登場します。多国籍企業とグローバル企業は組織構造や組織特性に大きな違いがあります。多国籍企業がピラミッド型の組織に近く，権限とパワーが本国の親会社に集中する形態であるのに対し，グローバル企業では本国の親会社を中心に，自律性の高い海外子会社間の多元的なネットワークを形成しています。本書では，海外子会社間で，相互に資源の補強，情報の共有・伝達が行われるネットワーク型組織形態の多国籍企業をグローバル企業と呼ぶことにします。

同様に，国際経営関連では国際化とグローバル化という用語がよく使われていますが，その意味合いを区別する必要があります。「国際化（internationalization）」は国内から海外へと活動舞台を拡大・進出する企業行動を指

すのに対して，「グローバル化（globalization）」は世界規模で経済経営活動の相互依存化が進んだ状態を意味するもので，経営学的にはマネジメントの重要性に重きを置く用語として把握できます（浅川，2003）。

○ 企業の海外進出とグローバル化

企業の国際活動は，今日に始まった話ではありません。日本企業を例に取ると，戦後，高度経済成長期の日本企業は国内産業からの輸出を主力としていましたが，1980年代に入ると企業の海外進出が本格的に展開されるようになります。

その大きな要因としては，米国の保護貿易主義が挙げられます。自動車，鉄鋼，家電などの日本製品の輸入増加を懸念した米国は，自国の産業保護のため，関税引き上げや輸入制限などの政策をとりました。そのため，日本企業は，鉄鋼（1969年），カラーテレビ（1977年），繊維（1981年），自動車（1981年），半導体（1986年），工作機械（1987年）などにおいて対米輸出自主規制を強いられます。さらに1985年，プラザ合意でドル高の是正が行われます。日本円の価値はプラザ合意の1年後，1ドル対比約250円の為替が，1年後には150円まで上昇しました。その結果，円高によって日本製品の国際価格競争力が低下しました。

これらの問題の克服のため，多くの日本企業は海外進出（現地生産）を進めることになりました。その動きは，1990年代初めのバブル崩壊以降，いっそう活発になりました。現地生産・販売だけでなく，研究開発や製品開発機能も国際的に展開されています。こうした動きは，金融，石油，自動車，エレクトロニクス企業を中心に起きています。

国境を越えたグローバルな企業活動は，海外投資と考えることができます。海外投資は海外企業の債券や証券を購入し，そこから配当や資本利益を得ることを目的とする海外間接投資と，資金，人材，技術，プラント，管理手法などの経営資源を投資し，投資対象企業の経営を目的とする海外直接投資

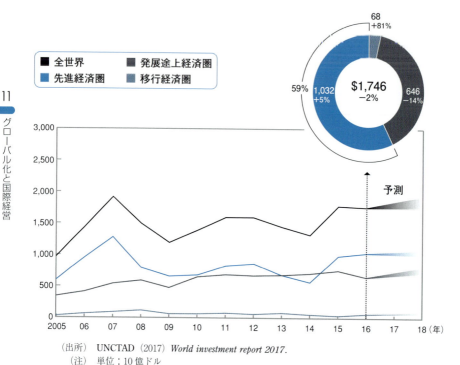

図11.1　3つの経済圏における海外直接投資の流れの推移

（Foreign Direct Investment；FDI）があります。後者は経営資源の国際移転を意味するものであるため，海外企業進出度を測る度合いとも言えます。

　近年の海外直接投資の傾向をみると，先進国だけでなく，新しい市場として浮上してきた発展途上経済圏の国（とくに中国やインド）への投資が多くなっていると国連貿易開発会議（UNCTAD）は報告しています（UNCTAD, 2017；図11.1）。また同報告書では，2003年以降，日本企業を含めて，多くの利益を得ている世界のトップ企業は，本国よりも海外直接投資先からの収益が多いと指摘しています。

また，この国連の報告書では，FDI は一部の地域を中心に行われており，FDI の受入国の上位 10 カ国は米国，イギリス，中国，香港，オランダ，シンガポール，ブラジル，オーストリア，インド，ロシア，対外 FDI 投資元国の上位 10 カ国は，米国，中国，オランダ，日本，カナダ，香港，フランス，アイルランド，スペイン，ドイツとされています。投資件数や金額の面においても一部の国への傾斜が見られます。

さらに，貿易面においても，FTA の存在感が強まり地理的な偏りが出ています。東南アジアの 10 カ国からなる経済共同体である ASEAN の場合，9 割を超える品目に対する域内の関税をなくし，モノの移動の自由化を図り，域内の産業分業や工程分業を各国間で進めています。米国，カナダ，メキシコなどからなる NAFTA の場合，関税障壁の引き下げと賃金格差を利用した，域内分業が進められています。言い換えれば，企業活動のグローバル化は全地球規模でフラットに進んでいるよりも，地理的な近接性にもとづいて「リージョン（Region）」，すなわち特定地域を中心に展開されており，投資活動が集中しています（Dicken, 2011）。つまり，グローバル化は FTA の枠組みを利活用したグローバル化が中核になっています。

○ 国際経営における考慮すべき要因

では，企業はなぜ，どのような目的で国境を越えて海外への投資・進出を試みるのでしょうか。企業によって，その理由は様々ですが，①市場拡大，②コスト削減，③天然資源を含む原材料の調達，④垂直統合や水平分業を通じて規模の経済性と範囲の経済性を獲得すると同時にリスクの分散，効率性の追求などが挙げられます。

ところで，海外直接投資先は当然ながら本国とは異なる環境であるため，経済要因，政治要因，文化的な要因を考慮した上で，投資するか否かを判断しなければなりません（吉原，2002）。

まず，経済要因ですが，各々の国は経済事情や状況が異なるため，労働コ

スト（賃金）の差，社会インフラの整備，物価水準，労働組合の性質等の要因を考慮しなければなりません。

　次に，政治要因について見ると，企業活動をするにあたって，戦争や内乱のない安定した政治状況が基本的な条件とも言えます。それに加えて政治と法律・制度が企業活動の妨害にならないかを検討すべきです。たとえば，人の移動の自由や労働法制，紛争や貿易戦争などが挙げられます。

　さらに考慮すべき要因は，宗教や習慣，価値観，社会制度，言語などの文化的な要因です。文化的な要因は現地の従業員の採用・管理・統制において非常に重要となります。もし，宗教的な問題や商習慣に反する企業行動を行った場合，その国での企業活動が失敗に終わることもあります。

　ここで問題となるのが文化的な要因と組織文化との関係です。多くの組織文化や企業文化にはそれを支える下位文化（subculture；サブカルチャー）が存在します。下位文化とは，空間的・場所的に離れたグループ，あるいは業務上の異質性の高い下位組織に存在する文化を指します。下位文化は大規模な企業組織，異質の事業群を持っている企業，空間的に離れている企業であれば，より多く存在します。そのため，多国籍企業の企業文化は組織全体にわたって共有されるものの，海外子会社には固有の組織文化が形成されます。

　この下位文化に関して，多国籍企業 IBM が進出している 40 カ国の企業文化について国際比較を行ったホフステッド（G. H. Hofstede）は，企業文化は国民性（国の文化）の下位文化として存在すると述べています（Hofstede, 1984）。つまり，国民性がより上位にあることになります。これに対して，ホフステッドの研究を詳細に追跡した高橋（1995）は，企業文化が国民性の下位文化として存在するというよりも，企業文化のほうが主導権を持ち，国民性は国ごとに影響を与える存在にすぎないとしています。つまり，多国籍企業にとって，受入国の文化は考慮すべき重要な要因ですが，海外子会社には企業独自の文化を国ごとに形成していく必要があるのです。

○ 国際化発展段階

　企業活動のグローバル化は，どのような経路を経て展開されるのでしょうか。一般的な国際化の流れを見ると，最初，企業は国内市場を中心に成長戦略を図りますが，国内市場が成熟・飽和状態になるにつれて，新しい販売先として海外市場を求めるようになります。それは，まず購買力の高い先進国市場への製品輸出から始まります。

　そして輸出が増えると，輸入国は関税や国産化率の引き上げなどの輸入制限政策を打ち出し，自国産業の保護と雇用確保を図ります。そうした障壁を越えて事業活動を行うために，企業は輸出先で生産の現地化を進めます。そうしている内に，進出先での市場競争が激しくなると，企業は再び新しい市場を求め，開発途上国への輸出，続いて現地生産を試みる段階へと移ります。

　このように，企業は①間接輸出（商社を通じた輸出），②直接輸出，③現地生産（部品の現地組立，生産），④現地生産（新製品の現地生産），⑤地域・グローバル統合の段階へと，国際化発展段階を踏んで発展していきます（Dunning, 1993）。

　こうした企業の国際化発展段階が進むにつれ，製品やサービスの移動だけでなく，人や技術，ノウハウ，経営手法，資本などの移動も行われることに注意を払う必要があります。組織管理の面から考えてみると，これは企業の活動範囲の海外への拡大だけでなく，管理範囲の拡大としてとらえられます。それは管理対象となる資源が国内のみならず，空間的・地理的に分散することであり，海外拠点や本国拠点との相互依存性が増えていくことです。その中で，現地の拠点と本国の本社間の分業と統合，また現地拠点間の分業と調整が必要になることを意味します。

　すなわち，国際経営の本質は，生産拠点の海外進出の問題と市場の拡大による海外拠点の分散による問題を解決，克服するために，統合と分業，集中と自律をいかにマネジメントで実現していくかにあります。そのため，製品やサービスの標準化と現地化のバランス，仕組みとしてのグローバル組織構

造づくり，拠点間のネットワーキング，異文化マネジメントなどが課題になります。

　もう一つ注意すべき点は，地域特性の異質性です。海外拠点や進出国の国々の地域的特性は同じとは限りません。そのため，経営管理面で異なる管理体系や形態が必要とされる場合もあります。つまり，経済状況，宗教，政治制度，商習慣，価値観などの異質性を考慮した上で，現地の経営資源の良さを引き出し，有効活用できる管理体系の構築と運営をしなければならないのです。

　これらの2つの要因，すなわち管理範囲の拡大と地域の異質性が加わることは，国内経営と比べ，マネジメントの複雑性の増加を意味しています。

11.2　多国籍企業と経営諸側面

○ 多国籍企業のグローバル戦略

　多国籍企業の国際経営戦略は，戦略遂行にあたって，各機能戦略において国際経営ならではの特有性を持つことに注意を払う必要があります。以下では，グローバル戦略の観点から主要な3つの機能戦略，マーケティング，生産，研究開発について解説することにします。

〈国際マーケティング戦略〉

　国際マーケティングとは，国境を越えて遂行されるマーケティング活動です。国際マーケティングに関する考え方は，時代の流れや企業の成長とともに変わってきました。

　米国企業の輸出が活発だった1950年代には輸出マーケティングが中心でしたが，その後，マーケティングの4P（製品，価格，販売促進，流通チャ

ネル）の的確な組合せを行い，国内と海外環境にどのように適応するかに重点が置かれました。1970年代からは，多国籍企業の積極的な海外拠点展開の影響から海外拠点間の戦略をいかに調整・統合しながら，優位性を活用し，企業全体のシナジー効果と効率性（規模の経済性など）を獲得するかに焦点が置かれました。1980年代にはポーターの競争戦略論の影響を受け，競争優位の確立のためにはマーケティングだけでは限界があるという認識から，研究開発，生産，ロジスティクスなどの諸活動の連携と統合の重要性が強調されるようになりました。

こうした流れの中でもっとも重要な問題は標準化─現地適応化のバランスでした。各々の進出先の経済事情や消費者のニーズ，文化などが異なるため，国境を越えて標準化されたマーケティング活動を展開するには無理があります。逆に，すべての国の異なる特徴に応じた現地適応化戦略を採用すると，全社レベルでは製品の重複をはじめ，資源の重複投資による効率性の低下を招くと同時に，マネジメントの複雑性を増大させることになります。よって，標準化と現地適応のバランスが重要となります。この問題は今でも国際マーケティングの中心課題の一つです。

標準化と現地適応のバランスと関連して重要なマーケティング活動がブランド戦略です。製品については，なるべく部品の共通化・標準化を図り，規模の経済性や範囲の経済性のメリットを享受しながら，現地の特性を反映したデザインで製品の差別化戦略を行うことが有効です。ブランド戦略においても同様に，共通の企業・製品ブランドイメージを追求しつつ，広告活動において現地適応しながらも，統合された企業ブランドを構築することが求められます。その点で多国籍企業の組織能力が問われるのです。

とくに，情報技術の発展と普及により，製品や企業に対する共通のイメージが形成されやすくなります。そのため，従来は製品戦略において，新製品は先進国で発売し，旧製品を開発途上国で売るという傾向がありましたが，いまや多くの製品を世界同時発売させなければならない競争状況になっています。こうした競争環境の変化が，ブランド戦略の重要性をさらに増してい

ます。

〈国際生産戦略〉

　海外生産の形態は大きく分けて3つあります。第1は，現地に自社の設備や工場を持たずに，現地企業に委託して契約製造を行うパターンです。例としては，スポーツシューズで有名なナイキ（Nike）が挙げられます。第2は，複数の企業（現地企業－海外企業，海外企業どうし）が資本を共同出資し，企業を設立して生産活動を行う，合弁企業のパターンです。このパターンはリスクの分散と現地資源の利用という面ではメリットがありますが，相手の企業と意見が違う場合は余分な調整コストがかかってしまいます。第3が，進出企業が出資，もしくは現地企業を買収し，完全子会社を通じて生産活動を行うパターンです。

　では，海外での円滑な生産活動のために必要なものは何でしょうか。まず，安定した部品や材料の調達先の確保です。物流コストを含めて，進出国の関連産業基盤もしくは隣接国からの調達可能性などを検討することになります。不足している点があれば，それの解決策も考えます。たとえば，日本の自動車メーカーは良い部品を安定的に調達するために，主要基幹部品においては，過去に取引関係にあった日本の部品メーカーに協力を求め，自動車メーカーの生産拠点に隣接する形で同伴進出してもらい，高品質の部品の安定調達を図っています。

　次に，海外進出する際に，どのくらいの規模で拠点を展開するかが重要な戦略的課題となります。生産拠点の分散と集約のバランスを考えることが必要です。生産技術の特性上，生産設備などに固定費が多くかかる場合は，規模の経済性を享受するために，少数の拠点に集約したほうがよいでしょう。逆に固定費がかからないのであれば，市場に近い所に分散させます。また，生産拠点間の役割や機能を明確にしつつ，事業展開することが求められます。

〈国際研究開発戦略〉

　研究開発とは新製品を生み出す活動で，企業の中核機能です。そのため，多くの日本企業は研究開発を国内で行おうとしました。しかし近年，速い技術進歩と技術の複雑化，技術知識の早い陳腐化，プロダクト・ライフサイクルの短縮化の傾向の中で，国内の研究開発能力だけでは知識や技術の獲得競争に取り残される恐れが大きくなりました。いまや製品開発だけでなく，より川上にあたる基礎研究，応用研究も海外で行われるようになりました。

　たとえば，キヤノンは米国に3カ所（1990，2002年，2013年），イギリス（1988年），フランス（1990年），中国（1998年，2001年），フィリピン（1991年），オーストラリア（1990年）に海外研究拠点を設けています（2018年現在）。そしてこれらの研究開発拠点では，のべ1,000人を超える研究開発人員がソフトウェア，システムセキュリティ，通信言語，遺伝子診断医療用機器などの分野の研究を行っています。

　国際研究開発戦略の展開の際には，立地の問題が重要となります。研究開発の成果である技術および知識は暗黙知的な性質を持っていて，簡単に目に見えるものではありません。それを利用しようとする本社部門や事業部，他の研究拠点に，明確に移転できるか否かが管理の鍵となります。このとき，その情報を必要とする人まで情報移転できるようにするには費用がかかります。情報が生まれたところの文脈の中で埋め込まれているため，完全なる情報移転が困難な場合が多く，コストがかかるのです。これを情報の粘着性（information stickiness）と呼びます（von Hipple, 1994）。研究開発の成果である知識や技術は，情報の粘着度が高いため，なるべく移転にかかるコストを低減できる立地選択とマネジメントが求められます。

　また，国際研究開発では海外にいる研究人材の創造性の活性化と，第10章で解説した外部ネットワーク，すなわち海外の研究機関，大学，企業などの連携によるメリットの活用という可能性を考慮しなければなりません。

11.3 多国籍企業の組織形態

○ 多国籍企業の組織類型

　多国籍企業における大きなマネジメント課題は，親会社と海外子会社との関係をどのように設定し，マネジメントするか，それに適した組織形態や必要とされる組織能力は何なのかということです。

　親会社と海外子会社は，基本的に親会社が技術，人材，経営手法，資金，ブランドなどの経営資源を海外子会社に提供・移転して，それをベースに海外子会社が経営活動を営む関係にあります。両社の関係は時代や製品・サービスの形態，企業の戦略によって，複雑な形態をとっています。

　多国籍企業はグローバル統合と現地適合というトレードオフ関係に直面します。グローバル化が進めば進むほど，現地の環境に適応しなければならなくなるため，海外子会社は独立志向を持ち，分権化を要求します。しかし，それによって世界各地の海外子会社と本社との統合性が失われ，グローバルな観点での規模の効率，すなわち経営資源の有効活用や生産の合理化・効率化，規模の経済性が図れなくなり集権化の長所を失ってしまう可能性があります。

　逆に，集権化を図ると，現地での迅速な意思決定や現地独自の取り組みができなくなる恐れがあります。いわゆる分権と集権の問題です。このグローバル統合と現地適合というトレードオフの克服のため，親会社と海外子会社間の組織形態をどのように設定するかが，多国籍企業の大きな戦略・組織的課題になります。

　バートレット゠ゴシャール（C. A. Bartlett & S. Ghoshal）はこれまでの多国籍企業の組織形態を3つに分類した上，それぞれの組織形態が抱えている問題や課題を明らかにしました（Bartlett & Ghoshal, 1989）。その組織形態は，マルチナショナル型組織（multinational organization），インターナショ

ナル型組織（international organization），グローバル組織（global organization）です。以下では，多国籍企業の3つの伝統的組織モデルについて見てみましょう（図11.2）。

(1) **マルチナショナル型組織**：第2次世界大戦の前に，海外進出企業が採用したパターンです。現地の経済的，政治的，社会的な力に影響を受けて，各国の市場の違いに対応し，情報や組織力，権限を分散した組織形態です。そのため，親会社と海外子会社の関係について見ると，親会社の単純な財務的な統制以外は各国の子会社が独立した単位として経営していました。戦略の目的も現地の企業環境を最大限利用することにあります。各子会社内に知識が分散して保有されている状況です。

(2) **インターナショナル型組織**：終戦後10年間優勢だった形態で，知識や専門技術を技術的進歩の遅れている国へ移転することを基本的な課題とした組織です。子会社に多くの能力や権限，意思決定権が分散しているものの，製品開発，経営方法などは本社に依存し，知識や情報の移転が本社の管理と統制によって行われる調整型連合体の組織形態です。

(3) **グローバル組織**：意思決定や情報，権限の大部分が本社に集中化され，海外子会社の情報源や指示を中央（本国の本社）に頼る形態です。よって，海外子会社は自主性が低く，本社の戦略を実行するものとして位置づけられます。世界を一つの経済単位と見なし，本社が知識や専門技術を各海外子会社に移転し，海外子会社が現地のニーズに合わせて改良を行う形態です。

グローバル組織は中央の統制によって，グローバルな規模の効率を獲得する戦略が遂行されます。かつて1970年代から80年代の日本企業は，このような厳格な中央管理体制の下でグローバル戦略を展開しました。

以上の組織形態を比較したのが表11.1ですが，これらの3つの伝統的なアプローチではグローバル統合と現地適合との関係をトレードオフの関係と見なしています。したがって，将来の企業競争力を左右する知識の創造や開発，普及においても，各組織に分散もしくは中央に集中するため，イノベーションに対する配慮がなされていない組織形態です。

11 グローバル化と国際経営

(a) マルチナショナル型組織モデル

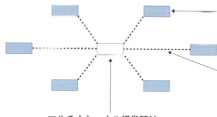

権力分散型連合体
多くの重要な資源、責任、意思決定権が分散している

人的管理
単純な財政統制の上に成り立つ、非公式な本社と子会社の関係

マルチナショナル経営精神
経営者側は海外での事業を独立した事業体の集合と見なしている

(b) インターナショナル型組織モデル

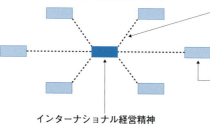

管理的統制
公式的な経営計画と管理体制によって本社と子会社は密接に結びついている

調整型連合体
多くの能力や権限、意思決定権は分散しているが本社の管理を受ける

インターナショナル経営精神
経営者側は海外での事業を本社の付属であると見なしている

(c) グローバル組織モデル

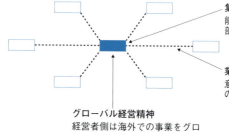

集中中枢
能力、権限、意思決定権の大部分が中央に集中している

業務コントロール
意思決定、情報に関する中央の厳しい統制

グローバル経営精神
経営者側は海外での事業をグローバル市場への配送パイプラインと見なしている

(出所) C.A.バートレット・S.ゴシャール著／吉原英樹監訳（1000）『地球市場時代の企業戦略——トランスナショナル・マネジメントの構築』日本経済新聞社，pp. 68-70 より

(注) ▢ の中の色の濃度が濃ければ濃いほど，高い権力であることを表す。

図 11.2　バートレット＝ゴシャールの多国籍企業の分類

表 11.1　3つの伝統的組織モデルの特徴

組織の特徴	マルチナショナル型組織	グローバル組織	インターナショナル型組織
能力と組織力の構築	分散型 海外子会社の自立	中央集中型 グローバル規模	中核競争力が中央に集中、他は分散
海外事業の役割	現地の好機を探索、利用	親会社の戦略の実行	親会社の能力を適応させ活用
知識の開発と普及	各組織単位内で知識を開発し保有	中央で知識の開発・保持	中央で知識を展開し、海外の組織単位に移転

（出所）　C. A. バートレット・S. ゴシャール著／吉原英樹監訳（1990）『地球市場時代の企業戦略――トランスナショナル・マネジメントの構築』日本経済新聞社，p.88 より

○　トランスナショナル組織：効率と現地適合の両立

　多国籍企業の3つの組織形態は，グローバル統合と現地適合の関係で見ると，図11.3のようにそれぞれ位置づけられます。先述したように，マルチナショナル型組織は海外子会社に権限を移譲して独自な適合戦略がとれますが，一方で各海外子会社と親会社間の統一した戦略の展開に限界があります。逆に，グローバル組織は中央の統制により，グローバル統合は高いレベルで実現可能ですが，現地適合の度合いは低くなります。

　しかし多国籍企業が，本国の親会社を中心に置いた，自律性の高い海外子会社間の多元的なネットワークを形成し，グローバル企業化していく過程では，グローバル統合と現地適合を両立させなければなりません。そこでバートレット＝ゴシャールは，競争優位性の観点からグローバル企業がとるべき戦略と組織を提示しました。彼らは，グローバル企業の戦略課題は①世界規模での効率性，②各国の環境への適応，③イノベーションの促進であるとし，グローバルな効率と現地適合を同時に図ることで競争力の向上・維持ができ

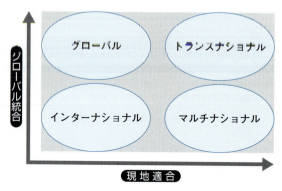

(出所) 浅川和宏（2003）『グローバル経営入門』日本経済新聞社，p.134 より

図11.3　グローバル統合と現地適合による組織形態の分類

るトランスナショナル組織（transnational organization）の形成を主張しています（図11.4）。

　トランスナショナル組織は，情報や権限を集中すべきかどうかよりも，現地状況に適切な柔軟性のある意思決定を行うことを重視します。経済的，技術的，政治的，社会的環境の激しい変化を予測することは困難であるとし，現地への適応性を重要な戦略的要因とします。そのため，個々の海外子会社が専門化され，配分された資源と組織能力を持ちながら，本社を含めて海外子会社間で部品，製品，資源，人材，情報を相互活用できる関係の構築と綿密な調整，機能分化が求められます。

　トランスナショナル組織は，本社と海外子会社，そして，海外子会社間に情報の統合ネットワーク（integrated network）構造を形成します。さらに，個々の海外子会社で獲得された知識をネットワーク内で共有し，組織（内）学習を図ります。それを可能にするため，一貫性のある戦略とミッションを構築し，調整と統合に努めるのが本社の役割です。以上がトランスナショナル組織の特徴です（表11.2）。

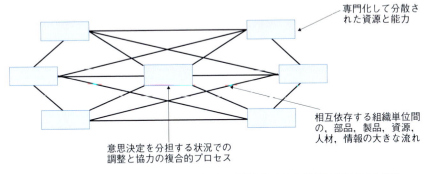

(出所) C.A.バートレット・S.ゴシャール著／吉原英樹監訳（1990）『地球市場時代の企業戦略——トランスナショナル・マネジメントの構築』日本経済新聞社，p.120 より

図 11.4　トランスナショナル組織

表 11.2　トランスナショナルの構築と運営

戦略能力	組織の特徴	運営上の課題
グローバルな競争力	組織力，能力は分散し相互依存する	多様な経営見通しと能力を正当化する
マルチナショナル的柔軟性	子会社の役割は分散し，専門化している	複数の柔軟な調整法を開発する
世界的学習	知識を共同で開発し，世界中で分かち合う	共通のビジョンと個人的コミットメントを構築する

(出所) C.A.バートレット・S.ゴシャール著／吉原英樹監訳（1990）『地球市場時代の企業戦略——トランスナショナル・マネジメントの構築』日本経済新聞社，p.120 より

しかし，どのようなプロセスでトランスナショナル組織の構築ができるの
かについては明確な議論が乏しいため，トランスナショナル組織はグローバ
ル企業が目指すべき組織形態ではありますが，理念型にすぎないという批判
もあります。

いずれにしてもグローバル企業にとっては，それぞれ異なる目的や狙いで
進出した海外拠点間の分業と統合をいかに行うか，また，現地に適合した海
外子会社の独立性をどのように活かすか，そのために組織の仕組みをどのよ
うにデザインするかをマネジメントしなければなりません。各国の開発，生
産，販売などのネットワークと本社間の連携と分業が，グローバル次元で最
適化しなければならない時代になっているのです。

11.4　日本企業の国際化の経過と現在

最後に，日本企業はどのように国際化を展開してきたのかについて簡単に
紹介しておきます。

日本企業は高度成長期に鉄鋼，エレクトロニクス，半導体，精密機械，コ
ンピューター，自動車などの輸出を中心として国際化が始まりました。最初
は，海外投資先を商社が斡旋・仲介する形態（商社仲介型）でしたが，1980
年代の円高に伴い，徐々に直接投資へと変わっていきました。日本企業は国
際展開によって設立した海外子会社や合弁会社に対して，効率的な生産シス
テムの移転を積極的に進めました。つまり第5章で述べたような，日本企業
の強みと言われる，生産現場で形成された小集団活動や柔軟な生産管理手法，
作業組織などが移転されたのです（安保，1988）。

日本の生産現場の基盤となっている従業員の自律性や提案・改善活動，多
能工育成などのマニュアル化，目標設定，TQC（Total Quality Control；総
合的品質管理）活動を海外に展開し，日本型生産システムを定着させたとこ

ろもあれば，現地国の宗教や社会制度，価値観などで浸透できなかったところもありました。いずれにしても，日本企業が移転した生産システムが現地子会社の生産性の向上に寄与したのは言うまでもありません。QCD（Quality・Cost・Delivery）も高いレベルに向上し，現地国市場向けだけでなく，グローバルな次元での輸出拠点になっているところも多く存在します。

　現在は，初期進出国である米国やASEAN諸国に加え，潜在市場成長力の高い中国，インド，東ヨーロッパへの直接投資や合弁企業が大幅に増加しています。とくに中国の場合，新しい市場開拓や低い労働コストの利用などのため，2000年前後に多くの日本企業が生産拠点の移転を行いました。

　しかし，一方で日本にある生産拠点の役割や位置づけが問われることになりました。中国への生産拠点の移転は日本企業のノウハウや技術移転を伴ったためです。日本企業は国内の経営資源を維持しながらグローバルな競争力を高め，魅力ある市場にどのように取り組むかという戦略的課題に直面しています。

　最後に，注意を払いたいのは，世界政治経済の情勢と現地国の所得，賃金レベルなどといった外部環境要因は一定ではなく，年々変化していることです。たとえば，2000年代の初めには，中国における賃金は日本の1/10～1/20とされていました。それが多国籍企業の投資を促す要因にもなりましたが，中国のGDPの成長に伴い，最低賃金が年々上昇しており，たとえば沿岸部の賃金は2007年から2017年の間に2倍以上になっています。その点で，必ずしも進出当初の狙いや目的が当該拠点で維持されるとは限りません。2015年前後から，デジタル産業を中心として中国企業のキャッチアップは目覚ましく，また中国による海外企業のM&Aがリーマンショック以降も継続的に増えています。

　したがって，世界政治の力学と経済情勢，為替の変化，ビジネスモデルなどのダイナミックな変化を十分に考慮しつつ，迅速な対応を可能とする経営組織体制をグローバルに構築する必要があります。

演 習 問 題

11.1 企業の国際化は経営資源の国際的な調達を意味します。とくに，人材の調達に関連して，異なる文化と価値観を有する現地人と日本の駐在人との関係が信頼と協力にもとづくものになるためには，どのような方策が必要かについて考えましょう。

11.2 日本企業が多く進出している国や地域はどこなのか，またその国や地域は時代によってどのように変わってきたのかについて，人口，一人当たり GDP，産業規模，教育水準などを踏まえて考えましょう。ウェブで Gapminder または Globedge を使ってデータを探索し，国や地域間の比較をしてみましょう。

11.3 日本企業の現地化戦略の代表的な事例として，1984 年にトヨタと GM の合弁会社として設立された NUMMI（New United Motor Manufacturing, Inc）が挙げられます。NUMMI は 1982 年に GM が閉鎖した工場ですが，トヨタからトヨタ生産方式を導入し，回復しました。しかし，ジョイントベンチャー企業である NUMMI は 2007 年の世界金融危機の影響もあり，2010 年に解消されることになりました。NUMMI の事例について調べ，トヨタと GM はそれぞれ何を獲得したのか，またなぜ NUMMI は解消されるようになったのかについて議論してみましょう（NUMMI に関する参考資料としては宍戸・草野（1988）や大島（1989）などがあります）。

11.4 「企業の成長」「国際化」「統合と分業」というキーワードを用いて，その関係性について議論してみましょう。

第 12 章

情報技術と
ビジネスの進化

　今日は，人工知能（AI），ビッグデータ，第4次産業革命（Fourth Industrial Revolution）などに代表される新たな情報化の時代です。情報技術の利用の仕方ひとつで，組織の成果は大きく変化します。情報技術が取引形態やビジネスのあり方，タスクに与える影響を理解した上で，その力を使いこなす能力が企業に求められます。そのようなときには，いきおい最新技術の導入に傾斜しやすいのですが，情報技術の力を十分に引き出すためには，組織の状況に適合させる努力も必要となります。

○ *KEY WORDS* ○

IT，POS，電子商取引，MIS，SIS，リエンジニアリング，
ERP，サプライチェーン・マネジメント，
オープン型ネットワーク，プラットフォーム戦略

12.1 情報化と情報産業の発展

○ デジタルとモバイルの時代

　2015年前後から，人工知能（AI），ビッグデータ，第4次産業革命など，新たな情報化の時代を伝えるトピックが注目されています。情報技術（ITまたはICT；Information and Communication Technology）の発展は目覚ましく，企業組織の諸活動において情報化が欠かせないものになりました。インターネットやスマートフォンの普及によって我々の日常生活に変化がもたらされました。ほしいものや訪ねたいところに関する必要な情報の収集や買い物の仕方，人とのコミュニケーション，遊び方（ゲームや漫画）等々が1980-90年代に比べ，大きく変わっています。こうした消費者の行動変化は企業のビジネスの仕組みやマネジメントにも大きく影響を与えています。

　近年，社会全体に情報化の波が押し寄せるきっかけになったのは，まず，1980年代のパーソナルコンピュータ（PC；Personal Computer）の普及です。マイクロソフトのMS-DOS（OS；Operation System）とインテル社の86系CPUを採用したIBM-PCの互換機の登場（1981年）によって，文書処理や表計算，単純なゲームができるようになり，一般オフィスや家庭に広く普及し，デジタル時代が幕開けになりました。

　次に，1992年の米国によるインターネットの商業化と関連情報産業の飛躍的な発展です。そもそもインターネット（Internet）は，米国の軍事用として開発された分散型通信システム（ARPANET）でしたが，1992年にシステムが商業化されてからは情報通信関連産業が著しく発展し，従来の産業を補完・代替するようになり，1990年代以降の米国をはじめ，世界経済成長の原動力となりました。

　このようなインターネットの普及には，1995年に発売されたマイクロソ

フト社の OS, Windows 95 の影響があります。Windows 95 は，マウスを使って画面の見た目で操作できる GUI（グラフィカル・ユーザ・インタフェース）を採用し，ネットワーク機能とマルチメディア機能が標準搭載されました。周辺機器に接続すると OS が自動的に検出するプラグ・アンド・プレイ（Plug and Play；PnP）機能も搭載されました。それらによって，一般ユーザでも簡単に PC を利用することができるようになり，PC は企業だけでなく一般家庭の多くに普及しました。PC を中心とした他機器との拡張性とネットワーク機能は，情報化をいっそう促進し，社会の広い範囲でのオープン型ネットワークの形成に寄与しました。

　さらに，2007 年，アップル社によって開発・発売されたスマートフォン（iPhone）は一躍モバイル時代を推し進めることになりました。アップル社の共同設立者であるスティーブ・ジョブズ（S. Jobs）は，従来の携帯電話のコンセプトを一新させ，「持ち歩くコンピュータ」として iPhone を発売しました。SNS 時代の開幕と同時に，消費者・使用者の意見を発信できるものとして世界中に広がるようになりました。また，2008 年 10 月には iOS の iPhone に対抗して，オープンソースの Android という OS を使ったスマートフォンも登場しました（図 12.1）。それまで存在しなかったスマートフォン市場は，2018 年現在，年間 15 億台が販売されるものまで成長しました。従来の携帯電話の世界王座だったフィンランドのノキア（Nokia）社をはじめ多くの携帯電話端末メーカーは，革新的な製品の普及に対応できずに衰退しました。一方，サムスン（Samsung）やファーウェイ（Huawei）に代表される新しい通信機器メーカーが躍進するようになり，激しいグローバル競争が展開されるようになりました（図 12.2）。また，iPad をはじめとするタブレット PC などを含む多様なモバイルデバイスが発売され，誰でもどこでも必要な情報を安価で簡単に手にすることができる，モバイル情報化時代になりました。

　スマートフォンは，個人を特定するものとして認知され，従来の取引構造を変える電子商取引の増加と購買行動の変化，SNS コミュニケーションの

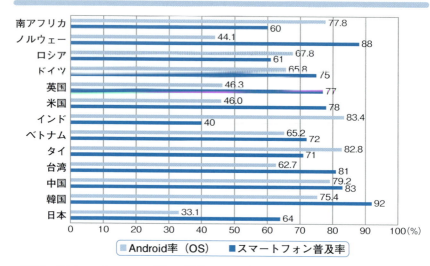

（出所）アウンコンサルティング調べ、「世界40カ国、主要OS・機種シェア状況【2018年3月】」
https://www.globalmarketingchannel.com/press/survey20180323 より抜群し、筆者作成

図 12.1　各国のスマートフォンの普及率と Android OS 率

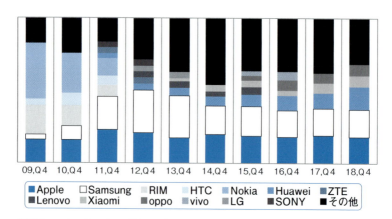

（出所）statista ウェブページ https://www.statista.com/
Global market share held by leading smartphone vendors from 4th quarter 2009 to 4th quarter 2018 より掲載

図 12.2　グローバルスマートフォンマーケットシェア（2009-2018年の第4四半期）

飛躍的な増加，消費者主権の向上をもたらしました。こうした変化は，企業がよりカスタマイズされた広告やマーケティング戦略を講じることを可能にします。また，個人に紐付くスマートフォンのモバイル性は，インターネットバンキングや電子決済，電子マネーといった新しいビジネスの拡大にも影響します。とくに，多くの人々がインターネットを介してつながり，社会の遊休資源，モノや空間，サービスなどの交換や共有，利活用する仕組みである，シェアリングエコノミー（Sharing Economy；共有経済）の推進を可能とする端末としての役割を担うようになりました。代表的な例として，自社が車両や運転手を持たずにタクシー運行サービスを展開するウーバー（Uber），ホテルや旅館を持たずに宿泊（空間）サービスを提供するエアビーアンドビー（Airbnb），モノを持たずにモノの提供者と利用者をつなぐメルカリなどがあります。

○ 情報関連産業の発展とオープン型ネットワーク

　このような情報化社会の背後には，情報関連産業の急速な発展があります。とくに，産業のコメとも言われている半導体産業の飛躍的な成長が基盤となっています。世界初の真空管式コンピュータ ENIAC が開発されたのが 1946 年ですが，コンピュータの性能向上と小型化に決定的な影響を与えたのが 1959 年の集積回路（IC；Integrated Circuit）の登場です。

　インテル（Intel）社の創業者の一人であるゴードン・ムーア（G. Moore）は，1965 年，半導体の集積密度は 1～2 年で倍増すると提唱しました。これを「ムーアの法則」と呼びます。実際に，図 12.3 に示されるように，集積密度（ダイサイズ当たりのトランジスタ数）は指数関数的に増加してきました。

　ムーアの法則により，ある程度技術の推移の道筋や変化のタイミングが予測できるようになったため，半導体業界では企業間の技術競争と設備投資が拡大しました。そして IC はより高い集積密度をもつ LSI, VLSI（超大規模集

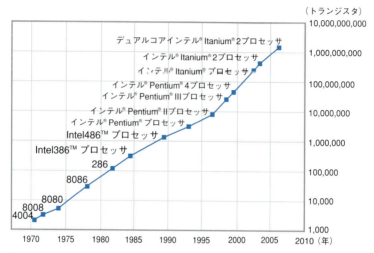

図12.3　ムーアの法則

(出所)　インテル社ウェブページ
(注)　指数関数的増大の場合，仮に2年で倍増すると10年では32倍，20年では1028倍，36年では263,168倍になる。1970年当時の集積数は2,300個なので，計算上は2006年には6億528万6,400個になる。グラフからわかる通り実際のプロセッサの集積数は10億個を越えるものであった。

積回路；Very Large-Scale Integrated circuit)，さらに論理演算，記憶，制御機能を持ちコンピュータの心臓部にあたるマイクロプロセッサ（CPU）が開発され，コンピュータの性能を飛躍的に向上させました。データを蓄積するハードディスクドライブ（HDD；Hard Disk Drive）の記憶容量も飛躍的に向上しました。

マイクロソフトの創業者であるビル・ゲイツ（W. H.（Bill）Gates）が「どんな人でも640キロバイトメモリあれば十分なはずだ」（1981年）と言った時代から見ると，当時の予想をはるかに超える大容量メモリがいまや一般的に搭載されており，文章作成や表計算，データ通信，さらに録画，画像・動画・音声の編集などが可能となっています。TVやゲーム機，オーディオな

ど他の機器とつなげることで，ユーザは新たな機能を手に入れるようになり，そうした関連産業の発展も促進されています。

　また，情報関連産業の発展においては，コンピュータシステムのオープン・アーキテクチャ（open architecture）の採用による互換性と拡張性の向上が重要な原動力となりました。IBMのメインフレーム・コンピュータ「システム360」で導入された，内部アーキテクチャを公開するオープン・アーキテクチャはPCにも採用され，インタフェースの標準化が進み，PCはプリンタ，モニタ，スキャナなどだけでなく，コンピュータ間，他のAV機器間とも拡張性を持つようになっています。

　これによって，従来の垂直統合型のコンピュータ産業はCPUやハードディスク，メモリ，OS，アプリケーションソフトといった部品ごとに企業間の分業が進み，水平分業型へと産業構造は変化しました（第10章参照）。その結果，より多くの企業の参入が可能になると同時に個別構成部品ごとにイノベーションを促すことになりました。これをコンピュータ産業の（オープン・）モジュラー化（modularization）と呼びます。ここでいうモジュラー化とは，システムを構成する要素（部品）間の関係をなるべく独立性の高い単位に分化し，標準的なインタフェースを設定し，つなげることが可能なものに変化させることを意味します。

12.2　情報化とビジネスの進化

○ 情報技術が市場と企業にもたらす影響

　情報化は市場，消費者，企業活動に大きな影響を与えています。消費者にとって，情報化は情報の非対称性の解消に寄与します。これまでの市場取引では，売り手と買い手との間で，価格や品質などに関する情報のギャップが

ありました。それが情報化によって，消費者はより多くの情報へのアクセスが容易になりました。たとえばカカクコム（価格.com）などの価格比較専門サイトの登場によって，店舗を直接はしごしなくても，価格相場や製品の情報を入手することができます。

また消費者は，取引に対する評価情報を，ウェブの掲示板やブログなどに掲載することが増えました。消費者は一方的に情報をもらう主体から，取引そのものや提供される製品・サービスを評価する主体に変わったのです。そうして生まれた情報は再び，他の消費者の購買行動に影響を与えます。

企業にとっても，情報化は従来の企業活動やビジネスのあり方を一変させました。たとえば，企業はITを利用し，消費者の購買行動やその特徴をすばやく分析し，次回のビジネスに生かすことが可能です。POS システム（Point of Sale System）がその典型的な例です。コンビニエンスストアやスーパーで広く採用されている POS システムは，どのような顧客が，どの時期・時間帯に，どのような商品を，どのぐらい購入しているのかをデータベース化できます。蓄積された顧客の購買行動情報を利用して，より正確な販売予測が可能になります。また，リアルタイムで売れ行きや在庫情報を確認できるため，在庫管理と受注業務の精度が向上しました。このようにして生まれた情報は，企業にとって重要な経営資源となります。

また，ITによって，生産者（メーカー・産地）→物流→卸→小売→顧客という従来の流れを越えて，生産者が顧客に直接販売したり，情報収集したりすることができるようになりました。これらにより，調達まで含めた供給連鎖（サプライチェーン）の様々な箇所で，新しいビジネス形態がもたらされました。

◯ 新しいビジネス形態：電子商取引

情報ネットワークの形成によって，新しいビジネス形態として現れたのが電子商取引（Eコマース；electronic commerce）です。電子商取引とはイ

ンターネットや専用回線などのコンピュータネットワークを使って電子的な情報交換，製品やサービスの売買をすることを指します。

電子商取引は，売り手と買い手を直接結ぶことで，より迅速な納期を実現します。中間マージンを軽減させることができ，買い手と売り手の両者にメリットを与える取引とも言えますが，逆に，取引の電子化に出遅れた企業は，既存の顧客が奪われることもあります。また，情報システムをオープンにすることによって，より多くの買い手と売り手がビジネスチャンスを得ることができます。

電子商取引は大きく分けて3つの形態があります。第1に，企業間電子商取引（B2B あるいは BTB；Business to Business）です。この形態はもっとも古い形態で，銀行間の電子資金移動などで使われる企業間の電子データ交換（EDI；Electric Data Interchange）が代表です。業種によっては，業界内オープン型ネットワークを構築し，グローバルレベルでの部品や材料の調達，サプライヤーの選定が可能な電子商取引ネットワークが形成されています。

第2に，ウェブサイトを通じて企業が不特定の消費者を対象に製品やサービスの販売を行う B2C（BTC；Business to Consumer）です。企業はウェブサイトに製品やサービスの情報を掲載し，それを見た顧客が注文し，購買する形態です。いわゆるインターネット上のオンラインショッピングで，総合ショッピングモールとしてはアマゾン（Amazon.com），楽天やヤフー（Yahoo！）がよく知られています。B2B に比べて，B2C の市場規模は小さいものの，急速に拡大している取引形態です。

第3に，インターネット上の（仲介）サイトを経由し，不特定の個人と個人が取引をする C2C（CTC；Consumer to Consumer）です。企業はその取引を支援する仕組みを構築します。アマゾンやネットオークションが好例です。また，スマートフォンの普及に伴った多様な APP（アプリケーションソフトウェア）の開発・提供により，それを用いて簡単に直接取引を一般消費者ができるようになりました。その件数も年々増えており，それを仲介するプラットフォーム型ビジネスが注目を浴びるようになりました。

電子商取引はネットワークでつながった情報化時代の新たな取引形態ですが，すべての取引が電子商取引に向いているわけではないことに注意が必要です。アマゾンやヤフー，楽天などのウェブサイトを通じた電子商取引市場では，家電や電子機器，ゲーム機などのように，品質や製品仕様が明確で比較的標準製品に近いものは電子商取引に適しますが，自動車や住宅のように価格や製品仕様だけでなく，外観やデザイン，感覚などの要素が重要な評価対象となるものは，今のところ取引の全過程を電子商取引とするには適していません。

しかし，将来的には VR（Virtual Reality；バーチャルリアリティ）と AR（Augmented Reality；拡張現実）技術の進化により，これまでとは違った販売店やマーケティング，製造現場の仕事の進め方や教育・訓練のあり方が実現されようとしています。ネット販売に不向きだった製品やサービスもバーチャルの空間で，現実世界における購買体験に近い形で提供できるようになる可能性があります。

というのも，VR はデジタル機器や技術を使い，現物や実物と同様な環境を五感などの感覚を刺激し，知覚させる技術です。AR はデジタルデータやイメージを画像や動画に変換し，物理世界に重ね合わせる技術群です。AR はスマートフォン向けの APP を使い，実物（現実）にデジタルデータをホログラムなどで組み合わせることで，よりリアルな仮想体験を可能にします。さらにこれらの技術は，生産現場や販売拠点，オフィス間の会議など様々な生産，流通現場で使われる可能性が高いです。

さらに，モバイル時代に多様な電子商取引の増加は，決済手段の多様化を促しています。クレジックットカードだけではなく，個人情報とリンクされたスマートフォンを使った電子マネーが普及しつつあります。日本では，Suica，WAON，nanaco や楽天 Edy などの電子マネーが広く使われています。

また，米国のアップルやグーグル，中国のアリババ（阿里巴巴集団），テンセント（Tencent）などは，過去の取引実績や利用顧客をベースに，Apple Pay，Google Pay，Alipay（支付宝）や WeChat Pay（微信支付）などのスマ

ートフォンの普及に合致したモバイル決済サービスを行っています。このような動きの裏では，自社の電子マネーをモバイル時代の決済手段として広く普及させるため，各社は新しい利便さと価値を提供する競争が繰り広げられています。

　スマートフォンの普及率が高い中国では Alipay や WeChat Pay が市民権を得ており，一部は日本でも利用できるようになっています。途上国の多いアフリカの国々でも携帯電話を使ったモバイル決済が広く浸透しています。たとえば，MMD 研究所の調査によれば，ケニアでの携帯電話加入者の約76.8%（2015 年 6 月時点）がモバイル決済を利用していることを報告しています。各国の経済・社会・制度状況によって電子マネーの普及度合いやスピードは異なりますが，今後キャッシュレス化がますます進むでしょう。

　ところが，日本の場合，他国に比べてキャッシュ（現金）による決済が好まれる傾向にあるため，キャッシュレス化が遅れています。こうした遅れは，ICT を駆使した革新的な金融商品・サービスの創造を志向するフィンテック（FinTech）のような新しいイノベーションやビジネスモデルへの進化を妨げる要因にもなる可能性があります。その点，今後，技術革新を企業戦略とリンクして考える必要があります。

12.3　情報技術の戦略的活用と企業活動の変化

○ 情報技術の特徴と企業管理

　我々は，知らないうちに何気なく，情報技術を駆使し，生活の利便性や効率性を追及しています。同じく，企業や組織も情報技術の利点と特徴を活用し，経営資源の管理，開発や製造，資材の購入（調達），マーケットの動向，原価計算や経理，部門間のコミュニケーション，意思決定等々の業務を行っ

ています。情報技術は製品やサービスのプロセスや品質，原価に大きく影響すると共に，仕事のあり方を変えるものとなっています。

　情報技術のどのような特徴が組織の様々な業務の変化をもたらすのでしょうか。ダベンポート（T. H. Davenport）は，以下の9つの情報技術の特徴が様々なプロセスイノベーションを促進させる機会を与えると指摘します。

- **自動化**：プロセスから人的労働を除去する（人間の労働を削減し，機械や設備がそれを代替したり，手続きを省略したり，簡素化できます。コンビニの無人化の動きが好例です）
- **情報化**：プロセスを把握するために，プロセス情報を採集する（様々な業務で発生するデータを得たり，それを用いて「分析」したりすることを可能にします）
- **順序化**：プロセスの順序を変更したり，並行処理を可能にする（業務プロセスの一連の流れを「並列処理」でできるようになります）
- **追跡化**：プロセスの状況とプロセスの対象をつぶさに監視する（センサーやスキャナ，RFID（後述）などを使って，業務の状況や実績，問題，パフォーマンスなどを持続的に追跡することができます）
- **分析化**：情報の分析と意思決定を改善する（情報の分析を通じた意思決定により，コストと時間を短縮することができます）
- **地理化**：地理的に離れたプロセス間を調整する（地理的，空間的な隔たりを解消でき，リアルタイムで状況を把握でき，意見交換，意思決定をすることができます）
- **統合化**：職務とプロセスを管理する（様々な業務プロセスのデータベースを蓄積し，共有，統合することができます）
- **知識化**：知的資産を獲得し利用できるようにする（より広範囲な情報を蓄積したデータベースを用いて，体系的な知識を組織内で横断的に活用できます）
- **直接化**：プロセスから媒介物を除去する（やりとりの当事者が直接かつ自

動的に情報をやりとりできるようになるため，仲介の人や業務が省略されることになります。たとえば，ウェブ上でレストランの予約ができます）

(Davenport（1993），p.69 より引用)

　上記の9つの特徴は，第5章で紹介したように企業のタスク分割や部門間のコミュニケーションのあり方，製造工程における管理の仕組みと仕方を変えることになります。各々の企業が自社の状況や文脈に見合った業務プロセスの構築をすることが競争力につながります。人工知能（AI），ビッグデータ，第4次産業革命の時代と言われている今日，新たな情報技術をどのように駆使し，戦略的に活用するかが課題となっています。

企業組織の経営情報システム導入とその変遷

　情報システムには作業の自動化（automate）の能力と，意思決定の質の向上に寄与する情報化（informate）の能力があります（Zuboff, 1985）。こうした情報システムの特性を企業活動に活用しようとする動きが，1960年代から今日まで継続的かつ活発に行われてきました。時代の流れと導入目的によって，情報システムはEDPS, MIS, DSS, SIS, BRP, ERP, SCM 等々へと重点を置き換えながら変遷してきました。

　最初に情報システムが利用されたのは，1950年代の米国の軍事用コンピュータネットワーク（SAGE；防空用システム）だと言われていますが，その後，電話回線を使った商業用のコンピュータ入出力システムが利用されました。初期段階では，業務効率化を目的とした電子データ処理システム（EDPS；Electronic Data Processing Systems）が普及しました。EDPS は人間による作業をコンピュータに代替し，データの自動処理（ADP；Automatic Data Processing）システムと，部門間のデータを共有できる統合データ処理（IDP；Integrated Data Processing）システムを用いることで業務の自動化を図るものです。

その後，組織の巨大化が進む中，組織の各階層の情報を管理者が把握し，マネジメントに反映することを狙って，リアルタイムで組織階層の情報を一元化し，管理できる経営情報システム（MIS；Management Information System）の導入が行われました。しかし，MISによる全社的なデータの収集・把握により，ルーチン的な作業・意思決定においては効率化を図ることができたものの，実際のマネジメントは情報の量だけでは適切な対応ができなかったため，ブームで終わりました。

1970年代に入ると，組織内に多く存在する非定型的もしくは非ルーチン的な意思決定の際に，意思決定者個人の経験や思考，勘，バックグラウンド，性格などによる影響をなるべくなくすことで，その質を高めようとした意思決定支援システム（DSS；Decision Support System）の導入が模索されました。管理者が直面する様々な意思決定には，定型化できるもの（定型的意思決定もしくは構造的意思決定）とできないもの（非定型的意思決定問題）があります。DSSはある程度定型化できる半定型的意思決定を支援する対話型コンピュータシステムです。

しかし，半定型的意思決定の場合，意思決定に必要とされるデータを事前にすべて備えることは不可能に近く，改めて備えた情報も環境変化により陳腐化し，意思決定を行うときに必要とされる情報は変わってしまいます。その点で，DSSには限界がありました。

1980年代後半になると，ワイズマン（C. Wiseman）によって提唱された戦略的情報システム（SIS；Strategic Information System）導入の動きが活発になりました。SISはITを競争優位性と関連づけ，競争戦略の形成と支援に戦略的にITを活用するもので，独自のインタフェースを使い，企業間を情報ネットワークで結び，囲い込み，競争優位性を確保しようとするものです。しかし，後述しますが，ITの効果を最大限に引き出し，競争力に貢献させようとするには，組織変革や業務プロセスのイノベーションが不可欠です。SISは「IT」に焦点が置かれ，「組織」に関する観点が欠けていたのです。

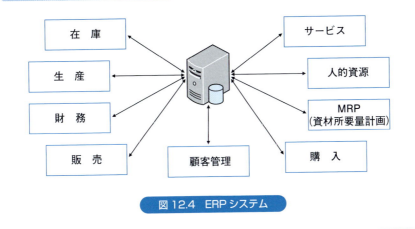

図12.4 ERPシステム

そうした反省の中で，米国企業が低迷していた1990年代初め頃，ハマー＝チャンピー（M. Hammer & J. Champy）はリエンジニアリング（reengineering）という概念を打ち出しました。彼らはコスト，品質，スピードなどのパフォーマンスを改善するためには，ビジネスプロセスの根本的な見直し・再設計が必要だと主張しました。彼らの議論は情報技術をプロセス変革に活用しようとする，ビジネス・プロセス・リエンジニアリング（BPR；Business Process Reengineering）の流れを形成しました。

一方，部門間の連携（企画―生産―購買―販売）と組織間（工場間もしくは企業間）の連携や調整にITを活用する試みも広がりました。たとえばCIM（Computer Integrated Manufacturing；コンピュータ統合生産）は生産現場で必要とする販売，製造，生産管理などの情報を統括し支援するシステムです。また，企業の経営資源を有効に活用し経営を効率化するため，基幹業務（製造，物流，流通，在庫，受発注，請求，会計）を部門ごとではなく統合的に管理するシステムとして，ERP（Enterprise Resource Planning；企業資源計画）が生まれ，大企業を中心に普及が進んでいます（図12.4）。つまり，ERPは情報の一元管理を実現することで，経営陣は関連業務の状

態を把握しつつ，業務の効率化や人件費の削減が図れます。代表的な ERP パッケージは，初めて開発されたドイツの SAP が広く知られています。

○ リプライチェーン・マネジメント

　近年，日本では自社だけでなく，業務活動に関わりのある外部企業も視野に入れ，業務プロセス全体の最適化・効率化を図ろうとするサプライチェーン・マネジメント（SCM；Supply Chain Management）が注目されています。その理由は，企業活動のグローバル化の中で，いかにコストを削減するかが企業の主要な経営課題になったためです。業務のアウトソーシングなどに取り組むものの，自社内の業務だけでコスト削減を追求するには限界があるという認識が広がったのです。

　サプライチェーン（supply chain）とは，企業が製品やサービスを顧客に供給するために必要とされる諸活動，すなわち製品企画・開発，材料の調達，生産，在庫，輸送（物流），受発注業務などの一連の供給連鎖プロセスを指します。SCM は供給連鎖プロセス全体で，より適時に，適正な量を，適正な場所に淀みなく，無駄なく，迅速かつ効率的に供給することを試みます。SCM は個別活動の部分最適化ではなく，サプライチェーン全体の最適化を目指すことで，コスト削減を図り，事業価値を高め，企業成果の向上に貢献します。

　外部組織を含めた諸活動の効率化・最適化には，開発，生産，購買（調達），物流（原材料や完成品），店舗などの各部門と，外部の関連企業との情報共有が不可欠です。図 12.5 に示したように，外部関連企業を含めて，サプライチェーン全体にわたって情報を共有することで，適切な在庫管理と適時の受注活動を図ります。

　たとえば，ある製品に関する市場の需要変動や売れ行き，注文情報を店舗が本社に送ると，その情報を本社の調達部門と生産部門などに展開します。同じく，調達部門は現在の在庫分を把握すると同時に，追加的に必要な原材

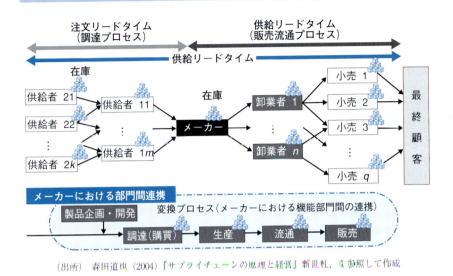

図 12.5 SCMにおける情報共有と機能部門間・組織間の統合

料があれば発注を行います。また，生産部門は増産（もしくは減産）に備えて設備準備と人員配置，生産計画の見直しを行います。SCMによって，リアルタイムでサプライチェーン全体にわたる在庫の最適化と業務の効率化を図ることができます。その結果，供給リードタイムの短縮ができ，市場ニーズ・需要変動の不確実性の軽減，競争力の向上が期待できます。つまり，各部門や関連組織がリアルタイムで在庫，生産，販売などの情報を共有し，市場動向に合致した行動を迅速に遂行することで，市場の不確実性を低減することができます。

　生産した製品の生産地から販売もしくは消費地までの物流過程を管理するロジスティクス業務においても情報技術を活用した管理が行われ，SCMの効率化が図られています。製造完了後の完成品の輸送の際，運搬コンテナに各種センサーと RFID（radio frequency identifier；電波を用いた RF タグの

データを非接触で読み書きするシステム）などを使った情報管理が行われるようになり，小売業や図書館などでの在庫管理にも容易に利活用できます。また，荷物の現在位置をGPS（Global Positioning System）で把握し，リアルタイムで管理できます。その情報や社内の関連部署だけではなく，顧客にも提供することで，良質のサービスを提供することができるようになりました。各種センサーやRFIDの高性能化と低価格化，さらにそれをリアルタイムでつなぐインターネットやデータをバックアップするクラウド技術の進化がこれらを支えています。

　他方，最近では遠隔地や離島への新しい輸送手段としてドローン（drone）が強い関心を集めています。今後，その性能の改良と運用に伴う法制度の整備によっては活用範囲が広がると思われます。ドローン技術は年々進化しており，その機能はモノを運ぶロジスティックなものを超えて，GPSやカメラを組み合わせることで，3次元データとして建設現場における地形データや建物の状態確認，監視などを可能とし，また，災害現場の状況を把握したり，多様な場面と用途での使い方が増えつつあります。空間的な制約を解消しつつ，人間の目による確認作業を代替させ，より正確で精緻な形でデータにもとづいて，意思決定やリードタイム短縮に貢献できるようになります。

　このように，SCMはITまたはICTを用いて組織内部と外部組織間の分業がもたらす情報の分散による弊害を克服し，組織内，組織間の統合を図り，市場の需要変動に迅速かつ効率的に対応するための情報システムであり，組織の成果を高めるマネジメント手段です。

○ 製品開発活動における情報技術の活用

　ITは企業の業務活動やタスク，部門間の連携のあり方にも大きな影響を与えています。ITは産業を問わず，製品設計や生産，物流，マーケティングなどにおける様々な業務活動で採用され，作業を支援しており，もはや

IT なくしては業務活動ができなくなっています。

たとえば，生産管理・在庫管理システム，設計支援ツールである 3 次元 CAD（Computer Aided Design），製造支援ツールである CAM（Computer Aided Manufacturing），GPS によるタクシー配車，病院の電子カルテ（EMR；Electronic Medical Records）システム，インターネットバンキング，ネット取引，宅配サービスなどが挙げられます。

ここでは，製品開発でもっとも代表的なデジタルツールとして使われている 3 次元 CAD を取り上げることにします。3 次元 CAD 技術を用いて製品開発プロセスを一新した典型的な例は，ボーイング 777 の開発です（青島，1997）。従来の 2 次元の平面図とは違って，3 次元 CAD ではコンピュータ画面上に 3 次元の立体形状として製品全体の形状と構成部品との関係をリアルに再現した仮想立体模型（ソリッドモデル；solid model）の作成ができます。そのため，試作品を作る前に画面上で形状や部品干渉を確認し，設計ミスを事前に防ぐことができ，より確実な設計，機能テスト，試作を可能にします。

3 次元 CAD は以下のような機能によって，製品開発プロセスにおける組織内のコミュニケーション，部門間の連携のあり方，問題解決のパターンなどに大きなインパクトを与えています。

(1) **コミュニケーションツールとしての機能**：高い視認性を持つ 3 次元 CAD は画面上での製品情報を見ながら問題点を発見・議論できるため，設計者たちの製品に対する理解度が高くなり，問題点の共有も容易になって，効果的なコミュニケーションが期待できます。

(2) **部門間連携の促進**：一般的な製品開発プロセスは，「コンセプト構想（企画）―設計―試作―生産準備―量産生産」と流れていきます。このとき，製品開発の各開発フェーズを重複させ，フェーズ間の連携を図りながら同時並行的にタスクを遂行していくと，開発リードタイムを短縮することができます。この手法をコンカレント・エンジニアリング（CE；Concurrent Engineering）と呼びます。3 次元 CAD のデータを各開発フェーズに活用する形

で CE をより円滑に行うことができ，結果として開発リードタイムの短縮に寄与します。

(3) 問題解決のパターンの変化（問題の前倒し；フロント・ローディング；front loading of problem solving）；画面上で，部品干渉問題や作業性のチェック，設備のシミュレーションができるため，より正確な製品設計情報をもとに，後工程で起こりうる問題を前倒し検討することが可能になります（Thomke & Fujimoto, 2000）。それによって，早期に設計の安定化が図られ，結果的に開発期間の短縮，コスト削減（設計変更コスト）につながります。実際，トヨタは3次元デジタル技術を問題解決のツールとして活用することで，従来の24カ月から18カ月まで開発期間を短縮させました。その当時，米国ビッグ3の平均新車開発期間は約30カ月前後でした。さらに，ヴィッツ（Vitz）の派生モデル（初代車 bB）の開発では試作車を省くことで開発リードタイムを12カ月まで短縮することができました。

ITの導入は従来のタスクの形態やあり方，業務プロセスを大きく変えています。市場環境の変化とビジネスのあり方の変化の中で，ITをいかに効率的に使いこなせるかが企業の競争力を左右する重要な要因になっています。

◯ オープン型ネットワークと企業戦略

ITは情報共有や同期化だけでなく，ネットワークにより広範囲の多様な主体が参加することを可能としました。標準的なシステムの採用と公開によって，より多くの主体が情報の発信者または利用者としてネットワークに加わることができます。つまり，オープン型ネットワークです。

近年の高性能PCの急速な普及は社会的インフラの拡大の側面を持っており，ネットワークができると，一部で情報を処理するのではなくネットワーク全体で適時必要な情報を処理することが行われるようになりました。その一つが分散処理情報通信システムです。分散処理情報通信システムとはデータやソフトが場所的に独立して存在し，情報を交換するすべての主体間で水

平的な分業を行うシステムです。こうした動きに合わせて，ビジネスのあり方や組織間関係も，従来の「囲い込み型経営（垂直統合型の組織関係)」から「オープン型経営」が求められるようになりました（國領，1995)。

國領（1995）によれば，オープン型経営は，①外部との取引に標準インタフェースを採用することにより他企業との連携がしやすい体制を作った上で，②提供商品を絞って主たる事業領域に資源を集中投入し，③自社事業領域内でも自社が必ずしも得意としない部分は積極的に他企業に補完させながら，最終需要を満たしていく経営戦略，と定義されます。企業はネットワークにつながることで，水平分業型産業構造に適した新しい戦略の立案が必要になります。

この議論は，先述したコンピュータ産業の製品のモジュラー化，それによる水平分業型産業構造への変化の中で，自社が得意な分野を選択し，経営資源を集中する一方で，他社との分業と連携を通じた事業戦略を展開しようとする議論とつながります。

いわゆるオープン戦略は，自社技術を他社に公開し，協力し合いながら製品規格を事実上の標準（デファクトスタンダード）とすることを狙う戦略です。そうすることで，新しい製品の普及や産業を立ち上げる事ができます。たとえば，家庭用のビデオ市場において，先行していたソニーのベータマックス規格を押さえ，後発の日本ビクターと松下電器が提案した VHS 規格がこれに当たります。

他方，インテルは，コンピュータの全体を制御する制御装置，演算装置，記憶装置とのインタフェース，周辺機器との入出力装置とのインタフェースなどから構成される CPU（Central Processing Unit；中央処理装置，マイクロプロセッサ）の規格を業界にオープンし，様々な周辺機器の開発の方向性を誘導しつつ，自社の製品および業界の技術をリードする役割を果しています。また，多くの企業が準拠する規格を提案することで，補完財の提供する部品企業の活性化とイノベーションを促進します。このように，産業全体のイノベーションを推進する企業を「プラットフォームリーダーシップ」を有

する組織といいます（Gawer and Cusumano, 2002）。

　プラットフォームリーダーシップを発揮する企業は，一般的に標準規格にもとづくオープン戦略をとる場合が多いです。そうした企業は，自社単独のビジネスモデルよりも，関連する企業やグループにとってビジネスで欠かせない場やモノを提供し，全体のビジネスのあり方を決めつつ，多面的に情報収集し，それをベースにさらなる自社の収益源と付加価値の増大と創造を図る戦略をとっています。これを「プラットフォーム戦略」といいます。Google, Amazon, Facebook, Apple が代表的な企業です（上記 4 つの企業の頭文字をとって GAFA（ガーファ）と呼称されます（Galloway, 2017））。これらの IT 企業は，自社のサービスを無償もしくは安価で提供しつつ，様々な企業がビジネスを展開できるようにすると同時に，自社のプラットフォーム，たとえばウェブサイト経由で行われた，取引やアクセスから得られた大量のデータが再度自社の競争力の源泉となる仕組みになっています。

12.4　情報技術と組織能力

○ ＩＴと組織能力

　これまで見てきたように，IT を活用し，様々な情報システムの導入が進められています。ところで，IT は組織の成果に必ず好影響を与えてくれるのでしょうか。もしくは IT 導入が生産性や効率性の向上を保証してくれるのでしょうか。

　残念ながら，IT は魔法の杖ではありません。これまでの情報技術に関する研究では，IT の導入は競争優位の十分条件ではないという結論になっています。では，組織が IT を活用し，その効果を享受するためにはどのような要因を考慮すべきであり，どのような能力が必要となるかについて考えて

みましょう。

資源ベース論の考え方にもとづくと，①IT技術のそのもの優位性（技術資産），②ITを駆使するスキルを持つ人的資源，③組織の状況（コンテキスト；context）やプロセスの中で①と②を結びつける能力が重要な要因となります（Melville et al., 2004）。この議論をベースにITと組織パフォーマンスとの関係を考えてみると，ITに関わる技術資源と人的資源と，補完的な組織の資源（非IT資源，組織構造，ルーチン，文化等）の相互作用が組織コンテキストに影響を与え，さらにそれがパフォーマンスに影響する，ということです。言い換えれば，ITの導入・投資から成果を享受するためには，組織コンテキストを理解した上，導入しようとするITを評価・駆使できる人材の育成，導入システムの有効性を引き出せるプロセスの変革とそれを束ねる組織能力が成功の鍵であるということです。

たとえば，医療法人の電子カルテの導入失敗事例（具・久保，2007）は，ITを使いこなせる組織能力を持たないと，情報システムが宝の持ち腐れになることを示します。簡単にその事例を紹介します。

財政悪化の中で，医療法人の経営効率化が求められる時代になり，それを解決するツールとして2003年以降に電子カルテ（EMR）の導入が政策支援の下で進められました。つまり，ITを使って，従来の紙カルテを電子化するのです。しかし，政府の積極的なEMR導入奨励があったにもかかわらず，多くの医療法人はEMRの導入・運用に失敗しました。

EMR導入に成功した病院を調べてみると，①明確な導入目的，②導入前に徹底した工程分析（外来患者に対する一連の診療プロセス（受付，診察選定・指示，医師の診療，検査，調剤，請求・会計に至る流れ））と業務変化に対応した組織変革，③組織構成員を巻き込んだ導入プロセス，④優秀なシステムエンジニアの確保などが，その成功要因でした。

要するに，企業戦略とその実行において，ITは必要条件ではありますが，十分条件ではありません。同じ情報システムを使いながら，組織パフォーマンスに差があるのは，組織能力に左右されるためです。

12.4

情報技術と組織能力

◯ 情報技術の新しい波と挑戦

　今は，情報技術の進化によって，あらゆるモノとモノをつなぎ，その状況や状態をデータ化できます。そのデータをインターネットにつなげることで時空間の制約なく，把握することでき，さらに分析し，問題や改善点を見つけることができるようになりました。その背後には人間の五感を具現化したセンサーの高性能化，小型化，低価格化，省エネ化があります（総務省，2015）。

　こうした仕組みは，グローバル生産が当たり前になった時代に，本国から海外拠点の状況や問題をリアルタイムで把握し，管理，監督することを可能にします。

　企業の成長プロセスを考慮すると，マネジメントの複雑性が増します。ニーズや市場の分散，多様化に対応するために，企業は製品の多様化と事業の多角化，（地理的な）市場拡大に対応しようとすると，第5章で説明したように，製品や部材の調達と管理，それを生産するために必要な製造設備や装置，従業員の管理と評価，顧客の管理すべきものの複雑性が増します。こうした複雑性をより正確，的確に管理するために，情報技術を用い，戦略的に利活用することが望まれます。管理対象とすべき所やものに対して，あらゆるセンサーやカメラを活用することで，問題を発見したり，その原因を究明できたり，事前に予防することができ，結果的には生産性の向上を図り，競争優位性を確保することもできます。

　こうした情報技術を使い，近年，あらゆる管理対象となるものや設備・機械，生産ラインの状態，人の動き，製品や部品の状態，工程の流れや所要時間と量，場所などをデジタル化し，統合的に把握，分析し，制御できる生産システム構築をすることで，製造業の革命を起こすコンセプト（インダストリー4.0）をドイツの自動車機器メーカーであるボッシュが提唱し，国家戦略として推し進めています。その影響にあり，米国や日本をはじめ，各国では類似の取り組みが行われています。いわゆる IoT（Internet of Things；モ

ノのインターネット）を活用したものです。様々なモノ（機械，製品，装置
など）をインターネットにつないでそこから得られた大量のデータにもとづ
き，AI を用いて分析することで，生産性の向上とネットワーキングがより
簡単にできる可能性があります。

　その点で，IoT，AI，ビッグデータを活用する場面は製造現場だけではあ
りません。顧客の特質や性質の分析，売れ行きへの影響要因など様々な機能
部分間のリンクを図ることができます。また，AI に対する機械学習を通じ
て，これまで暗黙知や経験，スキルに頼ってきたタスクをデジタル化，自動
化，ロボット化できる潜在的な可能性を向上させ，管理の複雑性の軽減と生
産性の向上を図ることができます。

　たとえば，建設・鉱山重機メーカーのコマツは，日本，北米，中南米，中
国，アジア，欧州などあらゆる地域にグローバル展開しています。同社は重
機ごとに GPS と各種センサー，通信システムを付け，その稼動状況や機械
の異常探知，機械の状態を把握し，遠隔操作機能を備えています。このよう
に IoT を使い，顧客の観点から新しいビジネスのあり方と生産性向上を図ら
れるようになっています。

演習問題

12.1　情報化社会における消費者の購買行動の変化とそれがもたらすビジネス
モデルの変化との関係について議論してみましょう。

12.2　情報技術のメリットとデメリットについて組織管理の側面から整理して
みましょう。

12.3　新しい情報技術の時代に成長が期待される産業は何でしょうか。また，
どのような能力を有する人材が必要とされるのでしょうか。

12.4　日本でモバイル決済の普及が遅れる理由と普及を促進する上で有効な手
段について考えましょう。

第 **13** 章

企業の社会活動と
ソーシャル・キャピタル

　食品の偽装表示，製品の不良による事故，環境汚染，経費の不正
申告──企業が活動していく上で，様々な不祥事が起こりえます。
企業の管理者は，社会にマイナスの影響を与えるこのような不祥事
を未然に防ぐ仕組みを作ることが必要です。さらに，社会に良い影
響を与え，社会と企業がともに発展することを目指すことが求めら
れています。

○ *KEY WORDS* ○
CSR，コンプライアンス，コーポレート・ガバナンス，
NPO，ソーシャル・キャピタル

13.1　企業の社会的責任

○ 社会における関係性の場としての企業

　組織の成果を高めるためには，組織内部のマネジメントだけでなく，組織外部の環境を含めたマネジメントを行う必要があります。外部環境に属する主体として，第9章で競合企業や顧客，第10章で取引先企業を主に取り上げました。しかし，企業に影響を受けたり，企業に影響を与えたりする存在は，それだけではありません。企業の外部には，株主や銀行，地域社会や政府も属しています。

　このような外部にいる主体，そして企業の内部の経営者や従業員などの経営資源が，企業と関係を持ち，つながっています。株式会社は株主（ストックホルダー；stockholder）が資金を出すことで成り立つのですが，見方を変えれば，企業とつながる利害関係者が存在することによって，企業が成り立つと考えることができます。そのため，企業とつながる利害関係者すべてを指して，企業のステークホルダー（stakeholder）と呼びます。

　第2章のバーナードの組織均衡論のところで述べたように，組織の参加者は組織に何らかの貢献を行い，何らかの対価を得ます。貢献を対価が上回るときに，組織と関係を続けます。

　株主は投資を行い，利益の配当を得ます。政府は企業の活動する枠組みを作り，税金を徴収します。顧客は代金を支払い，製品を手に入れます。そして従業員もまた，労働し，給料を得ます。顧客満足が外部を満足させることだとすれば，職務満足（従業員満足）は内部を満足させることで，企業にとっては同じ枠組みでとらえることができます。

　このとき，ステークホルダーを満足させるための共通原資となるのが，利益です。顧客には直接利益は分配されませんが，大きな利益が出るほど顧客

が満足する変換を行った証しであり，利益によって更なる顧客満足を可能とします。企業が利益を上げて，各利害関係者を満足させる必要があることを，企業の経済的責任と呼びます。

ただし，それぞれのステークホルダーが要求するものは同じではありません。従業員は，利益を削ってでも，労働環境の充実を求めるかもしれません。そのため，利益を上げれば皆が満足するということではなく，それぞれが要求する内容を確認する必要があります。

また，ステークホルダーを考える際に，特定の主体は関係ないと思ってしまうことには注意が必要です。たとえば企業が製造時に工場の外に有毒物を排出して一方的に健康被害に遭う人や動物がいても，顧客でないのであれば関係ないでしょうか。

典型例は公害で，1950 年代にチッソがメチル水銀を含んだ廃液を海に排出したことで引き起こした水俣病や，1960 年代に三重県四日市市のコンビナートが排出した硫黄酸化物による大気汚染で起きた集団ぜんそくなどが有名です。公害は結局，多額の損害賠償という形で，企業に大きな負担をもたらしました。

企業が存在することで，そこには様々なつながりができ，プラスの影響を与えたり，マイナスの影響を与えたりします。そして企業がマイナスの影響を与えることは，結局は企業に跳ね返ってくることが予想されます。よって企業は顧客や株主など，特定のステークホルダーとの関係を切り分けて考えるだけでなく，何に影響を受け，何に影響を与えるのか，全体を見る必要があります。

また，義務的にマイナスの影響をできるだけ小さくするだけでなく，プラスの影響をできるだけ大きくすることでステークホルダーと良い関係を築くことができ，企業の長期的な存続につながっていきます。それゆえに，組織には関係を維持する責任や義務だけでなく，貢献するという視点で，ステークホルダーとの関係を築くことが求められるのです。

○ 環 境 的 責 任

　第2次世界大戦後の高度成長期に技術の進歩によって公害が発生し，企業
が自然環境に悪い影響を与えることが増えると，企業は経済的責任だけでな
く，環境的責任を果たすべきという声が大きくなりました。企業は生産活動
において，様々な原材料を使用し，工場で製品を作り，出荷します。この過
程で，地球に限りある石油などの資源を消費する他，産業廃棄物が出たり，
有害な汚染物質が出たりします。消費者は企業の製品を消費しますが，その
際に包装などのゴミを出すほか，製品そのものも，壊れたり古くなったりし
て捨てられます。

　公害のように社会に対して悪影響を与えることについては，企業の自主的
な行動だけに頼ることが難しいので，政府が規制を行っています。たとえば
廃棄物処理法（廃棄物の処理及び清掃に関する法律）は，廃棄物の処理方法
などを定めています。家電リサイクル法（特定家庭用機器再商品化法）では，
エアコン，テレビ，冷蔵庫，洗濯機について，リサイクルを義務づけていま
す。

　現在は地球温暖化が問題となっていて，2005年に発効した国際条約であ
る京都議定書では，日本は2012年までに，1990年比で二酸化炭素などの温
室効果ガスの6％の削減を求められました。現在は2030年度に向けた削減
目標が定められています。そのため，産業界に対して省エネルギー法の強化
が続いています。

　企業側の取り組みに関して見ると，大企業，とくに製造業において環境経
営に力を入れる企業が増えてきました。環境経営報告書を作成し，ホームペ
ージで公開しています。再生紙の使用，節電などの基本的な節約のほか，廃
棄物をリサイクルして環境への負荷をゼロにしようとするゼロ・エミッショ
ン（zero emission），環境に配慮した製品設計を行うエコデザイン，環境保
全費用とそれによる効果を金額換算し会計処理を行う環境会計，素材の改良
によりリサイクルしやすくしたり，ハイブリッドカーのような省燃費化を実

現する技術革新に取り組むほか，それら環境マネジメントシステムを継続的に改善していく仕組みを作って，環境マネジメントの国際規格 ISO14001 を取得することなどを行っています。

　ここで問題となるのは，環境対策にはコストがかかることです。環境に配慮すると，そうでない場合に比べて，製品の価格が上がってしまうことがあります。イノベーションによって解決できる問題であればよいのですが，そうでない場合に，企業は悩むことになります。

　この点に関しては，ステークホルダーがそれを望むかどうか，という問題に行きあたります。環境経営を重視する企業への投資を積極的に行う投資家，環境対策製品を高くても買う消費者がいなければ，企業の環境経営は鈍くなってしまいます。

○ 社 会 的 責 任

　環境的責任は，自然環境を対象としています。これをすべてのステークホルダー，社会に広げたのが，企業の社会的責任（CSR；Corporate Social Responsibility）です。社会的責任の内容については様々な立場がありますが，ここでは経済的責任，法的責任，倫理的責任，裁量的責任の 4 種の責任を説明します（Carroll, 1979）。

　欧米では 1920 年代の企業の発展に伴って，日本では第 2 次世界大戦後の 1950 年前後に，企業が社会に対してどのような役割を果たすべきか，社会的責任が議論されるようになりました。ただし，この時期の企業の社会的責任とは，企業の経営者が企業の生産活動においてステークホルダーの利害を調整することに責任を持つというような，経済的責任に重きが置かれていました。

　これに対し，1970 年代の経済の高度成長に伴って盛んになったのが，企業は利益を追求しながらも，社会の様々な要請にも応える必要があるという考え方です。この時期に公害などの環境問題について多くの企業が直面し，

企業に対する法的な規制が強化され，法的責任，環境的責任の考え方が広まりました。

1980 年代から 1990 年代にかけては，企業に資金的な余裕ができたことから，その余裕資金を社会に還元すべきという社会貢献的責任（裁量的責任）や，資金的余裕がもたらした企業人のモラル低下を防ぐなど社会が企業に期待する行動を行うべきという倫理的責任が注目されます。企業の善意による社会貢献はフィランソロピー（Philanthropy）とも言われ，

①製品を消費者に売ることで，消費者の生活を豊かにする産業活動を通じた貢献

②チャリティ団体などに資金を提供（スポンサー）する資金提供を通じた貢献

③美術館や工場見学などの文化支援（メセナ）を行う企業施設を通じた貢献

④社員にボランティア活動を推奨する人を通じての貢献

⑤実業団チームを作り，社会へ娯楽を提供するスポーツによる貢献

などが社会貢献として推奨されました。大きな災害が起きたときに企業が生活物資を寄付するのも，社会貢献です。

ただし，環境経営と同様に，企業の資金を社会貢献活動に使うことの是非は問われます。株主から見れば，そのような支出を行うのであれば，株主に還元すべしという要求が出ないとも限りません。

日本では 1990 年を過ぎたバブル崩壊後には，景気後退による企業の余裕の減少から，社会貢献的責任は下火になります。無理なコストカットによる不良品の出荷などの不祥事の多発，そして地球温暖化が脚光を浴びたことで，現在は倫理的責任や環境的責任が注目を集めています。

このように社会的責任といっても内容は多様であり，何をすれば社会的責任を果たすことになるかという明確な合意があるわけではありません。ヨーロッパでは，PR などによる企業イメージの改善・宣伝効果，企業の姿勢へ

の共感を呼ぶ効果を狙った社会貢献は，社会的責任ではないと見なす場合も
あります。

　企業は企業が活動する上での基本的な価値観である経営理念を定めていま
すが，松下電器産業（現パナソニック）の有名な経営理念「産業人タルノ本
分ニ徹シ　社会生活ノ改善ト向上ヲ図リ　世界文化ノ進展ニ　寄与センコト
ヲ期ス」のように，社会を豊かにするなど，経営理念として社会に貢献する
ことを言及する企業が多数存在します。

　企業の自発的活動として，企業が今後も存続することを前提に，社会とと
もに持続可能な未来を築いていく活動（サステナビリティ経営）に取り組む
ことは，ステークホルダーの成熟とともに，これからますます重要度を増し
ていくことになります。

13.2　企　業　統　治

○　法による企業活動の規制

　企業には，放っておいても社会的責任を果たす企業もあれば，そうでない
企業もあります。将来的にしっぺ返しがあるかもしれませんが，それは可能
性にすぎないので，周りにマイナスの影響を及ぼしても気にしないという企
業も存在します。

　企業には様々なステークホルダーが関与していますが，皆がそのように考
えているのでしょうか。企業の所有者が社会的責任を求めている場合に，経
営者がそれに反してよいのでしょうか。株主が出資している企業，あるいは
ステークホルダーの数が多い大企業では，ステークホルダーの圧力によって
経営者の専横や，社員の暴走などの企業の不祥事を防ぐ仕組みを作ることが
必要です。

表 13.1　企業活動に関わりが深い法律の例

【基本となる法規定】
憲法・民法・商法・会社法・手形法・小切手法・金融商品取引法など

【経済活動に関わる法規定】
独占禁止法・不正競争防止法・不当景品類及び不当表示防止法・消費者契約法・割賦販売法・特定商取引法・製造物責任法・著作権法・特許法・実用新案法・意匠法・商標法など

【労働に関わる法規定】
労働基準法・労働組合法・労働契約法・労働審判法・最低賃金法・男女雇用機会均等法・育児介護休業法・障害者雇用促進法・高齢者雇用安定法・公益通報者保護法・労働者派遣法・パート労働法・労働安全衛生法・雇用保険法など

【環境に関わる法規定】
環境基本法・地球温暖化対策法・オゾン層保護法・省エネ法・大気汚染防止法・水質汚濁防止法・廃棄物処理法・リサイクル法・家電リサイクル法・環境アセスメント法・公害紛争処理法・公害犯罪処罰法など

【情報に関わる法規定】
個人情報保護法・電子署名法・電子契約法など

　不祥事を防ぐための一つの手段は，政府による法規制です。政府は，社会を安定させ，人々の生活を守り，問題を起こさせないように，法律を定めます。企業には法を遵守する責任，コンプライアンス（compliance）があり，それを守った上で，自由に活動できます。法律違反をした場合は，罰を受けます。法律としては，たとえば表 13.1 のような例があります。

　法が必要であるということは，逆に言うと，法がなければ問題が起きる，ということです。2005 年に起きたライブドアのニッポン放送買収劇では，買収側のライブドアは時間外取引で株式を取得するという手段を使いましたが，その後このような行為に対して法改正が行われ，公開買いつけ（TOB；

Take over Bid）の義務化がなされています。

　このとき，法的には合法であっても，倫理的には問題があると見られました。法と倫理は一致していないので，企業の社会的責任として法を守るだけでよいのか，よく考える必要があります。

○ コーポレート・ガバナンス

　株式会社では，実質的な企業の支配者が専門経営者であっても，所有しているのは株主です。このとき株主は，経営者が企業の成果を高めるように働きかける仕組み，経営者が株主の意に反したことをしないようにする仕組みを作る必要があります。また企業の経営者は，従業員が意図しない不祥事を引き起こさないように，きちんと企業全体を管理する必要があります。

　これは，コーポレート・ガバナンスの問題です。コーポレート・ガバナンスは企業統治と訳され，基本的には企業が統治される仕組みを指します。その際，誰が企業を統治しているのか，という主権者の問いが，最初に来ます。企業の統治者が変われば，統治の目的や統治方法が変わるためです。そして主権者が決まれば，どのような仕組みで何を統治するのか，という問いが発生します。

　株式会社では一般に，統治の主権者は所有者である株主です。そして所有と支配が分離しているがゆえに，株主は経営者のチェックを行うことが必要になります。株式公開がされている場合には，株主は証券取引市場で株式を売却することができるので，発言という直接影響を与える選択肢を選ばず，株式の売却という退出を選択することもできますが，誰かが株主になるので，経営者を含めた取締役会をチェックする仕組みは必要です（図 13.1）。

　株主が直接意思決定を行う場は，株主総会です。株主総会では一般に，決算の承認，剰余金分配，役員の選任を行います。特別決議事項は原則３分の２，普通決議事項は原則２分の１で可決されます。現在，取締役の解任は普通決議事項ですが，多くは企業の基本的な決まりを書いた定款において，３

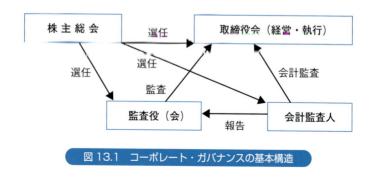

図 13.1　コーポレート・ガバナンスの基本構造

分の2に設定しています。こうした規定は会社法で詳しく定められています。

　株主は直接企業活動をチェックできないので，監査役という職務が設けられ，監査役（会）が取締役の業務を監査します。そのため，この構造の会社は監査役設置会社や監査役会設置会社に分類されます。監査役会は，過半数が社外の人である必要があります。また会計監査人は，企業の財務上の情報が正しいかどうかを確認する役目を負います。

　監査役，会計監査人とも，株主総会の場で任免を決定することができます。取締役は善管注意義務，忠実義務，監視義務を負い，企業に何らかの損失が発生したときに，自分の義務を果たさずにいた場合に，企業に対して損害賠償を行う責任を負います。

　このような仕組みがあるものの，実際に監査役を指名するのが取締役会であるなど，チェック機能が十分に働いているとは言えません。そのため，監査役会設置会社を発展させた，委員会設置会社という形態が設けられました（図13.2）。委員会設置会社では取締役会は経営を担い，執行は執行役が行います。取締役会の中に取締役で構成される報酬・指名・監査の各委員会を設置し，その過半数を社外取締役にします。ただし，社外の人がどの程度影響力を及ぼせるかという問題はあります。

　なお，日本企業が実際に構造を設計する際は，株式の扱いや資本・負債の

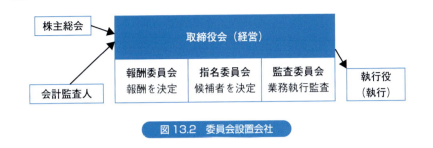

図 13.2　委員会設置会社

額によって，構造を簡略化することができます。またコーポレート・ガバナンス体系は，国によって異なります。米英では外部（社外）からの監視を重視するのに対し，ドイツやフランスでは従業員の選挙で選出された監査役が監査役会に送り込まれます（土屋・岡本，2003）。

　米国では，この仕組みでも企業内の不正経理，不正取引を見抜けなかった 2001 年の総合エネルギー企業エンロン（Enron）の破綻をきっかけに，より厳しく情報公開する仕組みとして SOX 法（上場企業会計改革および投資家保護法）を導入しています。そこでは上場企業は，内部統制が義務づけられ，経営者自身が，企業内部での虚偽や不正を防ぐ仕組みを作り，自ら監査を行い，それを外部の監査法人がチェックすることを要請されます。それをすり抜けて虚偽や不正が見つかった場合には，経営者は罰を受けることになります。日本でも金融商品取引法により 2008 年度以降，上場企業では内部統制が必要とされています。

　さらに，金融庁は，企業が自律的に幅広いステークホルダーと適切に協働しつつ中長期的な企業価値の向上を図ることを目的として，コーポレートガバナンス・コード（企業統治原則）の原案を作成し，2015 年 6 月，東京証券取引所が施行しました。

　コーポレートガバナンス・コードは法令ではなく，実効的なコーポレート・ガバナンスの実現に役立つ原則集です。2018 年 6 月改定版では，株主

の権利・平等性の確保，株主以外のステークホルダーとの適切な協働，適切な情報開示と透明性の確保，取締役会等の責務，株主との対話，の5章から構成されています。

東京証券取引所は東京証券取引所市場第一部（東証一部）・市場第二部（東証二部）の上場会社はコーポレートガバナンス・コードの全原則を，マザーズ市場及びJASDAQ市場の上場企業は基本原則を実施することを求め，実施できないものについてはその理由を説明することとしています。

○ コンプライアンス経営

企業の倫理的責任に関しては，倫理的な行動をしようということよりも，続出した企業不祥事をいかに防ぐかの実践論が求められるようになり，それはコンプライアンス経営という名で呼ばれています。コンプライアンスとは，前述のように法を遵守するという意味です。

企業の不祥事は数多くありますが，たとえば2000年の雪印乳業による食中毒事件では，単に生産設備での停電によって黄色ブドウ球菌が発生し食中毒を起こしただけでなく，古い牛乳を再利用するなどの不衛生な生産工程が露見しました。さらに2001年に子会社雪印食品が国の国産牛肉買い取り事業において，外国産の牛肉を国産と偽り売却しました。このことから企業イメージが大幅に低下し，商品は売れなくなり，結局雪印乳業は牛乳部門を別会社へ再編し，雪印食品は廃業となりました。近年もレオパレス21の1,300棟を超える物件の施工不良(2019年)，日産自動車の度重なる完成検査不正(2017年)など，大きく報道された事件もありますし，社員の横領やセクハラ，情報漏洩など，あまり表に出てこないが数の多い不祥事もあります。

不祥事は，経営陣も加わっている組織的な不祥事の場合もあれば，個人が引き起こす不祥事の場合もあります。このとき，個人が引き起こした不祥事は，組織の問題ではないと考えることは早計です。不祥事は，組織管理に問題があるために起こり，きちんとした管理をしていれば，不祥事を防げる可

能性があります。

　対策としては，まずコンプライアンス関連の業務を担当するコンプライアンス委員会を設置します。実際にコンプライアンス委員会を設置する企業は増えています。そして，不祥事を未然に防ぐことと，不祥事が起きてしまったときに被害を最小限に抑えるための活動を行います。

　不祥事を未然に防ぐためには，モラルに反することを禁止する企業の行動指針を定めて，社員の行動を正すこと，そしてそのための社員教育を行います。また問題が起きそうかどうかを予測して，必要に応じて監視を行うこと，不祥事を許さない社内の雰囲気づくりなどを行います。

　不祥事が起きたときには，不祥事への対応が，企業の評判を左右するので，被害を最小限に抑えるために，どのように行動するかのマニュアルを作成します。企業の不祥事が外部に伝わるのは，内部告発が端緒になることが多いので，内部通報制度を設けて，外に告発される前に，内部で情報を吸い上げ，問題を解決します。

　実際にどこまで不祥事を防げるかという問題はありますが，このような対策を取ることが，不祥事の発生を減らし，企業の社会的責任を果たすことにつながります。そしてこのような雰囲気や制度を作るには，企業トップの姿勢が重要となります。トップが積極的に不祥事を許さない姿勢を示すことで，コンプライアンス経営はより効果を発揮します。

13.3　組織と社会

○ NPO による経済活動

　企業の基本的な目的は，利益を追求することです。営利活動を行いながら，ステークホルダーが許容する範囲で，利益の一部を社会に還元しています。

そのような立場のため，景気が悪くなって企業に余裕がなくなると，多くの場合に利益の追求が優先され，社会貢献に目を向けなくなります。

　経営者，株主，従業員などのステークホルダーが企業に対して要求することはそれぞれ異なっていても，利益を得ることによってステークホルダーを満足させることができるということが，企業が利益を追求することを第一とすることの基本的な理解になっています。

　しかし，社会から見たとき，経済主体が営利企業である必要はありません。利益追求は存続のための最低限に抑え，社会のことを優先する組織が存在してもよいのです。このような組織は NPO（Nonprofit Organization），非営利組織，あるいは非営利団体と呼ばれます。広く考えると，学校法人や医療法人，財団法人のような，何らかの公益的な目的があって，それが利益よりも優先されなければならない組織は，非営利組織です。

　これらの非営利組織は従来から存在していましたが，近年は社会の成熟とともに，環境問題，国際協力，地域社会など様々な分野において，民間の非営利団体による社会貢献活動が活発化しています。経済的責任より社会的責任を重視するステークホルダーも増えてきました。そのため将来的には，企業ではなく，NPO が経済活動の主役になる可能性を秘めています。

　米国ではキリスト教による奉仕の精神があり，税制上で寄付を推奨していることもあって，NPO 活動が盛んです。日本では，従来は NPO は法人格を持たない任意団体として位置づけられ，銀行口座の開設などの法律行為が団体名でできないなどの不便がありましたが，2000 年に NPO 活動の活発化を狙って特定非営利活動促進法が施行され，法人として認められるようになりました。

　ただし，NPO はまだまだ力不足で，企業と対抗するだけの力を手に入れていません。営利組織が担おうとしない分野を担当し，非営利のため，資金は会費や募金，補助金に，労働力はボランティアに頼っている場合が多くあります。

　そして，利益を追求することが目標ではないため，組織のメンバーのモチ

ベーションの向上方法や，組織の業績評価，市場の開拓や，効率的な運営といった点に関して，営利企業とは別のやり方を模索することが必要になります。企業では階層構造による組織管理が行われるのが普通ですが，NPOでは個々の参加者が対等意識を持っているために，階層構造を作ることができず，安定した組織を作ることすら難しい場合もあります。

ドラッカーはNPOが営利企業と異なっているように見えても，組織の管理の基本は営利企業と変わらないとしています（Drucker, 1990）。営利を追求しないからこそ，組織のミッション（使命）を明確にし，メンバー間で情報を共有し，環境を分析し，計画を立て，きちんと評価する仕組みを作ることが必要だとしています。

○ ソーシャル・キャピタル

組織の管理を考えるときに，抽象的な「人」という存在を想定します。人は多様な価値観を持ちますが，金銭を得ることで喜び，モチベーションを高める存在と見なすのが一般的です。国際経営における本国と他国の管理問題など，価値観の違いが明らかなときに，その違いをどう管理するかが問われることがあります。

そして同じ国であっても，あるいは同じ地域であっても，社会は変化しており，それが組織の成果に影響を与えていると考えるのがソーシャル・キャピタル（social capital）論です。社会の変化とは具体的には，社会における人のつながりを指します。ソーシャル・キャピタル論は政治学や社会学での研究が中心ですが，企業や人のネットワークを研究する形で，経営学にも応用されています。

パットナム（R. D. Putnam）はイタリアの北部と南部でなぜ格差が存在するのかを調べました。その結果，北部が活動的で公共心のある市民が信頼と協調を土台とした社会を作っているのに対し，南部は市民が孤立し信頼関係がない社会を作っていることが原因だと指摘しました（Putnam, 1993）。

このことから，パットナムは，人々の協調行動を活発にすることで，ソーシャル・キャピタル，具体的には信頼，規範，ネットワークなどの社会的特徴が生まれ，それが社会の効率性を高めると考えました。この考え方は，政府や地方自治体が，市民の行政参加や，市民と行政の協力によるまちづくりを進める根拠をもたらしています。

現代社会においては，人々が集団参加を嫌がり，個人で行動しようとする傾向が強まっています。日本は集団主義，米国は個人主義と言われますが，米国は個人主義と言っても，個人を尊重しつつ信頼関係を築くことでソーシャル・キャピタルが豊かでした。しかし，多くの人が個人で行動するようになり，人々の格差が強固なものになった結果，ソーシャル・キャピタルが失われつつあります。これは日本でも同様の傾向があります。

また企業でも，成果や評価の指標を定めたり，特定の経営手法を導入したりすることで，信頼や規範が無視され，組織におけるソーシャル・キャピタルが失われることがあります。このとき，その社会の上に立つ企業などの組織は，組織の成果が低下するリスクに直面します。これらのことを考えながら，人々のネットワークという概念に着目し，組織や社会と向き合うことが必要です。

演 習 問 題

13.1　ウェブ上で「CSR 報告書」「環境経営報告書」を検索し，1 社の報告書に目を通して，企業の取り組みを評価してみましょう。

13.2　最近ニュースになった企業不祥事を列挙し，どうすればそれらの不祥事を防げたかを検討してみましょう。

第14章

日本企業の経営管理の仕組みと特徴

　経営管理の様々な知識を学んでも，すぐに答えが見つかるわけではありません。日本企業は20世紀後半に大きく成長し，海外に進出して成功を収め，それによって，日本企業の経営管理の仕組みに注目が集まりました。しかしそれは，日本企業の経営管理が海外より優れているということなのでしょうか。管理者は分析を行い，より良い管理方法を模索する必要があります。

○ *KEY WORDS* ○

日本企業の経営管理，日米比較，終身雇用，
労働組合，年功賃金，成果主義，人本主義

14.1　異なる管理方法の存在

○ 管理することの難しさ

　これまで本書で見てきたように，組織の管理者は，組織の成果を高めるために，様々なことを考慮して管理活動を行うことになります。このとき，人のモチベーション・アップの方法や，環境への対処策を学んだとしても，その知識だけで答えとなる管理方法が導き出されるわけではないことに注意が必要です。

　物に何らかの法則を見出した場合，まったく同じ物であれば同じ法則が働くことが期待できます。しかし人や組織は，他と同じではなく，同じ組織を見ても時間とともに変化し続けています。

　単純にAとBの2つの管理手法から選択する場合を考えてみましょう。AとBそれぞれの良い点と悪い点，そして経営理論を検討してAを選んだときに，それは正解となるのでしょうか。

　人や組織は複雑で，部下や周囲がAとBによってどのような影響を受け，どのように行動するかを事前に明確にすることは難しく，どちらを選んでも，予期していなかった問題が発生します。その結果，Aは不正解かもしれません。そしてAが失敗だったとわかり今度はBを選んでも，次の選択時は最初と同じ状態ではないので，また不正解になるかもしれないのです。

　実際には選択肢はいくつも考えられ，しかも様々な要素に多様な影響を与えます。理論や経験を動員し，直接組織に触れて，できる限り自組織の複雑さを解明しなければ，不正解の可能性を減らすことはできません。

　経営理論自身にも問題があります。経営学では，過去に成功した事例，あるいは失敗した事例から法則を導き出すことが行われています。経営学者は個別事例や統計データを用いて，経営に関する自説を展開します。成功した

企業の経営者は，周りにより良い経営をしてもらうために，あるいは企業の宣伝行為の一環として，自らが得た経験や知識を記した本を出版します。

その結果，書店には多くの経営本が並んでいますが，それは単に運が良く成功した組織の管理手法で，あるいは本当に必要なテクニックが隠されていて，あるいは記述が限られた内容のために，実際に活用するのは難しいかもしれません。

よって，文献に書いてあることをそのまま自分が管理する組織に適用しようとすることは問題です。異なった見方，方法論を知り，それらを自らの経験とともに体系的に吸収し，自分なりの方法論を導き，組織の状況に応じた実行によって組織の成果を高めていくことが，管理者の職務となるのです。

本書で最後に日本企業の経営管理について取り上げるのは，それが一つの管理手法だからです。各国には様々な管理手法があり，その中には共通する部分や異なる部分があります。

日本企業と米国企業の管理手法に違いが見られるのは，民族的条件，文化的条件，地理的条件，歴史的条件などの違いにより，異なった経営手法が最適であるというコンティンジェンシー理論的な理由でしょうか。

それとも，これまでは違う経営手法が取られていたとしても，グローバル化する経済の中で，やがてはどちらかの経営手法に収束するのでしょうか。あるいはそれぞれの良い点を含んだ新しい手法が生まれるのでしょうか。日本的経営を題材に，このような点を考えてみてください。

◯ 日本的経営の評価

日本企業についての見方は，日本の経済成長とともに変化してきました。日本企業についての初期の有名な研究は，アベグレン（J. C. Abegglen）の"*The Japanese Factory*"（1958；邦訳『日本の経営』）です。米国の工業化と日本の工業化が異なったものであると指摘しました。

この研究も含めて，日本的経営に関する初期の研究は，日本が欧米と比べ

て異なっているという，異質性を指摘するものでした。議論はその後，人事管理制度や組織デザインなどの日本の経営制度の特殊性について言及する制度論的研究と，日本人あるいは日本社会の集団主義について言及する集団論的研究に，大きく分かれて行われていきます。

そして1970年代の日本企業の成長，米国企業の競争力の低下を背景に，日本的経営が評価されるようになります。ドラッカーは1971年に著書 *"Men, Ideas, and Politics"* において，日本的経営について，合意に時間はかかるが実行が速い効果的な意思決定，従業員の心理的な保障と生涯訓練による生産性向上を実現する雇用保障と生産性等の調和，長期間の多面的評価で昇進させる若手管理者の育成法を評価しています。ヴォーゲル（E. F. Vogel）の *"Japan as number one"*（1979；邦訳『ジャパンアズナンバーワン』）では，日本が成功したのには正当な理由があり，欧米企業は日本的経営の良い点を取り入れて，古くなった経営手法を修正すべきであると述べられています。

オオウチ（W. G. Ouchi）の *"Theory Z"*（1981；邦訳『セオリーZ』）では，「短期雇用，早い人事考課と昇進，専門化された昇進コース，明示的な管理機構，個人による意思決定，個人による責任，人に関する部分的な関わり」を特徴とする米国（A型）の組織と，「終身雇用，遅い人事考課と昇進，非専門的な昇進コース，非明示的な管理機構，集団による意思決定，集団責任，人に関する全面的な関わり」を特徴とする日本（J型）の組織とを対比しました。そして米国において日本的な経営手法を採用して成功しているIBMやP&Gなどの大企業が存在することを指摘し，それらの企業をZ型と呼びました。

また，1980年代半ばにはトヨタを筆頭に日本企業の生産システムについても評価が高まり，とくにトヨタ生産方式は，ジャスト・イン・タイム生産方式（JIT；第5章参照）という名とともに広まっていきました。JITの基本的な考え方は，必要な物を必要な量，必要なときに生産することで，過剰在庫や過剰な作業を削減し，コストを削減します。

このとき，単純に JIT を導入すれば，トヨタ自動車と同じ強さを手に入れることができたかというと，そうではありませんでした。JIT はトヨタ自動車の表に見える一つの管理手法であり，その裏には日本人の生真面目さ，規律，集団活動，地道な改善努力など，様々な要因があったためです。

　たとえば，日本の工場においては毎朝の朝礼や体操が実施されていることが多いのですが，これは規律や集団活動などを強化する側面があります。しかし個人主義で，職務以外での拘束を嫌う欧米の工場では，非合理的な管理手法と見なされ，なかなか受け入れられませんでした。

○ 経営的手法の相互影響と発展

　日本的経営の特徴は他にも，日本の集団志向が個人が責任を取らない状況を生んでいること，派閥という特殊なインフォーマル（非公式）な人間関係があること，業務の執行にあたり，上司，そのまた上司といった，上位関係者すべての決済や承認を得る稟議制度が存在すること，社長が企業の従業員を家族のように扱う経営家族主義の傾向があることなどが指摘されます。

　また，環境についての管理に関しては，特定の銀行と継続的に取引し，その銀行が企業を後見するメインバンク制度，株式の相互持ち合いによる株主からの圧力の軽減，第 10 章で取り上げた系列などが挙げられます。

　1990 年代の日本経済の停滞とともに，日本的経営そのものの評価は下がりましたが，日本的な集団志向を何らかの形で取り入れることや，生産現場でカイゼンという言葉が広まったことなど，日本的経営は欧米企業に対して大きな影響を与えました。

　もちろん日本企業は，欧米企業に影響を与えるだけでなく，欧米企業の経営手法から学び，それを活かすことを行っています。たとえば，品質管理です。第 2 次世界大戦後，日本の工場の生産性向上には科学的な品質管理活動が欠かせませんでしたが，それを広めたのは米国からやってきたデミングでした。統計的品質管理を日本に指導した功績で，1951 年に日本にデミング

14.1

異なる管理方法の存在

287

賞が創設されています。

日本が高品質の製品を生み出して米国市場に進出したことで，米国も品質管理に熱心となり，1987 年にマルコム・ボルドリッジ賞が創設されます。このとき，品質を製品視点から顧客視点に拡大する形に発展させました。その視点を日本も取り入れて，1996 年に日本経営品質賞を創設しています。

企画，製品開発，製造，部品業者，販売業者まで含めて無駄をなくすリーン生産方式，製品開発の複数の作業の同期化による開発期間の短縮を追求したコンカレント・エンジニアリング，古いビジネスプロセスの再設計を行うリエンジニアリングなど，様々な経営手法が日本に紹介され，日本企業に影響を与えています。

世界中の企業が，経営管理手法の改善に取り組んでいます。視野を広げてそれらについて知り，良いことは吸収し，より良い管理手法を創造することが管理者に求められます。なお，他社の優良事例（ベストプラクティス）を探し出して分析し，自社の活動と比較し，変革を進める経営手法を，ベンチマーキング（benchmarking）と呼びます（Camp, 1989）。

14.2　日本企業の経営管理の仕組みと特徴

○ 終 身 雇 用

前出のアベグレン著『日本の経営』では，日本企業の労使関係の特徴を終身雇用，年功序列，企業内組合であるとしました。この特徴が『OECD 対日労働報告書』(1972) において三種の神器と表現され，知名度を高めることになります。

企業内組合とは，欧米では広く連帯し，数の力で労働者を保護する労働組合が，日本では基本的に企業単位でしか結成されていないことを指します。

これにより労働組合の力は小さくなり，企業にとっては対立する存在というよりも，協調する存在になりました。

　終身雇用は，一度雇った人を定年まで雇用し続けることを指します。アベグレンは"lifetime commitment"という表現を用いたので，直訳すると「長期的な関係」という意味ですが，「終身雇用」という訳が用いられ，有名になりました。終身雇用の特徴は，一度雇った人は，特別な事情がない限り，解雇しないことです。

　このことは企業に，様々な影響を与えます。能力や意欲が劣っている，あるいは組織文化に合わなかった社員であっても解雇しにくいため，そのような人をできるだけ採用しないように，新入社員の採用時に厳選する必要があります。

　そして一度採用した社員は，長期にわたって教育することができます。その結果どのような仕事に適性があるかを見るために，多くの部署を経験させるジョブ・ローテーションを行うことができます。

　多くの部署を経験することで，社員は広い視野を持ったゼネラリストになります。教育は，現場で直接様々な経験や知識を身につけるOJTが中心となり，何か特定のことを集中的に学ぶ研修制度（Off-JT）よりも重視されます。長期にわたって教育を行う結果，企業の中での上位管理者への選抜対象となる時期は遅めですが，それまで皆が昇進のチャンスを持ちます。

　これに対し米国では，雇用は比較的短期にとらえられています。企業の業績悪化時には一時的な人員削減を行うことができるレイオフ（layoff）制度があり，それによる失業補償も整っています。ただし，誰でも好きに解雇できるわけではなく，先任権（scniority）というルールがあり，勤続年数の長い社員が昇進や退職，再雇用で優遇されることになっています。一方，日本の工場では，臨時工の採用や，下請けの活用によって，景気などによる生産量変動の吸収を行っています。

　米国では職務内容が記述されており，何をすればよいか，マニュアルが用意されます。職務が固定されており，スペシャリストとして評価されます。

14.2

日本企業の経営管理の仕組みと特徴

そのため昇進も，管理者としての資質があると判断されれば，必要な教育を受け，早期に昇進することになります。

◯ 年功賃金

米国では，職務の成果に応じて給料を支払うことが一般的です。より多くの成果を出すことで，より多くの給料が得られる仕組みを成果主義と呼びます。労働者から見れば，給料が企業の自分に対する価値評価となります。よって他の労働者との協調性を考えずに，自分の成果をいかに増やすかを考える，個人主義的な行動が多くなります。

これに対して日本企業では，給料は勤続年数と最終学歴によって決まります。これを年功賃金と呼びます。工場で働くブルーカラーは，オフィスで働くホワイトカラーより給料は低い傾向があるものの，高い生産性に対する手当や残業などである程度補うため，大きな差ではありません。

年功賃金は勤続年数によって給料が上がる制度のため，給料は，若年時に

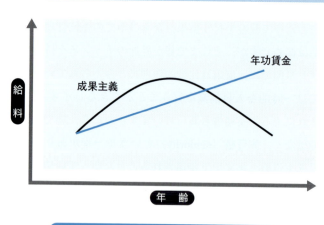

図14.1　年功賃金と成果主義の給料モデル

少なく，中高年に近づくにつれて高くなります（図14.1）。若年時に給料を一部企業に積み立てて，中高年になってから返却してもらう形なので，労働者にとって短期で企業を辞めることは損失であり，給料面からも，長期雇用が行われる理由となります。

年功賃金は企業の集団主義，経営家族主義的発想に影響を与えました。日本では個別の労働者の給料の大小をモチベーション向上策として利用しなかったため，企業に対する忠誠心や一体感を生むことによって，作業に対する動機づけがなされています。今でも企業は，運動会や飲み会など，社員間のコミュニケーションを密にするための仕掛けを行っています。

企業の組織構造はピラミッド型をしているので，管理者のポストは固定で数が少なくなります（図6.2参照）。そのため日本企業でも，社員は完全に平等というわけではなく，昇進時に選抜され，給料に差がつくようになっています。

近年は日本企業において，年功賃金が崩れつつあり，米国と同様に成果主義を導入する企業が増えてきました。ここで問題となるのが，現状よりもモチベーション向上が見込めた上で成果主義を導入するのかどうかです。

成果主義の問題点としては，個人主義のほかに，達成すべき目標として安易な低い水準を選んでしまうこと，目標以外のことに目を向けなくなること，結果だけでなく過程を評価しないと不公平感が増すこと，上司や周囲が成果を正しく評価することができるのかなどが挙げられます。

それらの問題に加えて，成果主義の導入目的そのものが別の方向を向いている場合があります。成果主義を導入する際は，努力した人，成果を出した人に多くの給料を支払うことで，成果を出した人，あるいは成果を出せなかった人のモチベーションを向上させることができるという建前が使われます。しかし，現在の日本企業の成果主義は，企業の成長が止まった中で，少なくなった利益を有効に活用するために，成果主義の名の下にほとんどの社員の実質的な給料カットを行っているのが実体と言われています。

高橋伸夫は『虚妄の成果主義』（2004）において，経営者の仕事は，モチ

ベーション向上を理由に成果主義を導入することではなく，仕事の面白さ，やりがいのある仕事を用意することによって，モチベーションを向上させることだと述べています。

○ 長期的成長志向

米国の大企業は一般的に，日本の大企業よりも高い ROE（株主資本利益率）を実現しています。日本の大企業が 5 ％ を超えるのに苦労しているのに対し，米国の大企業は軽く 10% を超えます。

これは，必ずしも日本企業が非効率であることを意味しません。米国の企業は労働者を調整することで環境の変化に対応できるのに対し，日本企業は終身雇用であるためにそれができず，企業の安定のためには，成長が必要だったのです。そのため，利益率は低く，株式の配当は少なく，借金は多くなりましたが，とにかく多額の投資を行うことで，成長を実現しました。

一方米国の企業は，利益の追求を優先します。たとえば新宅純二郎は『日本企業の競争戦略』（1994）において，米国のテレビ装置産業の企業は，高級ニッチ市場に絞ったり，コストリーダーシップを追求し低級品を出すことで，利益率を高める戦略をとったことを指摘しています。しかし，日本企業は多くの投資によりイノベーションを行い，良い品をより安くすることで，米国の企業を撤退に追い込みました。

日本企業が長期的な成長視点で経営を行い，米国の企業が短期的な利益視点で経営を行うことの理由は，コーポレート・ガバナンスからも説明することができます。

米国のコーポレート・ガバナンスは，株主主権が明確です。金融機関，年金基金，投資ファンドなど，強い影響力を持つ株主が存在し，企業に対して発言を行ってきました。そのため企業は常に利益を上げることが要求され，短期的な視点での経営を余儀なくされました。また経営の透明性を高めるために，社外取締役の導入が盛んです。

これに対し日本では，企業どうしがお互いに株式を取得して安定株主となり，発言を行わない株式の持ち合いにより，株主主権が建前としてあっても，株主の影響力は大きくありませんでした。

そのため企業の専門経営者が大きな力を持ちました。ただし，これは米国的な，純粋な経営者が企業を動かすというものではありませんでした。経営者は従業員の延長として存在し，それによって，従業員としての視点で企業を統治することになりました。この従業員主権は，人本主義とも呼ばれています（伊丹，1987）。

終身雇用の下で，従業員は長期的に企業に関与します。よって従業員主権の日本企業では，長期的な視点に立って経営を行うことができたのです。しかし近年は，日本でも株主の影響力が強くなり，短期的な利益を要求されるようになってきています。このような変化をどのようにマネジメントするか，考えていく必要があります。

演習問題

14.1　近年日本企業では年功賃金を止め，成果主義を取り入れる動きが盛んです。成果主義を導入することのメリットとデメリットを考えてみましょう。また，デメリットが起きないように導入するプランを立ててみましょう。

14.2　図書館や書店で，ビジネス雑誌を探してみましょう。企業が現在どのようなことに取り組んでいるか，経営者がどのようなことを考えているか，様々な内容が載っています。本書の内容を振り返りながら，自分がどのようなことに興味があるか，リストアップしてみましょう。

参 考 文 献

[第1章]

Babbage, C.（1832）*On the economy of machinery and manufactures*. Charles Knight, London.

Barnard, C. I.（1938）*The functions of the executives*. Harvard University Press, Cambridge, Mass.
（田杉競監訳（1956）『経営者の役割』ダイヤモンド社；新訳版として山本安次郎ほか訳（1968）『新訳　経営者の役割』ダイヤモンド社）

Berle, A. A. Jr., & Means, G. C.（1932）*The modern corporation and private property*. Macmillan, New York.（北島忠男訳（1957；1986）『近代株式会社と私有財産』文雅堂銀行研究社）

Chandler, A. D.（1977）*The visible hand: The managerial revolution in American business*. Belknap Press, Cambridge, Mass.（鳥羽欽一郎・小林裳裟治訳（1979）『経営者の時代（上・下）』東洋経済新報社）

Durkheim, E.（1893）*The division of labour in society*.（田原音和訳（1971）『社会分業論』青木書店；文庫版として井伊玄太郎訳（1989）『社会分業論（上・下）』講談社）

Fayol, H.（1917）*Administration Industrielle et Générale*. Dunod, Paris.（都筑栄訳（1958）『産業並びに一般の管理』風間書房；佐々木恒男訳（1972）『産業ならびに一般の管理』未来社；山本安次郎訳（1985）『産業ならびに一般の管理』ダイヤモンド社）

Smith, A.（1776）*An inquiry into the nature and causes of the wealth of nations*. W. Strahan & T. Cadell, London.（大河内一男訳（1978）『国富論（1）-（3）』中央公論社）

Taylor, F. W.（1895）A piece-rate system. *ASME*, **16**, 856–903.（「出来高払い制私案」　上野陽一訳編（1969）『科学的管理法［新版］』産業能率短期大学出版部）

Taylor, F. W.（1903）*Shop management*. Harper and Brothers, NewYork.（「工場管理」　上野陽一訳編（1969）『科学的管理法［新版］』産業能率短期大学出版部）

Taylor, F. W.（1911）*The principles of scientific management*. Harper and Brothers, NewYork.（「科学的管理法の原理」　上野陽一訳編（1969）『科学的管理法［新版］』産業能率短期大学出版部）

上野陽一訳編（1969）「テイラー・システムおよびその他の工場管理法を調査するための特別委員会での供述」『科学的管理法［新版］』産業能率短期大学出版部

[第2章]

Ansoff, H. I.（1965）*Corporate strategy: An analytic approach to business policy for growth and expansion*. McGraw-Hill, New York. ; 2nd ed.（1988）New Corporate strategy. Wiley, New York.（初版の訳として広田寿亮訳（1969）『企業戦略論』産業能率短期大学出版部；第2版の訳として中村元一・黒田哲彦訳（1990）『最新・戦略経営』産能大学出版部）

Argyris, C., & Schön, D. A.（1978）*Organizational learning*. Addison-Wesley, Reading, Mass.

Barnard, C. I.（1938）第1章に同じ

Chandler, A. D.（1962）*Strategy and structure: Chapters in the history of the industrial enterprise*. MIT Press, Cambridge, Mass.（三菱経済研究所訳（1967）『経営戦略と組織』実業之日本社）

Lawrence, P. R., & Lorsch, J. W.（1967）*Organization and environment: Managing differentiation and integration*. Harvard University Press, Boston.（吉田博訳（1977）『組織の条件適応理論』産業能率短期大学出版部）

Mayo, E.（1933）*The human problems of an industrial civilization*. Macmillan, New York.（村本栄一訳（1951）『産業文明における人間問題』日本能率協会；新訳版として，1967 年）

Merton, R. K.（1949 ; 1957 ; 1968）*Social theory and social structure*. The Free Press, New York.（森東吾ほか訳（1961）『社会理論と社会構造』みすず書房）

Miles, R. E.（1965）Human relations or human resources? *Harvard Business Review*, **43**, 148-163.

Nonaka, I., & Takeuchi, H.（1995）*The knowledge-creating company: How Japanese companies create the dynamics of innovation*. Oxford University Press, New York.（梅本勝博訳（1996）『知識創造企業』東洋経済新報社）

Penrose, E. T.（1959 ; 1980）*The theory of the growth of the firm*. Basil Blackwell, London.（末松玄六訳（1962）『会社成長の理論』ダイヤモンド社；第 2 版の訳として，1980 年）

Porter, M. E.（1980 ; 1998）*Competitive strategy: Techniques for analyzing industries and competitors*. The Free Press, New York.（土岐坤ほか訳（1982）『競争の戦略』ダイヤモンド社；初版新訂版として，1995 年）

Porter, M. E.（1985）*Competitive advantage: Creating and sustaining superior performance*. The Free Press, New York.（土岐坤ほか訳（1985）『競争優位の戦略』ダイヤモンド社）

Roethlisberger, F. J.（1942）*Management and morale*. Harvard University Press, Cambridge, Mass.（野田一夫・川村欣也訳（1954）『経営と勤労意欲』ダイヤモンド社；改訂版として，1965 年）

Simon, H. A.（1947）*Administrative behavior. A study of decision making processes in administrative organization*. Macmillan, New York.（松田武彦ほか訳（1965）『経営行動』ダイヤモンド社；新訂版として，1989 年）

Weber, M.（1921-1922）*Bürokratie. In Wirtschaft und Gesellschaft, III. Abteilung, Grundriss der Sozialokonomik*, J, C. B. Mohr, Tübingen. pp.650-678.（阿閉吉男・脇圭平訳（1954）『官僚制』創文社；再録として角川書店，1958 年；加筆修正版として恒星社厚生閣，1987 年）

Wernerfelt, B.（1984）A resource-based view of the firm. *Strategic Management Journal*, **5**(2), 171-180.

[第 3 章]

Adams, J. S.（1963）Toward an understanding of inequity. *Journal of Abnormal and Social Psychology*, **67**(5), 422-436.

Alderfer, C. P.（1969）An empirical test of new theory of human needs. *Organizational Behavior and Human Performance*, **4**, 142-175.

Atkinson, J. W.（1957）Motivational determinants of risk-taking behavior. *Psychological Review*, **64**, 359-372.

Deci, E. L.（1975）*Intrinsic motivation*. Plenum Press, New York.（安藤延男・石田梅男訳（1980）『内発的動機づけ』誠心書房）

Drucker, P. F.（1954）*The practice of management*. Harper & Row, New York.（現代経営研究会訳（1956）『現代の経営（正篇・続篇）』自由国民社；最新訳として上田惇生訳（2006）『現代の経営（上・下）』ダイヤモンド社）

Festinger, L.（1957）*A theory of cognitive dissonance*. Stanford University Press, Stanford.（末永俊郎監訳（1965）『認知的不協和の理論』誠信書房）

Hackman, J. R., & Oldham, G. R.（1976）Motivation through the design of work. *Organizational Behavior and Human Performance*, **16**, 250-279.

Herzberg, F., Mausner, B., & Snyderman, B. B.（1959）*The motivation to work*. Wiley, New York.

JTB モチベーションズ研究・開発チーム（1998）『やる気を科学する――意欲を引き出す「MSQ 法」の理論と実践』河出書房新社

Locke, E. A.（1968）Toward a theory of task motivation and incentives. *Organizational Behavior and Human Performance*, **3**, 157-189.

Locke, E., A. & Latham, G. P.（1984）*Goal setting: A motivational technique that works!* Prentice Hall, Englewood Cliffs, NJ.（松井賚夫・角山剛訳（1984）『目標が人を動かす』ダイヤモンド社）

Maslow, A. H.（1954；1970；1987）*Motivation and personality*. Harper and Brothers, New York.（第2版の訳として小口忠彦監訳（1971）『人間性の心理学』産業能率短期大学出版部；その改訂新版として小口忠彦訳（1987）『人間性の心理学』産業能率大学出版部）

McClelland, D. C.（1961）*The achieving society*. Van Nostrand, Princeton, NJ.（林保監訳（1971）『達成動機』産業能率短期大学出版部）

McGregor, D.（1960）*The human side of enterprise*. McGraw-Hill, New York.（高橋達男訳（1966）『企業の人間的側面』産業能率短期大学）

Murray, H. A.（1938）*Exploration in personality: A clinical and experimental study of fifty men of college age*. Oxford University Press, New York.（外林大作訳編（1961-1962）『パーソナリティ（I・II）』誠信書房）

Schein, E. H.（1979）*Organizational psychology*. 3rd ed. Prentice Hall, Englewood Cliffs, NJ.（松井賚夫訳（1981）『組織心理学』岩波書店）

Skinner, B. F.（1938）*The behavior of organisms: An experimental analysis*. Prentice-Hall, New York.

高橋伸夫編著（1996）『未来傾斜原理――協調的な経営行動の進化』白桃書房

Vroom, V. H.（1964）*Work and motivation*. Wiley, New York.（坂下昭宣ほか訳（1982）『仕事とモティベーション』千倉書房）

[第4章]

Blake, R. R., & Mouton, J. S.（1964）*The managerial grid: Key orientations for achieving production through people*. Gulf Publishing, Houston, Tex.（上野一郎監訳（1965）『期待される管理者像』産業能率短期大学）

Calder, B. J.（1977）An attribution theory of leadership. In B. Staw, & G. Salancik（Eds.）*New directions in organizational behavior*. St. Clair Press, Chicago, Ill.

Fiedler, F. E.（1967）*A theory of leadership effectiveness*. McGraw-Hill, New York.（山田雄一訳（1970）『新しい管理者像の探求』産業能率大学出版部）

Follett, M. P.（H. Metcalf, & L. Urwick（Eds.））（1940）*Dynamic administration*. Harper & Brothers, New York.（米田清貴・三戸公訳（1972; 1997）『組織行動の原理』未来社）

French, J. R. B., & Raven, B. H.（1959）The bases of social power. In D. Cartwright（Ed.）*Studies in social power*. University of Michigan Press.

Goleman, D., Boyatzis, R., & McKee, A.（2002）*Primal leadership: Realizing the power of emotional intelligence*. Harvard Business School Press, Boston, Mass.（土屋京子訳（2002）『EQ リーダーシップ』日本経済新聞社）

Greenleaf, R. K.（1977）*Servant-leadership: A journey into the nature of legitimate power and greatness*. Paulist Press, New York.

Hersey, P., & Blanchard, K. H.（1977）*Management of organizational behavior: Utilizing human resources*. 3rd ed. Prentice-Hall, Englewood Cliffs, NJ.（第3版の訳として山本成二ほか訳（1978）『行動科学の展開』日本生産性本部；第7版の訳として山本成二・山本あづさ訳（2000）生産性出版）

Hollander, E. P.（1978）*Leadership dynamics: A practical guide to effective relationships*. Free Press, New York.

House, R. J.（1971）A path-goal theory of leadership effectiveness. *Administrative science quarterly*, **16**, 321–338.

House, R. J.（1977）A 1976 theory of charismatic leadership. In J. Hunt, & L. Larson（Eds.）, *Leadership: The cutting edge*. Southern Illinois University Press, Carbondale, IL.

Kouzes, J. M., & Posner, B. Z.（1993）*Credibility: How leaders gain and lose It, why people demand It*. Jossey-Bass, San Francisco.（岩下貢訳（1995）『信頼のリーダーシップ』生産性出版）

Lewin, K., Lippit, R., & White, R. K.（1939）Patterns of aggressive behavior in experimentally created social climates. *Journal of Social Psychology*, **10**, 271–301.

Likert, R.（1961）*New patterns of management*. McGraw-Hill, New York.（三隅二不二訳（1964）『経営の行動科学』ダイヤモンド社）

Manz, C. C., & Neck, C. P.（1998）*Mastering self-leadership: Empowering yourself for personal excellence*. Prentice Hall, Englewood Cliffs, NJ.（宍戸由希子訳（1999）『なりたい自分になる技術』生産性出版）

松下幸之助（1975）『指導者の条件——人心の妙味に思う』PHP 研究所；文庫版として 1989 年, 2006 年

Mintzberg, H.（1973）*The nature of managerial work*. Harper & Row, New York.（奥村哲史・須貝栄訳（1993）『マネジャーの仕事』白桃書房）

三隅二不二（1966）『新しいリーダーシップ——集団指導の行動科学』ダイヤモンド社

Schein, E. H.（1985; 1992; 2004）*Organizational culture and leadership: A dynamic view*. Jossey-Bass, San Francisco.（清水紀彦・浜田幸雄訳（1989）『組織文化とリーダーシップ』ダイヤモンド社）

Selznick, P.（1957）*Leadership in administration: A sociological interpretation*. Row, Peterson, Evanston, Ill.（北野利信訳（1963）『組織とリーダーシップ』ダイヤモンド社）

Shartle, C. L.（1956）*Executive performance and leadership*. Prentice-Hall, Englewood Cliffs, NJ.

高橋伸夫（1996）『できる社員は「やり過ごす」——尻ぬぐい・やり過ごしの凄い働きを発見した』文春ネスコ；文庫版として日本経済新聞社, 2002 年

［第 5 章］

藤本隆宏（2001）『生産マネジメント入門 I ——生産システム編』日本経済新聞社

藤本隆宏（2003）『能力構築競争——日本の自動車産業はなぜ強いのか』中央公論新社

Juran, J. M., & Gryna, F. M.（Eds.）（1988）*Quality control of handbook*. 4th ed. McGraw Hill, New York.

高橋伸夫（2007）『コア・テキスト経営学入門』新世社

Shimokawa, K., Jürgens, U., & Fujimoto, T.（Eds.）（1997）*Transforming automobile assembly*. Springer, Berlin.

Womack, J. P., Jones, D. T., & Roos, D.（1990）*The machine that changed the world: The story of lean production-Toyota's secret weapon in the global car wars that is revolutionizing world industry*. Rawson Associates, New York.（沢田博訳（1990）『リーン生産方式が, 世界の自動車産業をこう変える。』経済界）

［第 6 章］

Daft, R. L.（2001）*Essentials of organization theory & design*. 2nd ed. South-Western College Publishing, Cincinnati, Ohio.（高木晴夫訳（2002）『組織の経営学』ダイヤモンド社）

Fayol, H.（1917）第 1 章に同じ

Galbraith, J. R.（2002）*Designing organizations: An executive guide to strategy, structure and process*. New and revised eds. John Wiley & Sons.（梅津祐良訳（2002）『組織設計のマネジメント』生産性出版）

James, L. R., & Jones, A. P.（1976）Organizational structure: A review of structural dimension and their conceptual relationships with individual attitudes and behavior. *Organizational Behavior and Human Performance*, **16**(1), 74-113.

Mintzberg, H.（1973）第4章に同じ

［第7章］

Allen, T. J., & Henn, G. W.（2007）*The organization and architecture of innovation: Managing the flow of technology*. Butterworth-Heinemann and Architectural Press, Burlington, Mass.

Argyris, C., & Schön, D. A.（1978）第2章に同じ

Barney, J. B.（1997）*Gaining and sustaining competitive advantage*. 2nd ed.（2002）and 3rd ed.（2007）Addison-Welsey, Mass. Prentice Hall, Upper Saddle River, NJ.（岡田正大訳（2003）『企業戦略論（上・中・下）』ダイヤモンド社）

Cyert, R. M., & March, J. G.（1963）*A behavioral theory of the firm*. 2nd ed.（1992）Prentice-Hall, NJ. Blackwell, Mass.（初版の訳として松田武彦監訳・井上恒夫訳（1967）『企業の行動理論』ダイヤモンド社）

Daft, R. L.（2001）第6章に同じ

Daft, R. L., & Lengel, R. H.（1984）Information richness: A new approach to managerial behavior and organizational design. In B. M. Straw & L. I. Cummings（Eds.）*Research in organizational behavior*. Vol.6. JAI Press.

Fiol, C. M., & Lyles, M. A.（1985）Organizational learning. *The Academy of Management Review*, **10**(4), 803-813.

March, J. G., & Simon, H. A.（1958）*Organizations*. Wiley & Sons, New York. 2nd ed. Blackwell, Cambridge, Mass.（高橋伸夫訳（2014）『オーガニゼーションズ［第2版］』ダイヤモンド社）

Nelson, R. R., & Winter, S. G.（1982）*An evolutionary theory of economic change*. Belknap Press, Cambridge, Mass.（後藤晃ほか訳（2007）『経済変動の進化理論』慶應義塾大学出版会）

Pascale, R. T., & Athos, A. G.（1981）*The art of Japanese management*. Simon & Schuster, New York.（深田祐介訳（1981）『ジャパニーズ・マネジメント』講談社）

Peters, T. J., & Waterman, R. H.（1982）*In search of excellence: Lessons from America's best-run companies*. Harper & Row, New York.（大前研一訳（1983）『エクセレント・カンパニー』講談社）

Schein, E. H.（1985）第4章に同じ

高橋伸夫編著（2000）『超企業・組織論——企業を超える組織のダイナミズム』有斐閣

トヨタグループ（2005）『絆——目で見るトヨタグループ史』トヨタグループ史編纂委員会

［第8章］

Andrews, K. R.（1971）*The concept of corporate strategy*. Dow Jones-Irwin, Homewood, Ill.; Rev. ed.（1980）and 3rd ed.（1987）Richard D. Irwin, Homewood, Ill.（引用頁は Rev. ed. にもとづく。初版の訳として山田一郎訳（1976）『経営戦略論』産業能率短期大学出版部）

Ansoff, H. I.（1957）Strategies of diversification. *Harvard Business Review*, **35**(5), 113-124.

Ansoff, H. I.（1965）第2章に同じ

Barney. J. B.（1997）第7章に同じ

Chandler, A. D.（1962）第2章に同じ

Collins, J. C., & Porras, J. I.（1994）*Built to last: Successful habits of visionary companies*. Harper-Collins, New York.（初版の訳として山岡洋一訳（1995）『ビジョナリー・カンパニー』日経BP出版センター）

Collis, D. J., & Montgomery, C. A.（1998；2005）*Corporate strategy: A resource-based approach*. Irwin, McGraw-Hill, Boston, Mass.（初版の訳として根来龍之・蛭田啓・久保亮一訳（2004）『資源ベースの経営戦略論』東洋経済新報社）

伊丹敬之（1984）『新・経営戦略の論理──見えざる資産のダイナミズム』日本経済新聞社

Mintzberg, H.（1978）Patterns in strategy formation. *Management Science,* **24**(9), 934–948.

Mintzberg, H.（1987）The strategy concept I: Five Ps for strategy. *California Management Review,* **30**(1), 11-24.

奥村昭博（1989）『経営戦略』日本経済新聞社

Penrose, E. T.（1959；1980）第2章に同じ

Porter, M. E.（1980）第2章に同じ

Porter, M. E.（1985）第2章に同じ

Prahalad, C. K., & Hamel, G.（1990）The core competence of the corporation. *Harvard Business Review,* **68**(3), 79–91.

Rumelt, R. P.（1974）*Strategy, structure, and economic performance*. Harvard University Press, Boston.（鳥羽欽一郎他訳（1977）『多角化戦略と経済成果』東洋経済新報社）

高橋伸夫（1995；2003；2006；2016）『経営の再生──戦略の時代・組織の時代』有斐閣

Wernerfelt, B.（1984）第2章に同じ

［第9章］

Christensen, C. M.（1997）*The innovator's dilemma: When new technologies cause great firms to fail*. Harvard Business School Press, Boston, Mass.（伊豆原弓訳・玉田俊平太解説（2000）『イノベーションのジレンマ』翔泳社；増補改訂版として玉田俊平太監修，伊豆原弓訳，2001年）

von Hippel, E.（1988）*The sources of innovation*. Oxford University Press, New York.（榊原清則訳（1991）『イノベーションの源泉』ダイヤモンド社）

Kim, W. C., & Mauborgne, R.（2005）*Blue ocean strategy: How to create uncontested market space and make the competition irrelevant*. Harvard Business School Press, Boston, Mass.（有賀裕子訳（2005）『ブルー・オーシャン戦略』ランダムハウス講談社）

Kotler, P.（1991）*Marketing management: Analysis, planning, implementation, and control*. 7th ed. Prentice Hall, Englewood Cliffs, NJ.（村田昭治監修・小坂恕ほか訳（1996）『マーケティング・マネジメント［第7版］』プレジデント社）

McCarthy, E. J.（1960）*Basic marketing: A managerial approach*. Richard D. Irwin.（粟屋義純監訳（1978）『ベーシック・マーケティング』東京教学社）

Moore, G. A.（1991；1999）*Crossing the chasm: Marketing and selling technology products to mainstream customers*. HarperBusiness, New York.（川又政治訳（2002）『キャズム』翔泳社）

Nalebuff, B. J., & Brandenburger, A. M.（1996）*Co-opetition, doubleday*.（嶋津祐一・東田啓作訳（1997）『コーペティション経営』日本経済新聞社）

Rogers, E. M.（1962）*Diffusion of innovations*. The Free Press, New York.（藤竹暁訳（1966）『技術革新の普及過程』培風館；第3版の訳として青池慎一・宇野善康訳（1990）『イノベーション普及学』産能大学出版部；第5版の訳として三藤利雄訳（2007）『イノベーションの普及』翔泳社）

Schumpeter, J.（1912）*Theorie der Wirtschaftlichen Entwicklung*. Duncker & Humblot, Leipzig.（中山伊知郎・東畑精一訳（1937）『経済発展の理論』岩波書店；文庫版として塩野谷祐一ほ

か訳（1977；1980）『経済発展の理論（上・下）』）

新宅純二郎（1994）『日本企業の競争戦略——成熟産業の技術転換と企業行動』有斐閣

［第10章］

Astley, W. G., & Fombrun, C. J.（1983）Collective strategy: Social ecology of organizational environments. *Academy of Management Review*, **8**(4), 576–587.

Badaracco, J. L.(1991) *The knowledge link: How firms compete through strategic alliances*. Harvard Business School Press, Boston, Mass.（中村元一・黒田哲彦訳（1991）『知識の連鎖』ダイヤモンド社）

Brosoni, S., Prencipe, A., & Pavitt, K.（2001）Knowledge specialization, organization coupling, and the boundaries of the firm: Why do firms know more than they make? *Administrative Science Quarterly*, **46**, 597–621.

Chesbrough, H.（2003）*Open innovation*. Harvard Business School Press, Boston, MA.（大前恵一朗訳（2004）『Open innovation』産業能率大学出版部）

Coase, R. H.（1937）The nature of firm. *Economica*, **4**(16), 386–405.（本文中の引用頁は Williamson, O. E., & Winter, S. G.（Eds.）（1991）*The nature of the firm: Origins, evolution, and development*. Oxford University Press（reprinted), New York. にもとづく）

藤本隆宏（1997）「サプライヤー・システムの構造・機能・発生」藤本隆宏・伊藤秀史・西口敏宏編『サプライヤー・システム——新しい企業間関係を創る』有斐閣

Hitt, M. A., Hoskisson, R. E., Ireland, R. D., & Harrison, J. S.(1991) Effects of acquisitions on R&D inputs and outputs. *Academy of Management Journal*, **34**(3), 693–706.

宮島英昭編著（2007）『日本の M&A——企業統治・組織効率・企業価値へのインパクト』東洋経済新報社

Pfeffer, J., & Salanick, G. R.（1978）*The external control of organizations: A resource dependence perspective*. Harper & Row, New York. Reissued 2003 by Stanford University Press, California.

武石彰（2003）『分業と競争——競争優位のアウトソーシング・マネジメント』有斐閣

Thompson, J. D.（1967）*Organizations in action: Social science bases of administrative theory*. McGraw-Hill, New York.（高宮晋監訳・鎌田伸一ほか訳（1987）『オーガニゼーション・イン・アクション』同文舘出版）

Ulrich, K.（1995）The role of product architecture in the manufacturing firm. *Research Policy*, **24**(3), 419–440.

Williamson, O. E.（1975）*Market and hierarchies*. Free Press, New York.（浅沼萬里・岩崎晃訳（1980）『市場と企業組織』日本評論社）

山倉健嗣（1993）『組織間関係——企業間ネットワークの変革に向けて』有斐閣

［第11章］

安保哲夫編著（1988）『日本企業のアメリカ現地生産——自動車・電機　日本的経営の「適用」と「適応」』東洋経済新報社

浅川和宏（2003）『グローバル経営入門』日本経済新聞社

Bartlett, C. A., & Ghoshal, S.（1989；1999）*Managing across borders: The transnational solution*. Harvard Business School Press, Boston.（初版の訳として吉原英樹監訳（1990）『地球市場時代の企業戦略』日本経済新聞社）

Chandler, A. D.（1989）「グローバル競争はどう発展したか」M. E. ポーター編, 土岐坤・小野寺武夫・中辻万治訳『グローバル企業の競争戦略』ダイヤモンド社（Porter, M. E.(Ed.)（1986）*Competition of global industries*. Harvard Business School Press.）

Dicken, P.（2011）*Global shift: Mapping the changing contours of the world economy*. 6th ed. Sage,

London.

Dunning, J. H.（1992）*Multinational enterprises and the global economy*. Addison-Wesley, Wokingham.

von Hipple, E.（1994）"Sticky information" and the locus of problem solving: Implications for innovation. *Management Science*, **40**(4), 429–439.

Hofstede, G.（1984）*Culture's consequences: International differences in work-related values*. Sage, Newbury Park, Calif.; Abridged ed. Sage, Beverly Hills.（1984 年版の訳として万成博・安藤文四郎監訳（1984）『経営文化の国際比較』産業能率大学出版部）

大島卓（1989）「トヨタの対米技術移転戦略──NUMMI のケース・スタディ」『季刊経済研究』, **12**(2), 39–56. 大阪市立大学

宍戸善一・草野厚（1988）『国際合弁──トヨタ・GM ジョイントベンチャーの軌跡』有斐閣

高橋伸夫（1995；2003；2006）第 8 章に同じ

Tang, C. S., & Zimmerman J. D.（2009）Managing new product development and supply chain risks: The Boeing 787 case, *Supply Chain Forum: An International Journal*, Kedge Business School, **10**(2), 74–86.

UNCTAD（2017）*World investment report 2017*.

Vernon, R.（1971）*Sovereignty at bay: The multinational spread of U.S. enterprise*. Basic Books, New York.（霍見芳浩訳（1973）『多国籍企業の新展開』ダイヤモンド社）

吉原英樹編（2002）『国際経営論への招待』有斐閣

［第12章］

青島矢一（1998）「「日本型」製品開発プロセスとコンカレント・エンジニアリング──ボーイング 777 開発プロセスとの比較」『一橋論叢』, **120**(5), 711–735.

Davenport, T. M.（1993）*Process innovation: Reengineering work through information technology*. Harvard Business School Press, Boston.（卜部正夫，伊藤俊彦，杉野周，松島桂樹訳（1994）『プロセス・イノベーション』日経 BP 出版センター）

Galloway, S.（2017）*The four: The hidden DNA of Amazon, Apple, Facebook, and Google*. Portfolio.（渡会圭子訳（2018）『the four GAFA 四騎士が創り変えた世界』東洋経済新報社）

Gawer, A., & Cusumano, M. A.（2002）*Platform Leadership*. Harvard Business School Press, Boston.（小林敏男監修『プラットフォームリーダーシップ』有斐閣）

具承桓・久保亮一（2007）「病院組織におけるサービス向上の取り組み」　藤本隆宏・東京大学 21 世紀 COE ものづくり経営研究センター編著『ものづくり経営学──製造業を超える生産思想』光文社

Hammer, M., & Champy, J.（1993）*Reengineering the corporation: A manifesto for business revolution*. HarperBusiness, New York.（野中郁次郎監訳（1993；2002）『リエンジニアリング革命』日本経済新聞社）

國領二郎（1995）『オープン・ネットワーク経営──企業戦略の新潮流』日本経済新聞社

Melville, N., Kraemer, K., & Gurbaxani, V.（2004）Review: Information technology and organizational performance: An integrative model of IT business value. *MIS Quarterly*, **28**(2), 283–322.

森田道也（2004）『サプライチェーンの原理と経営』新世社

総務省（2015）『IoT を巡る技術動向と今後の展開』HATS セミナー

Thomke, S., & Fujimoto, T.（2000）The effect of "Front-Loading" problem-solving on product development performance. *Journal of Product Innovation Management*, **17**, 128–142.

Wiseman, C.（1988）*Strategic information systems*. Irwin, Homewood, Ill.（土屋守章・辻新六訳（1989）『戦略的情報システム』ダイヤモンド社）

Zuboff, S.（1985）Automate/Informate: The two faces of intelligent technology. *Organizational Dynamics*, **14**(2), 5-18.

［第13章］

Carroll, A. B.（1979）A three-dimensional conceptual model of corporate performance. *Academy of Management Review*, **4**(4), 497-505.

Drucker, P. F.（1990）*Managing the non-profit organization: Practices and principles*. Harper Collins, New York.（上田惇生・田代正美訳（1991）『非営利組織の経営』ダイヤモンド社；ドラッカー名著集として上田惇生訳，2007年）

Putnam, R. D.（1993）*Making democracy work: Civic traditions in modern Italy*. Princeton University Press, Princeton, NJ.（河田潤一訳（2001）『哲学する民主主義』NTT出版）

土屋守章・岡本久吉（2003）『コーポレート・ガバナンス論——基礎理論と実際』有斐閣

［第14章］

Abegglen, J. C.（1958）*The Japanese factory: Aspects of its social organization*. The Free Press, Glencoe, Ill.（占部都美監訳（1958）『日本の経営』ダイヤモンド社；新訳版として山岡洋一訳（2004）『日本の経営［新訳版］』日本経済新聞社）

Camp, R. C.（1989）*Benchmarking: The search for industry best practices that lead to superior performance*. ASQC Quality Press, Milwaukee, WI.（田尻正滋訳（1995）『ベンチマーキング』PHP研究所）

Drucker, P. F.（1971）*Men, ideas, and politics: Essays*. Harper & Row, New York.

伊丹敬之（1987；1993）『人本主義企業』筑摩書房；改訂版として日本経済新聞社，2002年

経済協力開発機構編・労働省訳編（1972）『OECD対日労働報告書』日本労働協会

Ouchi, W. G.（1981）*Theory Z: How American business can meet the Japanese challenge*. Addison-Wesley, Reading, Mass.（徳山二郎監訳（1981；1982）『セオリーZ』CBS・ソニー出版）

新宅純二郎（1994）第9章に同じ

高橋伸夫（2004）『虚妄の成果主義——日本型年功制復活のススメ』日経BP社

Vogel, E. F.（1979）*Japan as number one: Lessons for America*. Harvard University Press, Cambridge, Mass.（広中和歌子・木本彰子訳（1979；2004）『ジャパンアズナンバーワン』阪急コミュニケーションズ）

索　引

人名索引

あ 行

アージリス, C.　32
アダム・スミス　6, 10
アダムス, J. S.　53
アトキンソン, J. W.　56
アベグレン, J. C.　285
アルダファ, C. P.　50
アンゾフ, H. I.　40, 150, 156
アンドルーズ, K. R.　150
伊丹敬之　170
ウィリアムソン, O. E.　199
ウインター, S. G.　141
ウェーバー, M.　34
ウェルチ, J.　66
ヴォーゲル, E. F.　206
ウォータマン, R. H.　134
ウォマック, J. P.　101
ウッドワード, J.　39
ヴルーム, V. H.　54
エイソス, A. G.　134
エジソン, T. A.　24
オオウチ, W. G.　286
オルダム, G. R.　59

か 行

カーネギー, A.　7
ガルブレイス, J. R.　122
キム, W. C.　179
ギルブレス, F. B.　15
クーゼス, J. M.　66
グリーンリーフ, R. K.　74
クリステンセン, C. M.　192
ゲイツ, W. (Bill) H.　246
コース, R. H.　199
國領二郎　261

ゴシャール, S.　232, 235
コトラー, P.　178
コリス, D. J.　152

さ 行

サイモン, H. A.　35, 140
サランシック, G. R.　197
シャートル, C. L.　70
シャイン, E. H.　52, 76, 135, 137
シュンペーター, J. A.　188
ジョブズ, S.　243
シコーン, D. A.　32
新宅純二郎　292
スキナー, B. F.　53
ストーカー, G. M.　39
ズボフ, S.　253
セルズニック, P.　75

た 行

高橋伸夫　57, 77, 142, 226, 291
竹内弘高　38
ダニング, J. H.　225
ダフト, R. L.　145
ダベンポート, T. H.　252
チャンドラー, A. D.　7, 39, 150, 156, 220
チャンピー, J.　255
テイラー, F. W.　12
デシ, E. L.　55
デミング, W. E.　97, 287
デュルケーム, E.　6
ドラッカー, P. F.　61, 281, 286
トンプソン, J. D.　197

な 行

ネイルバフ, B. J.　179
ネルソン, R. R.　141

野中郁次郎　*38*

は　行

ハーシー, P.　*72*
ハーズバーグ, F.　*58*
バートレット, C. A.　*232, 235*
バーナード, C. I.　*9, 26*
バーニー, J. B.　*154*
バーノン, R.　*222*
バーンズ, T.　*39*
ハウス, R. J.　*68, 73*
パスカル, R. T.　*134*
ハックマン, J. R.　*59*
パットナム, R. D.　*281*
バベッジ, C.　*6*
ハマー, M.　*255*
ハメル, G.　*169*
ピーターズ, T. J.　*134*
ファヨール, H.　*17, 18, 108, 111*
フィードラー, F. E.　*39, 72*
フェスティンガー, L.　*56*
フェファー, J.　*197*
フォレット, M. P.　*64*
フォン・ヒッペル, E.　*190*
藤本隆宏　*86*
プラハラード, C. K.　*169*
ブランチャード, K.　*72*
ブランデンバーガー, A. M.　*179*
ブレーク, R.　*70*
ヘンリー・フォード　*24*
ペンローズ, E. T.　*37, 169*
ポーター, M. E.　*40, 150, 164, 166*
ポズナー, B. Z.　*66*
ホフステッド, G. H.　*226*

ま　行

マーチ, J. G.　*140*
マートン, R.　*35*
マイルズ, R. E.　*33*
マクレガー, D.　*61*
マクレランド, D. C.　*50*
マズロー, A. H.　*49*
松下幸之助　*67*
マレー, H. A.　*49*
三隅二不二　*70*
ミラー, J. G.　*31*
ミンツバーグ, H.　*76, 112, 151, 172*
ムーア, G.(ゴートン・ムーア)　*245*
ムーア, G. A.(ジェフリー・ムーア)　*190*
ムートン, J.　*70*
メイヨー, E.　*25*
モボルニュ, R.　*179*
モンゴメリー, C. A.　*152*

ら　行

リッカート, R.　*69*
ルメルト, R. P.　*158*
レヴィン, K.　*31, 69*
レスリスバーガー, F. J.　*25*
レンゲル, R. H.　*145*
ローシュ, J. W.　*39*
ローレンス, P. R.　*39*
ロジャーズ, E. M.　*189*
ロック, E. A.　*62*
ロックフェラー, J. D.　*7*

わ　行

ワーナーフェルト, B.　*37, 169*
ワイズマン, C.　*254*

事項索引

あ 行

アート 5
アウトソーシング（外注） 203
アウトプット 9
　──の管理 83
アスクル 196
アップル 220, 243, 250
アドミニストレーション 9
アマゾン 181, 196, 249
アリババ（阿里巴巴集団） 250
あんどん 100
暗黙知 38

委員会設置会社 276
意思決定 36, 110
　──の常規化 140
　──論 36, 156
偉人 66
位置（ポジション） 151
一体化 143
移動組立法 25
意図された戦略 172
イノベーション 188
　──のＳ字カーブ 189
　──力 205
因果関係の不明 171
インクリメンタル・イノベーション 191
インセンティブ 47
インターナショナル型組織 233
インターネット（Internet） 242
インダストリー4.0 264
インテグラル型アーキテクチャ 206
インテル 242, 245, 261
インプット 9
　──の管理 83, 92
　──の計画 86

ウーバー 245
迂回戦略 198
売上高営業利益率 130
売上高経常利益率 130

売上高成長率 129
売り手 168

エアビーアンドビー 245
影響力 78
衛生（環境）要因 58
エクセレント・カンパニー 134
エコデザイン 270

オープン・アーキテクチャ 247
オープン・イノベーション戦略 205
オープン・システム 109, 197
オープン・モジュラー化 247
オープン型経営 261
オープン型ネットワーク 260

か 行

海外進出 223, 230
海外直接投資（FDI） 223
会計監査人 276
会社 9
改善 97
　──活動 98
　──提案制度 188
カイゼン 287
階層構造（ヒエラルキー） 110
買い手 168
外的均衡 27
外部組織 196, 197, 213
外部評価 157
外部不良 88
外部要因 125
下位文化（サブカルチャー） 226
価格 182
　──以外の価値 166
カカクコム 248
科学的管理法 12
課業 15
学習曲線 165
学習効果 96
拡大 160
過剰品質 89

305

過程説　48
金のなる木　160
株式移転制度　211
株主　10
　　　総会　10,275
神の見えざる手　10
カリスマ性　68
環境　115
　　──会計　270
　　──経営　270
　　──経営報告書　270
　　──的責任　270
関係動機づけリーダー　72
監査役　276
　　──会設置会社　276
完成品在庫　95
完全子会社　230
カンパニー制　121
かんばん　99
管理　4
　　──過程論　19
　　──原則論　21
　　──サイクル　19,96
　　──範囲の拡大　227
官僚制　110
　　──組織　34
　　──の逆機能　35
関連多角化　159
関連率　158

機会　162
　　──主義　199
機械的組織　35
規格競争　209
規格品受注生産　92
企業　9
　　──間提携ネットワーク　207
　　──間電子商取引　249
　　──戦略　152
　　──ドメイン　153
　　──内組合　288
　　──の境界　203
　　──の社会的責任（CSR）　271
　　──の成長性　129

　　──の成長ベクトル　156
　　──文化　133
　　──理念　136
　　──連合　209
技術　115
　　──革新　168,191
　　──的合併　213
　　──的能力　213
希少性　171
規制緩和　211
期待理論　54
機能別戦略　152
機能別組織　117
規模　116
　　──の経済性　159,165
逆機能　140
客観的合理性　36
キヤノン　169
キャリア管理　94
脅威　162
業界標準規格部品　205
強化理論　53
供給リードタイム　257
供給連鎖　248
競争相手企業志向　178
競争戦略論　40,164
競争優位　155,178
協調戦略　198
協働システム　27
協同戦略パースペクティブ　201
業務の効率化　257
許容原価　89
近代企業の誕生　7
近代理論　26

グーグル（Google）　144,250
クラスター　213
　　──戦略　214
　　──論　41
グループ・ダイナミクス　31
クローズド・システム　109
グローバル化　223
グローバル企業　222
グローバル供給体制（GSCM）　104

グローバル組織　233
グローバル統合　232,236

経営家族主義　287
経営資源　37
　　——の異質性　169
　　——の配分　150
経営情報論　36
経営戦略　40
　　——論　37
経営理念　273
計画　151
　　——部　16
経験曲線　165
　　——効果　161
経済価値　171
経済的責任　269
経済的な利益　128
経済的レント　128
形式知　38
契約製造　230
系列　201,287
原価管理　89
権限　8,78
　　——委譲　60
　　——受容説　27
現地化　227
現地適応化戦略　229
現地適合　232,236
限定された合理性　36,199
現場管理　82
現場作業単位　98
現場層　110
現場リーダー　98

ゴーイング・コンサーン　10
コーチング　77
コーペティション　179
コーポレート・ガバナンス（企業統治）
　　11,275
コーポレートガバナンス・コード（企業統
　　治原則）　277
ゴールアプローチ　129
コア・コンピタンス　169

航空業界　209
公式コミュニケーション　143
公式組織　9
高次の学習　142
構造づくり　70
工程　84
　　——間のバランス　85
　　——管理　85
　　——編成　84
　　——編成の目的　85
行動科学　31
行動規範　139
行動プログラム　141
行動論　68
公平理論　53
合弁企業　198,230
効率性　130
合理的経済人　52
交流型のリーダーシップ　74
顧客　176
　　——志向　178
　　——のニーズ　83
国際化　222,238
　　——発展段階　227
国際研究開発戦略　231
国際生産戦略　230
国際マーケティング　228
　　——戦略　228
個人事業　10
コスト　86
コストリーダーシップ　164
　　——戦略　164
古典理論　26
個別マーケティング　181
コマツ　265
コミュニケーション　143
　　——ツール　259
　　——の活性化　146
　　——・メディア　145
雇用体系の多様化　94
コンカレント・エンジニアリング（CE）
　　259,288
コンティンジェンシー理論　38,70
コンプライアンス　274

索引

──委員会　*279*
──経営　*278*

さ　行

サーバント・リーダーシップ論　*74*
サーブリッグ分析　*15*
差異　*89*
最高経営者会議　*119*
在庫管理　*92,95*
在庫情報　*248*
在庫の最適化　*257*
財務的資源　*37*
採用者分布　*190*
裁量労働制　*60*
作業研究　*15*
策略　*151*
サステナビリティ経営　*273*
サブアセンブリー　*85*
サプライチェーン　*248,256*
　　──・マネジメント（SCM）　*42,256*
差別化　*164*
　　──競争　*179*
　　──戦略　*165*
　　──マーケティング　*181*
産学連携　*214*
産業集積論　*41*
三種の神器　*288*
参入障壁　*165*

シェアリングエコノミー　*245*
支援組織　*112*
仕掛品　*84*
　　──の管理　*95*
仕掛けかんばん　*99*
時間研究　*15*
事業戦略　*152*
事業評価　*162*
事業部制組織　*118*
事業部の採算性　*120*
事業本部　*119*
資源依存アプローチ　*129*
資源依存パースペクティブ　*197*
資源管理　*83*
資源市場マトリクス　*169*

資源ベース論（RBV）　*37,169*
自己実現人　*52*
自己実現欲求　*49*
資産の特殊性　*166,202*
資質論　*68*
市場開拓　*158*
市場細分化　*180*
市場志向　*178*
市場浸透　*158*
　　──価格戦略　*184*
市場成長率　*160*
市場地位　*186*
市場取引　*200*
市場ポジション　*163*
システム360　*247*
システム4　*69*
下請け　*289*
実行組織　*112*
執行役　*276*
実際原価　*89*
シティバンク　*122*
自動化　*85,252,253*
自働化　*98*
シナジー効果　*157,198*
死の谷　*188*
資本金　*10*
資本生産性　*131*
視野　*151*
社会貢献的責任　*272*
社会人　*52*
社会的分業　*5*
社外取締役　*276*
社訓　*136*
ジャスト・イン・タイム（JIT）　*98,286*
社是　*136*
社内公募制度　*61*
収益性　*130*
収穫　*160*
集権化　*232*
終身雇用　*288*
集積密度　*245*
集中　*164*
　　──戦略　*166*
　　──マーケティング　*181*

熟練工　15
受注生産　91
出資者　10
順序化　252
焦点組織　201
情報化　242, 252, 253
情報技術（IT）　36, 145, 229, 242, 251, 258
　　　〜265
情報的資源　37
情報の粘着性　231
情報の非対称性　199, 247
職種の分業　6
職務　8
　　　──充実理論　59
職歴（キャリア）　60
ジョブ・ローテーション　289
所有と経営の分離　11
所有と支配の分離　11
シリコンバレー　213
差別化戦略　159
尻ぬぐい　77
新規参入業者　168
新古典理論　26
人事労務管理論　32
深層の競争力　86
人的資源　37
　　　──管理論（HRM）　33
人本主義　293
信頼蓄積理論　74
心理的欲求　49

衰退期　185
垂直的分業　8
垂直統合　198
スイッチングコスト　202
水平的分業　8
水平分業型産業構造　260
スカイチーム　209
スターアライアンス　209
スタッフ部門　93, 112
ステークホルダー　268
ストックホルダー　268
スペシャリスト　289
スマートフォン　243

成果主義　61, 290
生産エンジニアリング　84
生産オペレーション・プロセス　83
生産活動　84
生産管理　25
生産拠点の分散と集約　230
生産計画　85, 92
生産システムの移転　238
生産性　131
生産統制　86
生産ライン編成　84
生産リードタイム　91
政治戦略　198
成熟期　185
精神革命論　13
製造しやすい設計　164
製造品質　87
成長期　185
制度化された環境　201
制度化パースペクティブ　201
制度的リーダーシップ理論　75
製品アーキテクチャ　205
製品　182
　　　──開発　158
　　　──開発プロセス　259
　　　──志向　178
　　　──ポジショニング・マップ　182
生理的欲求　49
設計構想　205
設計品質　87
設計変更コスト　259
ゼネラリスト　289
ゼネラル・エレクトリック（GE）　160
ゼネラルマネージャー　117
ゼネラルモーターズ　155
セブンSモデル　134
セルフ・リーダーシップ理論　77
ゼロ・エミッション　270
戦術　150, 154
専制型　69
選択と集中　160
先任権　289
専門化率　158
専門経営者　11

全要素生産性（TFP） *132*
戦略　*116, 150*
　——策定プロセス　*154*
　——的意思決定　*156*
　——的意思決定のフロー　*156*
　——的学習　*172*
　——的提携　*207, 209*
　——同盟　*209*
　——の形成プロセス　*172*
　——の実行　*172*

ソーシャル・キャピタル　*281*
総合品質　*87*
総資産成長率　*129*
相対市場シェア　*160*
創発的戦略　*173*
組織　*8, 171*
　——（内）取引　*200*
　——の活性化　*142*
　——の効率性　*109*
　——の集合体　*201*
　——のデザイン　*108*
　——のパフォーマンス　*128, 142*
　——の有効性　*108*
組織学習　*141*
　——論　*32*
組織間関係論　*41, 196*
組織均衡　*124*
　——論　*28*
組織構造　*113*
　——の基本型　*117*
　——のデザイン　*113*
組織行動論　*32*
組織セット　*201*
　——パースペクティブ　*200*
組織的怠業　*13*
組織デザイン　*110, 115*
組織能力　*116, 163, 263*
組織文化　*116, 133*
　——の機能　*137*
　——の逆機能　*140*
　——の象徴性　*135*
　——の抽象性　*136*
組織変革　*124, 142*

　——の要因　*124*
組織ルーチンの再設定　*125*
ソニー　*122, 209*
ソリッドモデル　*259*

た　行

ターゲティング　*181*
大学発ベンチャー　*214*
対境担当者　*201*
代替品　*168*
代表取締役社長　*10*
対面的なコミュニケーション　*145*
第4次産業革命　*242*
多角化　*155, 158*
　——の時代　*155*
多国籍企業　*222*
タスク間の相互依存性　*85*
タスク動機づけリーダー　*72*
タスクの量と作業員や設備の能力とのバラン
ス　*84*
タスクフォース　*122*
脱成熟　*192*
達成動機づけ理論　*56*
達成動機理論　*50*
縦の分業　*110*
縦の連携　*114*
多能工　*94*
探索コスト　*202*
単純な出来高払い制度　*13*
単能工　*94*

チーム制　*122*
地域経済共同体　*221*
地域特性の異質性　*228*
知覚マップ　*182*
知識化　*252*
知識の境界　*204*
チャレンジャー　*186*
中間組織　*202*
中関村　*213*
中国　*239*
長期継続取引　*202*
直接化　*252*
地理化　*252*

310

追跡化　252
強い文化　139
強み　162

定款　10
定型化された意思決定　36
低次の学習　142
ディマンド・プル　191
適合品質　87
テクノロジー・プッシュ　191
デジタルツール　259
デジュールスタンダード　210
手順計画　86
撤退　160
　　——障壁　166
デファクトスタンダード　209
デミング賞　287
デュポン　155
テレワーク　61
電子かんばん　100
電子商取引（Eコマース）　243,248
　　——ネットワーク　249
電子データ交換（EDI）　249
電子マネー　250

動機づけ　46
　　——衛生理論　58
　　——要因　58
統合化　252
統合ネットワーク　236
動作研究　15
同質化戦略　187
同質的競争　179
統制の幅　111
導入期　185
独占禁止法　211
特注生産　92
トップ　75,110
トップダウン型　98
ドメイン　152
豊田綱領　136
トヨタ自動車　98,136,188,260,286
豊田自動織機　136
トヨタ生産システム（TPS）　25,98

トランスナショナル組織　236
取締役　10
　　——会　275
取引環境要因　200
取引関係　203
取引コスト　199
　　——パースペクティブ　197,199
ドローン　258

な　行

内外製の意思決定　203
内製　203
内的均衡　27
内発的動機づけ理論　55
内部請負制　16
内部資源の育成　116
内部資源の再配置　210
内部通報制度　279
内部統制　277
内部評価　157
内部不良　87
内部プロセスアプローチ　129
内部要因　124
成り行き管理　16
ナレッジ・マネジメント　38

ニッチャー　186
日程計画　86
日本企業の経営管理　288
日本企業の国際化　238
日本の自動車産業　202,203
日本ビクター　209
人間関係論　26
認知的不協和理論　56
任天堂　125

ネットワーク外部性　210
ネットワーク論　41
年功序列　61,288
年功賃金　61,290

納期　86,90
　　——管理　90

311

は　行

配慮　10
パス・ゴール理論　73
パターン　151
花形　160
場の理論　31
派閥　287
パワー（権力）　78
範囲の経済性　159
半導体　245
　　──業界　245
販売促進　184

非関連多角化　159
引取りかんばん　100
非公式コミュニケーション　144
非公式組織　9
ビジョナリー・カンパニー　153
ビジョン　75,153
　　──創造のリーダーシップ　75
ビッグデータ　242
ヒト　92
　　──と機械とのバランス　85
評価能力　204
標準化─現地適応化　229
標準原価　89
標準作業方法　98
標準時間　15
表層の競争力　86
ピラミッド型の階層構造　111
品質　86,87
　　──管理　87

ファシリテーション力　78
フィランソロピー　272
フィンテック（FinTech）　251
フォーディズム　25
フォード生産システム　24
フォロワー　65,186
付加価値労働生産性　132
普及曲線のS字カーブ　189
複雑人　52
プッシュ型プロモーション　184

物的資源　37
物的労働生産性　132
プラグ・アンド・プレイ機能　243
プラザ合意　223
ブラックボックス取引　203
プラットフォーム戦略　262
プラットフォームリーダーシップ　261
ブランド戦略　229
不良　87
ブルー・オーシャン　179
プル型プロモーション　184
フレックスタイム制　60
プロクター・アンド・ギャンブル（P&G）
　　123
プロセス型戦略論　155,172
プロダクト・ライフサイクル　185
プロデュース力　78
プロフィット・センター　119
フロント・バック型組織　122
分業　5
　　──化の程度　112
　　──と統合　227
分権化　232
分散処理情報通信システム　260
分析化　252
分析型戦略論　155

平準化　100
ベータマックス方式　209,261
ベストプラクティス　288
変革型のリーダーシップ　76
ベンチマーキング　288
ベンチャーキャピタル　213

法人　9
法的責任　272
放任型　69
ボーイング　220
ボーイング777　259
ホーソン実験　20
保護貿易主義　223
ポジショニング・アプローチ　162
ボストン・コンサルティング・グループ
　　（BCG）　160

保全・保守業務　95
ボトムアップ型　98
本田技研工業　136, 159

ま　行

マーケット・セグメンテーション　180
マーケティング　178
　　——・ミックス　181
　　——論　41
マイクロソフト　196, 242, 246
負け犬　160
マス・マーケティング　181
松下電器産業（現パナソニック）　67, 136,
　273
マトリクス組織　121
マネジメント　9
マネジリアル・グリッド　70
マルコム・ボルドリッジ賞　288
マルチナショナル型組織　233

見えざる資産　170
見える化　100
ミクロ組織論　32
見込み生産　91
未熟練労働者　7
ミッション　153
ミドル　75, 110
未来傾斜原理　57
民主型　69

ムーアの法則　245
無関心圏　143

命令と報告経路の一元化　111
メインバンク制度　287
メセナ　272
メルカリ　245

目標　153
目標管理　61
　　——制度　62
目標設定理論　62
目標利益　89
モジュラー型アーキテクチャ　205

持株会社　211
モチベーション　46
　　——理論　32
モバイル決済　251
モバイル情報化時代　243
模倣困難性　171
問題解決　36
　　——のパターン　260
問題児　160
問題の前倒し（フロント・ローディング）
　260

や　行

ヤフー　249
やり過ごし　77

有価証券報告書　131
有機的組織　35
有形固定資産　131
ユーザ・イノベーション　191

要素作業　15
抑制型　159
横の連携　113
欲求説　48
欲求段階説　49
弱い文化　139
弱み　162

ら　行

ライン・アンド・スタッフ組織　16, 112
ラインストップ制　88
ライン部門　92, 112
楽天　249
ラディカル・イノベーション　191

リーダー　65, 186
リーダーシップ　65
　　——の2要因理論　70
　　——の帰属理論　74
　　——理論　32
リーン生産システム　101
利益予算公式　89
リエンジニアリング　255, 288

索引

313

立地　*231*
率の異なる出来高払い制度　*16*
流通チャネル　*184*
稟議制度　*287*
臨時工　*289*
倫理的責任　*272*

累積生産量　*95*
ルーチン　*97,140*
　――化　*140*

レイオフ　*289*
レッド・オーシャン　*179*
連鎖型　*159*

労働強度　*85*
労働組合　*288*
労働生産性　*132*

わ 行

ワーク・ライフ・バランス　*60*
ワンワールド　*209*

数字・英字

3次元CAD　*259*
4P　*182*
5P　*151*
5つのWHY　*100*
6大企業集団　*201*
7つの道具　*100*
14の管理原則　*21*
AI（人工知能）　*104,242*
Alipay（支付宝）　*250*
AR（拡張現実）　*250*
ARPANET　*242*
ASEAN　*225,239*
B2B（BTB）　*249*
B2C（BTC）　*249*
BPR（ビジネス・プロセス・リエンジニアリング）　*255*
C2C（CTC）　*249*
CAM　*259*
CEO（最高経営責任者）　*119*
CIM（コンピュータ統合生産）　*255*

DSS（意思決定支援システム）　*254*
EDPS（電子データ処理システム）　*253*
EMR　*259,263*
ENIAC　*245*
EQリーダーシップ論　*74*
ERG理論　*50*
ERP（企業資源計画）　*255*
FDI（海外直接投資）　*223*
GAFA（ガーファ）　*262*
GPS　*258,259*
HDD（ハードディスクドライブ）　*246*
IBM　*226,247*
IC（集積回路）　*245*
IE　*25*
ICT（情報通信技術）　*104,242*
IoT（モノのインターネット）　*264*
ISO9000シリーズ　*89*
ISO14001　*271*
JIT（ジャスト・イン・タイム）　*98*
LSI　*245*
M&A　*198,210*
MBA　*8*
MBO（目標管理）　*61*
MIS（経営情報システム）　*254*
MNC（多国籍企業）　*222*
MOT（技術経営）　*192*
NAFTA　*225*
NPO（非営利組織）　*280*
NUMMI　*240*
OEM　*207*
Off-JT　*94*
OJT　*93*
PDCA管理サイクル　*97*
Plan-Do-See　*97*
PM理論　*70*
POS　*248*
PPM（プロダクト・ポートフォリオ・マネジメント）　*160*
QCD　*86*
QCサークル　*98*
RFID　*257*
ROE（株主資本利益率）　*130*
ROI（投資収益率）　*119,130*
SAP　*256*

SBU（戦略的事業単位）　*120*
SCP モデル　*163*
SD 規格　*210*
SIS（戦略的情報システム）　*254*
SL 理論　*72*
SOX 法　*277*
SWOT 分析　*162*
TOB（公開買いつけ）　*274*
TQC（総合的品質管理）　*238*
T 型（Model T）　*24*

VA（価値分析）　*90*
VE（価値工学）　*90*
VHS 方式　*209,261*
VLSI　*245*
VR（バーチャルリアリティ）　*250*
VRIO モデル　*171*
Windows 95　*243*
WTO（世界貿易機関）　*221*
X 理論・Y 理論　*61*
ZD 運動　*88*

索
引

著者紹介

高松　朋史（たかまつ　ともふみ）　　　　【第1〜4，9，13，14章】

1972 年　東京都田無市生まれ
1995 年　慶應義塾大学経済学部卒業
2000 年　東京大学大学院経済学研究科企業・市場専攻博士課程単位取得退学
現　在　青山学院大学経営学部教授

主要著書・論文

「オープン型標準化推進のための条件」（分担執筆）（新宅純二郎・許斐義信・柴田高編
『デファクト・スタンダードの本質』有斐閣，2000 年）
「パソコン：国内市場における差別化競争とその限界」（分担執筆）（宇田川勝・橘川
武郎・新宅純二郎編『日本の企業間競争』有斐閣，2000 年）
「ライセンス紛争と Linux の奇跡」（分担執筆）（高橋伸夫・中野剛治編著『ライセンシ
ング戦略』有斐閣，2007 年）

具　承桓（ぐ　すんふぁん）　　　　　　　【第5〜8，10〜12章】

1968 年　韓国釜山市生まれ
1994 年　釜山大学校商経大学経済学科卒業
1996 年　釜山大学校大学院経済学研究科修士課程修了
2003 年　東京大学大学院経済学研究科企業・市場専攻博士課程単位取得退学
　　　　2003 年より京都産業大学経営学部に講師として着任後，東京大学ものづく
　　　　り経営研究センター特任研究員などを兼務，准教授を経て，
現　在　京都産業大学大学院マネジメント研究科・経営学部教授
　　　　博士（経済学）（東京大学）

主要著書・論文

「自動車部品産業における3次元 CAD 技術の導入とその影響」（『組織科学』37
（1），2003 年）
「病院組織におけるサービス向上の取り組み」（分担執筆）（藤本隆宏・東京大学 21 世
紀 COE ものづくり経営研究センター編著『ものづくり経営学』光文社，2007 年）
『製品アーキテクチャのダイナミズム』（ミネルヴァ書房，2008 年）
「ものづくり概念のサービス業への適用」（共著）（『一橋ビジネスレビュー』56（2）秋
号，2008 年）
『ICT イノベーション変革分析』（共同編著）（ミネルヴァ書房，2012 年）
「日韓産業競争力転換のメカニズム——造船産業の事例」（共著）（『組織科学』46（4），
2013 年）
「EV 市場をめぐるエコシステムの再編とイノベーション・ダイナミクス」（『研究技
術計画』32（4），2017 年）
『イノベーション入門——基礎から実践まで』（共著）（新世社，2021 年）

ライブラリ 経営学コア・テキスト-2

コア・テキスト経営管理　第2版

2009 年 2 月 10 日ⓒ		初 版 発 行
2010 年 5 月 25 日ⓒ		第 2 版 発 行
2022 年 2 月 25 日		第2版第2刷発行

著　者	高松朋史		発行者	森平敏孝
	具　承桓		印刷者	加藤文男
			製本者	小西惠介

【発行】　　　　　　　　　　　株式会社　**新世社**
〒151-0051　東京都渋谷区千駄ヶ谷 1 丁目 3 番 25 号
編集☎(03)5474-8818(代)　　　　　サイエンスビル

【発売】　　　　　　　　　　株式会社　**サイエンス社**
〒151-0051　東京都渋谷区千駄ヶ谷 1 丁目 3 番 25 号
営業☎(03)5474-8500(代)　　　　振替 00170-7-2387
FAX☎(03)5474-8900

印刷　加藤文明社　　　　　　　　製本　ブックアート
《検印省略》

サイエンス社・新世社のホームページのご案内
http://www.saiensu.co.jp
ご意見・ご要望は
shin@saiensu.co.jp まで.

本書の内容を無断で複写複製することは，著作者および出版者の権利を侵害することがありますので，その場合にはあらかじめ小社あて許諾をお求めください。

ISBN 978-4-88384-291-9
PRINTED IN JAPAN

ライブラリ 経営学コア・テキスト 11

コア・テキスト
国 際 経 営

大木清弘 著
A5判／288頁／本体2,500円（税抜き）

国際経営の理論と実際を，気鋭の研究者が一貫した視点により解説．
多国籍企業の歴史や海外直接投資論から，グローバル化における組
織デザイン，イノベーション，生産，マーケティング，サプライチ
ェーン・マネジメントそして人的資源管理まで幅広い項目をカバー
する（全 15 章構成）．読みやすい 2 色刷．

【主要目次】
国際経営の基礎知識／多国籍企業の歴史／海外直接投資論／プロダ
クト・サイクル仮説と優位性の移転／多国籍企業の組織デザイン／
トランスナショナル型組織／国際的な活動の配置と調整／海外子会
社論／グローバル・イノベーション論／国際パートナーシップ／国
際マーケティング／国際生産／国際研究開発／国際的なサプライチ
ェーン・マネジメント：調達と製販統合／国際人的資源管理

発行　新世社　　　　発売　サイエンス社